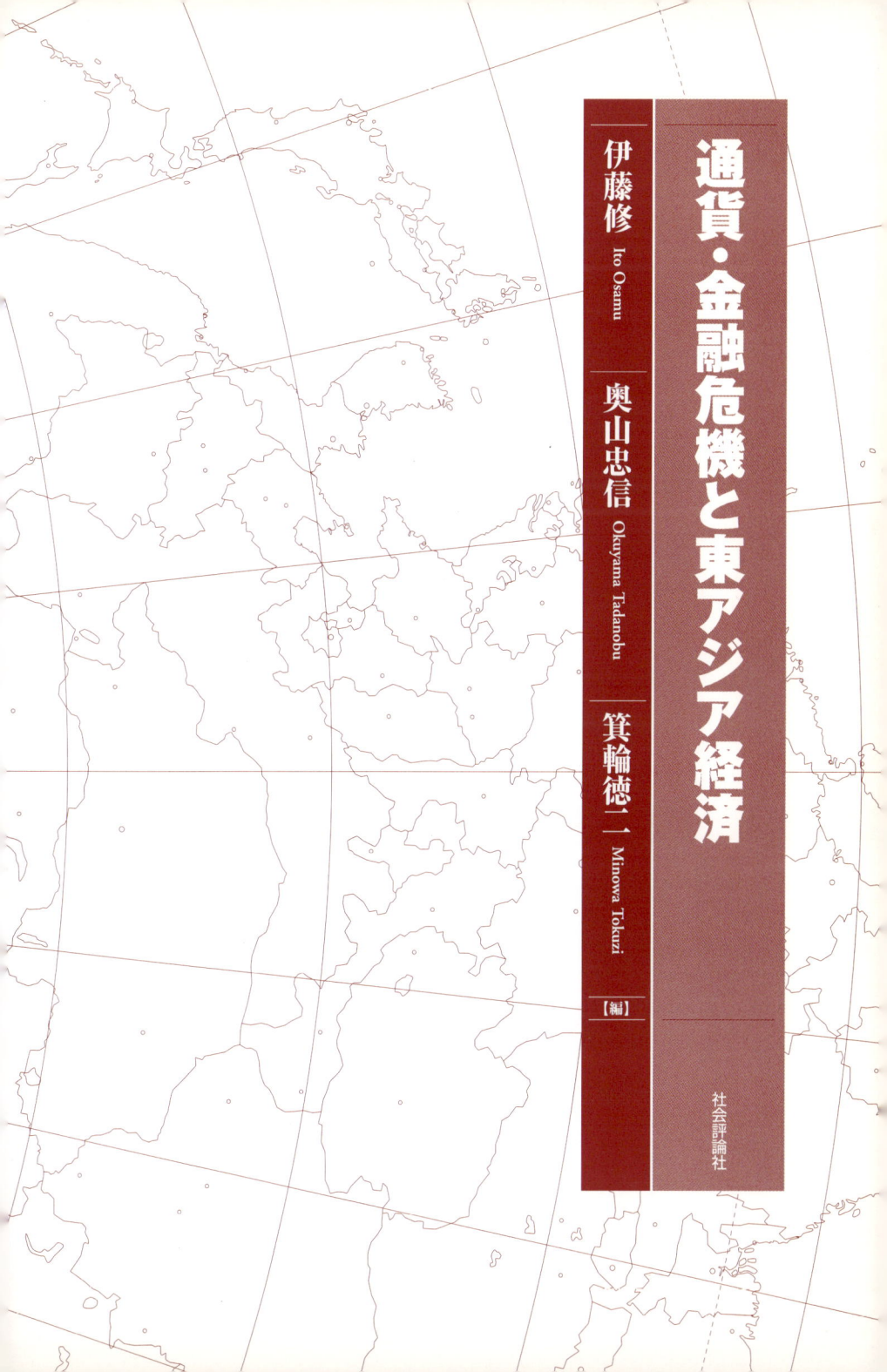

通貨・金融危機と東アジア経済

伊藤修 Ito Osamu
奥山忠信 Okuyama Tadanobu
箕輪徳二 Minowa Tokuzi
【編】

社会評論社

通貨・金融危機と東アジア経済＊目次

はしがき ———————————————————————— 7

第1章　歴史的前提：東アジアの発展パターンと経済政策
　　　　——タイと日本を中心に——
　　　　　　　　　　　　　　　　　　　　　　　　伊藤　修

　はじめに ———————————————————————— 13
　1　タイの経済発展の概観とその論点 ———————————— 15
　　(1) 概観　(2) 産業と産業政策　(3) 東アジア経済の諸タイプ
　2　「低位均衡の罠」と成長軌道 —————————————— 30
　　(1) 貯蓄と投資　(2) 社会的基盤
　3　「輸入代替」と「輸出指向」 —————————————— 35
　　(1) 対比論とその問題点　(2) 対象としての中南米　(3) 産業発展政策
　むすび ———————————————————————— 42

第2章　アジアの金融・経済危機について
　　　　——経済政策と危機の構図——
　　　　　　　　　　　　　　　　　　　　　　　　中井浩之

　はじめに ———————————————————————— 47
　1　アジア経済の構造 ——————————————————— 48
　　(1) 経済成長の要因分析　(2) 貯蓄と投資と経常収支赤字
　2　何が起こったか？ —————————————————— 54
　　(1) 経済成長と投資の増加　(2) ドル・ペッグの光と陰　(3) 破綻の構図
　3　危機への対応 ————————————————————— 77
　　(1) IMFの緊縮政策の是非　(2) 金融市場の開放と自由化—— 2つの意味での"transparency"——
　おわりに ———————————————————————— 81
　[解題] ———————————————————————— 85

第3章　東アジアの経済発展と危機の構造
　　　　——大企業—中小企業関係を中心とする比較分析——
　　　　　　　　　　　　　　　　　　　　　　　　金　日植

　はじめに（問題提起）—————————————————— 95
　1　東アジアの経済発展と通貨危機の再検討 ————————— 96

(1) 東アジアの通貨危機　(2) 国際短期資本の流入と運用
 2　東アジアの経済発展と危機構造の相違―――――― 105
(1) 経済発展構造と危機構造の相違　(2) 企業の成長構造と通貨危機
 3　途上国の経済発展構造と東アジア経済――――――― 119
(1) 東アジアの経済発展モデルの特徴　(2) 経済発展と大企業・中小企業構造の形成
　結　論―――――――――――――――――――― 132

第4章　日本の民間対外投融資の動向とその規定要因
――通貨・経済危機後のアジア向け投融資を中心に――

中井浩之

　はじめに――――――――――――――――――― 139
 1　日本の民間対外投融資の動向―――――――――― 141
 2　日本の民間銀行によるアジア向け融資の動向―――― 144
 3　日本からの直接投資の動向――――――――――― 153
 4　日本からの証券投資の動向――――――――――― 156
　おわりに――――――――――――――――――― 160

第5章　タイの通貨危機とその後の経済状況

箕輪徳二

　はじめに――――――――――――――――――― 165
 1　タイの通貨危機の原因――――――――――――― 166
(1) 高金利政策と金融市場の自由化　(2) 海外資金の流入，流出の急激な変化　(3) 通貨危機の発生の経済的背景とその問題
 2　タイの通貨危機とIMF支援――――――――――― 174
(1) タイの通貨危機　(2) IMFの支援パケージ　(3) 金融セクターの改革
 3　タイ通貨危機後の経済の実態―――――――――― 179
(1) 通貨危機後の経済回復の状況　(2) 投資動向　(3) 金融動向
(4) 金利為替動向　(5) 輸出入動向
　おわりに――――――――――――――――――― 191

第6章　アジア通貨システムの展望
　　　――アジア通貨の政治経済学――

　　　　　　　　　　　　　　　　　　　　　　　　奥山忠信

1　アジア通貨問題の台頭 ——————————— 195
2　アジア通貨圏構想の現状 ——————————— 197
　(1) 通貨危機の深さ　(2) アジア通貨問題の台頭　(3) 通貨圏構想の挫折と復活
3　現代通貨と変動相場制 ——————————— 206
　(1) 変動相場制の暫定的性格　(2) 変動相場制の変質と危機の責任
　(3) 変則的な変動相場制
4　アジア・ドル本位制の提言 ——————————— 214
　(1) 進行する東アジアのドル化　(2) アジア・ドル本位制の優位性
　(3) より強固な基軸通貨
5　アジア通貨の展望―結びに代えて ——————————— 223

第7章　東アジア諸国の銀行システム

　　　　　　　　　　　　　　　　　　　　　　　　伊藤　修

はじめに ——————————— 229
1　銀行保護的規制政策(FR)は推奨されるべきか？ ——————————— 231
　(1) 銀行市場自由化論と規制論　(2) Stiglitz・Hellmannらの議論
　(3) 日本の経験からのコメント
2　各国の銀行システム ——————————— 236
　(1) 香港とシンガポール　(2) 韓国と台湾　(3) ASEAN諸国
3　東アジア通貨・金融危機について ——————————— 250
　(1) 東アジア危機と日本のバブル経済　(2) タイのケースを中心に
4　今後の課題――結びに代えて ——————————— 256

はしがき

　東アジア地域ではめざましい経済発展が実現し，世界銀行が1993年に『東アジアの奇跡』(The East Asian Miracle) を発表するなど，世界の注目と高い評価を集めた。ところが1997年のタイ・バーツ暴落から通貨・金融・経済危機が広がり，評価も揺れ動くことになった。危機への対応はまだ完全には決着していない。たとえば日本を含めて不良債権処理と金融システム再編は進歩したとはいえ完成していないし，危機の原因の1つにあげられた事実上の対米ドル・ペッグは今日も根強く維持されている。

　本書では，このような東アジア経済について，解説ではなく，重要と思われるいくつかの――しかしできるだけ広範な――論点を取り上げることを通じて，評価と展望を議論しようとするものである。

　取り上げる論点は次の通りである。

・高成長を実現した東アジアは他の停滞する低所得諸国とどこで異なったか。輸入代替戦略は誤りで輸出指向戦略が成功するという図式は正しいか。経済発展における政策の役割をどうとらえておくべきか（第1章）。
・東アジア危機の原因は何であったか。それをめぐる有力ないくつかの説の当否はどうか（第2章）。
・東アジア諸国内部での危機の発現のしかたの相違はどこからきたか。特に，大企業と中小企業からなる産業組織の違いがどう影響しているか（第3章）。
・危機後に日本のアジア向け投融資が大幅に縮小したが，それはなぜか。またそれは日本の金融システムのいかなる問題点を示しているか（第4章）。
・タイの通貨・金融・経済危機の経過をあらためて詳細に跡づけてみると，どのようなことがいえるか（第5章）。
・ペッグ制を組み込んだ変動相場制という国際通貨体制の問題点は，東ア

ジア危機にどのような形で現れたか。またこの地域の通貨制度についてどのような構想が相争っているか（第6章）。
・東アジア諸国の銀行システムはどのような共通点と個性とを有し，経済発展にどういった役割を演じてきたか。また今後の課題は何か（第7章）。

　もちろん，ここで取り上げていない重要な論点もある。たとえば不良債権処理や金融システム再編，あるいは域内産業・貿易連関構造について正面から扱っていないし，この地域で重要な存在になった中国経済についても同様である。これらについては，それぞれ専門家による研究があり，概説的にふれることで本書のボリュームが増すのは適当でないと考えた。一方，本書がオリジナリティを狙っているのはその視角にある。執筆者は中井を除いて東アジアの地域分析に専門的に従事してきたスペシャリストではない。伊藤は日本経済論，金は中小企業論，箕輪は企業財務論，奥山は貨幣論を主たる専門としてきた。専門家の"常識"からある意味で自由な執筆者が，関連する東アジア経済の各分野に切り込むことで，学際的交流の試みという方向からの見直しや問題提起を狙うわけである。
　事前の統一を図ったわけではないが，全体として本書での分析は，次のような基調的見解を導き出している。新古典派的な市場指向・自由化指向の硬直的適用は，日本を含む東アジア経済の発展やその問題点について十分な説明力をもたず，改革の指針としても適切とはいえない。アングロサクソン的基準から外れたものとして東アジア経済の特殊性や異端性を言い立てるのも，事実に沿うものではない。一方で，その成功も失敗も，ほとんど既存の分析枠組みを用いて理解し説明することが可能である。成功の要因には，市場のダイナミクスの活用と合理的な政策の支援の双方が含まれる。危機の原因や問題点にも，国際金融の不安定や偏った政策思想といった"外的"要素と各国家の"構造"要因の双方があり，その改善にも一気の市場化・自由化措置だけでなく着実な政策措置が求められる。これらは決して奇抜なものではないが，このいわば平凡な考え方を改めて主張しなければならない思潮状況があるのも事実だと考えている。

　　　　　　＊　　　　　　＊　　　　　　＊

本書を構成する各章の骨子は以下の通りである。

第1章（伊藤修）では，本書全体の歴史的前提を整理する目的で，東アジア経済発展のパターンをとりまとめる。本章の特徴は，日本の経験および日本経済論が蓄積してきた知見と開発経済学の論点との突き合わせに努めたことである。タイの事例を中心に取り上げて，その発展過程を概観したのち，いくつかの論点について議論する。まず，停滞を抜け出せない低所得諸国との対比で，東アジアのようにテイクオフに成功した諸国の条件を，統計的に確認できる数量的側面と社会的基盤の側面の双方にわたって分析する。ついで開発経済学における「輸入代替」「輸出指向」対立図式を批判的に考察する。すなわち，主流的経済学における輸入代替・発展政策批判と輸出指向・自由市場指向の推奨は，実はもっぱら中南米型のポピュリスト体制を念頭に置いた，妥当する対象の限定された思考であることを指摘し，東アジアの経験からは，比較的自由志向といわれるタイなどのケースも含めて，ボトルネックの解消・予防という政策の役割が重要であったことを主張する。

第2章（中井浩之）は東アジア危機の原因分析を正面から行う。まず，東アジアの成長は生産性上昇を伴っておらず，早晩限界に達したであろうとか，維持不可能な経常赤字＝外資依存が問題であったというような，一部で影響力をもった全般的マクロ原因説を，根拠薄弱として退ける。これに対して，各国政府が1990年代に内需拡大のアクセルをさらに踏み込む政策運営をとったこと，ドル・ペッグから離れることを意識しつつも実際にはそれに拘束され，金融政策上のジレンマを抱えたこと，対外短期債務のロールオーバーへの過度の依存が外資の一気流出のリスクを高め，それと国内金融システムの脆弱点とが結びついて危機を準備したこと，などの原因を指摘する。また，硬直的な自由市場指向であるいわゆるワシントン・コンセンサスに立ったIMFの対策指示に対しては，危機の深刻化に手を貸したとして批判的立場をとる。総じて，今回の事態は，既存の枠組みでほぼ説明可能な事項の組み合わせであり，政策当局もそうしたリスクは認識していたものの，予想を超える規模の波乱が出現したため対処不能になったとみており，脆弱点について着実な改善が必要とされるとの観点を示す。

第3章（金日植）は，従来の研究ではあまり取り上げられていない東アジア諸国内部の相違，とりわけ国内生産組織の問題に焦点を当てた分析である。国内産業問題を重視するのは，国際的な短期資本の不安定な移動（国際金融原因説）か国内経済構造の脆弱性（実体的経済構造原因説）かという危機原因論争において後者の立場に立つという意図ではなく，問題発生・深刻化のいわば遠因を探るという次元のテーマ設定によっている。まず，危機が深刻化しなかった国（たとえばマレーシア）と深刻化した他の諸国の間には，前者で短期資本流入が少なく，またそれを規制する枠組みをとっていたなどの相違があることを指摘する。また産業組織問題では，主に韓国と台湾を対比的に取り上げ，韓国が大企業中心・最終財中心，台湾が中小企業中心・中間財中心で，お互いに他方の中心的産業セクターを欠くような対照的な構造をもつことを説く。そして，その歴史的な背景を分析するとともに，双方が特有の対外依存性を生むこと，政府主導下の韓国での財閥の一種のモラルハザードなど，問題が生じたことを分析する。つまり危機への当面の対処や予防というよりも，長期的な問題を扱っているということができる。

第4章（中井）は，危機の前後における日本のアジア向け投融資を分析する。日本の先進国向け投融資は1997年以降も減少しなかったのに対し，アジア向けは1993年から危機のあった1997年までに倍増したのち半減した。この原因をジャパン・プレミアム等による資金調達難に求める説は，上記のような先進国向けの動向などから説得力に乏しい。これに対して本章では，これまで主として外資（主に米ドル）建てで優良企業向けに貸し付けを行ってきた邦銀が，リスク管理強化を求める行政のもとでの現地企業の信用度低下，ドル建て資金需要の縮小により融資を展開できないこと，証券投資ではリスク・ヘッジ手段の未整備やアジア向け資金供給につながる投資信託の開発の遅れといった阻害要因があること，直接投資では現地事業立ち上げ一段落後の投資機会を見出せないこと，などを指摘する。これらは，危機後の条件に対応する方法を日本が開発できていないことを意味する点で，大いに問題を含むのではないかとの提起でもある。

第5章（箕輪徳二）は，タイの通貨・金融・経済危機とその後の対処の

経過をあらためて細密に再現した仕事である。危機前については金融自由化措置，為替レート運営，高金利政策，短期資金流入とその運用，不動産投機の発生などを，危機発生時については通貨投機とタイ中央銀行の攻防を，事後処理についてはIMFの政策パッケージ，金融改革，生産・外資導入・貿易・国際収支等の動向を取り上げて跡づける。そうした分析をふまえた今後の展望の中では，不良債権処理をはじめとする金融改革の進展度とならんで，依存度の高い日米両国経済の動向に強く左右されるであろうことに注意を促す。

　第6章（奥山忠信）は，本来は貨幣は金であり，固定相場制が望ましいという主張をバックグラウンドにもちながら，不換紙幣と変動相場制が今日の国際金融の問題点（非効率性）の2大要因であるとし，その上でアジアにおける今後の通貨体制を検討する。他方で国際通貨制度は通貨発行益（シニョレッジ）をめぐる国家間の闘争の対象であると述べて，高度に政治問題でもある点も考慮すべきことを強調する。この観点から，日本の財務省を中心とするアジア通貨協力体制構想と，日本円も加わってアジア共通ドル・ペッグ制とすべきだとするR.マッキノンの見解を取り上げて，解説ならびに批判的検討を行う。

　第7章（伊藤）では，東アジア諸国の銀行システムを対象とし，それらの共通点と個性を整理・分類するとともに，経済発展に対して演じてきた役割を分析する。不十分な態勢から出発しつつ急速な経済発展をサポートしなけらばならないために，銀行システムに多大な負荷がかかることを指摘し，この困難な課題に対して各国政府がとってきた戦略を明らかにしようとする。また，推奨される金融システム構築・運営の方向として，原則的自由化論と規制・介入正当化論（その代表としての Stiglitz・Hellmann らによる Financial Restraint 論）を取り上げ，主に日本の経験を援用して批判的に検討を加える。

　　　　　　　　＊　　　　　　＊　　　　　　＊

　本書は，編者3名（箕輪・奥山・伊藤）に対する平成12年度および13年度文部科学省学術振興会科学技術研究補助金の研究報告を，平成15・16年度の同補助金による調査結果をふまえてとりまとめたものである。同補助

金により，タイ，香港，シンガポール，中国，韓国に出張し，ヒアリングや資料収集などの現地調査を実施することができた。また奥山はタイ・チュラロンコーン大学経済学部大学院における集中講義の機会に，伊藤は財務省財務総合政策研究所の平成12年度開発経済学派遣制度により2000年から2001年にかけて同学部客員研究員として（本章第1章はその研究報告を利用している），調査等を行うことができた。暮らしてみた体験は貴重なものであった。これらの機会を与えられたことに感謝するとともに，この間にお世話になった以下の方々に心から御礼を申し上げたい。ただしもとより本書中の誤りは筆者たちの責任に属す（なお所属・肩書きは当時のもの）。

　——野村信託銀行・春山敦彦氏，東海銀行（シンガポール）・杉江直樹氏，同（上海）・郁偉氏，上海証券取引所・夏嘉霖氏，華東師範大学（上海）教授・黄澤民氏，Investment Company Group（香港）・沢井智裕氏，野村国際（香港）・須田成人氏，さくら銀行（バンコク）・中山信夫氏，タイ王国首相経済顧問・キティ=リムシュクル氏，チュラロンコーン大学経済学部長・スティパン=チラティワット氏，同準教授・プッタガン=ルチャトーン氏，JETROバンコク・糸賀滋氏，同・吉川聡氏，タイ経済社会開発庁NESDB・舘逸志氏，韓国銀行国際局・趙文基氏，同・朴星昱氏，三星経済研究所・李佑光氏。

　また社会評論社の松田健二社長には，本研究の趣旨をご理解いただき出版の労をとっていただいたことに対し，深甚の謝意を表したい。

2005年3月

編者

第1章　歴史的前提：東アジアの発展パターンと経済政策
──タイと日本を中心に──

伊藤　修

はじめに

　本章では，東アジア経済の今日の問題に対する歴史的な前提を確認する目的で，この地域の発展パターンを振り返る。そのさい，経済発展における政策の役割という論点に照準を合わせる。事例としてはタイと日本に中心を置き，可能な限りで他の諸国の経験を参照する[注1]。

　ところで，開発経済学の文献を筆者のような日本経済研究者が読むとき，違和感をもたざるをえない点が少なくとも2つある[注2]。

　1つは，開発経済学で頻出する「輸入代替」(型工業化) import substituting industrialisation: ISI および「輸出指向」(型工業化) export-oriented industrialisation: EOI の概念と，それらを対立させる図式である。これは一般には，自給化をめざすことやそのための産業育成は良くなく，輸出の重視やそのための産業育成は正しい，と受けとられがちであろう。しかしそれはきわめてミスリーディングである。のちにみるように，専門家はそれとは異なって特有の限定された意味で用いるものの，やはりこの概念と図式は誤解を与えやすい欠点をもっており，より具体的な実質的内容に即して論じた方がよいと考える。

　2つ目は，広くは第1の問題もここに含まれるが，いわゆる産業政策をはじめとする経済政策が経済発展に対して果たす役割をめぐって，これを重視する見解と否定的な見解との対立についてである。対立や論争は結構だとしても，しばしば事前に抱いている信念なりイデオロギーにもとづく主張が先に立ち，内容が粗くなっているようにみえる。

周知のように，否定的見解はIMF・世界銀行に代表され，重大な現実的影響力をもっている。一方，（旧）通産省など日本政府関係者は，重視論に立つ主張の1つの中心を担ってきた。両者の間でかなりの議論が積み重ねられてきたが，そこにはいまだ批判の余地があり，次のような点をあげることができる。①たとえば「産業政策」等の定義が異なるために議論に食い違いがあり，しかもそのことを知った上で十分調整していない。②主張の根拠とする事例（対象国）が少なすぎ，その解釈も恣意的になる傾向がある。③発展のどの局面についての命題であるかを明確に区別した議論でない場合が多く，また各事例が直面した国際環境条件の違いも十分検討されていない。④近年よく知られるようになった「経済システムの多元性」や「複数均衡解」といった考え方が認められるとすれば，対応する政策のあり方も一律でないかもしれない。このことが考慮されるべきである。

こうした問題が生ずるのは，おそらく各々の論者が主に念頭に置く地域や国の状況によってバイアスが避けがたいこと，そして個人の能力の限界からそのような地域や国は限られること，からくるのであろう。本章で行いうる作業ももちろん限定的なものであるが，以上の論点に注意し，できるだけ多元的な視点を保つよう努めながら考察を進めたい。

考察の順序は次の通りである。

まず2では，事例としてタイを取り上げ，その経済発展を概観する中で，いくつかの論点を抽出して論ずる。(1)ではマクロ・パフォーマンス，政策基調，支配的な資本の類型（国内資本および外国資本）について概観する。(2)では産業発展および産業政策，(3)でタイ・日本をはじめとする東アジア各国の個性（タイプの違い）を考える。なお，金融部門の発展と行政，1997年通貨・金融危機前後の事情については第7章でふれる。

3では，停滞を抜け出せない低所得諸国と対比して，テイクオフに成功し成長軌道に乗った諸国の条件を考える。(1)で貯蓄および投資の率，外資の役割，製造業の比率といった量的に明示的な側面を取り上げ，(2)では基礎条件としての教育・交通など社会的基盤について論ずる。

4では「輸入代替」「輸出指向」概念を批判的に考察する。(1)でこの対比論を整理するとともに問題点を論じ，(2)で「輸入代替」戦略批判が実は

もっぱら中南米型の「ポピュリスト体制」を対象とする（したがって限定的な）ものであることを指摘する。(3)では以上をふまえて産業発展政策について一般的に考察するとともに，主要産業ないし leading industries 以外のいわば supporting industries ——農業・商業・金融業，あるいは内需産業・中小企業といった分野——のもつ意味も考える。

最後に5（結び）で，政策の役割は「ボトルネックの解消・予防」であると整理し，それは当面する環境条件によってある程度多様でありうることを述べる。

1 タイの経済発展の概観とその論点

(1) 概観

マクロ・パフォーマンス

この項では，具体的なイメージをもつために，タイの経済発展のケースを概観する。

東アジアでは，まず日本が1955年以降，NIEs 4か国（韓国・台湾・香港・シンガポール）が1970年代以降，マレーシア・タイ・インドネシアのASEAN諸国が1980年代以降，ついで中国およびベトナムと，あいついで実質年率10％近い高成長の局面を実現し，経済水準を飛躍的に上昇させた。この中で日本のみが戦前までの達成水準の点で異質であって，戦後は「再スパート」（西川俊作［1996］）であると位置づけるのが適当であろう。またおそらくこのことと関連して，スパートの継続期間も日本の場合20年以下と相対的に短かった。

世界銀行の分類では，1人当たりGDP（米ドル評価）で1万ドル以上が高所得国，2800～1万ドルが上位中所得国，700～2800ドルが低位中所得国，700ドル未満が低所得国であるが，危機直前の1996年時点での同水準は，日本3万ドル，シンガポール2万5000ドル，香港2万ドル，韓国1万ドル，マレーシア5000ドル，タイ3000ドル，インドネシア1200ドルというものであった（その後一時下落した）。タイの位置づけはこのようなも

のになる。

表1でタイの1人当たりGDP（米ドル），実質成長率，貿易収支（対GDP比率）の推移をみよう。1972年にわずか200ドルであった1人当たりGDPが1996年には3000ドル水準になっている。この間，1976〜78年の10％成長を除いてほぼ5％の中成長を続け，1987年〜95年に10％水準の高成長に移った。貿易収支（経常収支もほぼ同じ）は赤字を続け，特に二度の石油ショック時（輸入の増加），1980年代前半の世界的不況時（輸出の停滞），1988〜96年の高成長期に，赤字幅が拡大している。1988〜96年の高成長期には実物面で輸入が増加し，貨幣面ではそれに対応して資本輸入の拡大がみられたのである。

戦後のタイの財政金融運営は慎重であり，物価上昇も緩やかであって，マクロ経済は相対的に健全性を維持してきたと評価されている。しかし1990年代半ば以降，ブームは過熱化の様相を呈し，1997年の通貨・金融危機につながった。

政策基調

経済政策全体の基調はサリット政権（1958年成立）が転機になっているとされる。

それ以前のピブーン政権の路線はかなり異質なものであった。ピブーンは第二次大戦中にも政権についており，1943年に輸入途絶のもとで強制された自給化政策をとった。戦後も，本格的な自給化政策をとり，民族資本の育成（外資の抑制，華人の活動の抑制），輸入規制，国有企業の増加（たとえば主軸輸出品である米貿易の国家独占）を実行したが，失敗に終わったと評価される（末廣［1993］pp.44-6）。

1958年にこれに代わったサリット政権は，同年末に提出された世界銀行の勧告に沿って，民間資本主体の経済開発，政府の主たる任務としてのインフラ整備，投資奨励業種・企業の選定と優遇，これらに関する5か年計画の作成（「経済社会開発計画」，第1次計画のみ6年計画）とそれを所管する国家経済開発庁（1972年に国家経済社会開発庁 NESDB）の設置，などの方向に転換した。幼稚産業保護のための輸入関税の縮小，華人経済活

表1　タイの1人当りGDP・実質成長率・貿易収支の推移

	1人当GDP （USドル）	実質成長率 （％）	貿易収支 ／GDP（％）
1972	213	4.2	▲4.9
1973	273	10.0	▲4.4
1974	339	4.5	▲4.9
1975	360	4.9	▲6.0
1976	400	9.2	▲3.5
1977	453	9.9	▲5.7
1978	534	9.9	▲5.3
1979	592	5.2	▲6.8
1980	687	4.6	▲9.1
1981	719	5.9	▲8.7
1982	740	5.4	▲4.4
1983	800	5.6	▲9.8
1984	816	5.8	▲7.1
1985	742	4.6	▲5.5
1986	804	5.5	▲0.7
1987	930	9.5	▲2.6
1988	1,117	13.3	▲7.0
1989	1,292	12.2	▲7.9
1990	1,509	11.2	▲12.1
1991	1,711	8.6	▲9.3
1992	1,902	8.1	▲7.4
1993	2,117	8.4	▲7.3
1994	2,424	9.0	▲6.4
1995	2,782	8.9	▲8.5
1996	2,964	5.9	▲9.2
1997	2,421	▲1.8	▲2.5
1998	1,765	▲10.0	10.2
1999*	2,019	4.2	9.6

（注）シャドーは以下のような一応の目安となる年に付した。
・1人当GDP：500, 1000, 2000, 3000ドル水準に達した年。
・実質成長率：8％以上を示した年
・貿易収支／GDP：5％以上の赤字を示した年
（資料）末広・東［2000］p.5, およびJETRO・JCC『タイ国経済統計集2000/01』。

動抑制の緩和も実施された。また1959年のプワイ総裁就任以後，中央銀行（Bank of Thailand）のマクロ健全運営指向も固まった。なお，これらは世銀勧告の押し付けによるだけでなく，タイ政府自身の内部（特に留学組テクノクラート）にそれに呼応する要素があった（末廣・東［2000］，末廣［2000］，バンコク日本人商工会議所［1999］）。また当時の世銀やIMFは，健全化要請の基調は同じでも，のちのように強硬な姿勢ではなく，強硬な「構造調整」を打ち出すのは1980年代のことである。

　以後こうした基調は維持される。重要な例外と思われるのは，1970年代後半にククリット政権等によって行なわれた福祉拡充・民主化政策である。その背景にはインドシナ社会主義化や国内民主化運動の高揚があった。そしてこの期に導入された規制等の多くは1980年の世銀勧告で撤廃が要求された（この間の経過については末廣・東［2000］，末廣［2000］）。

　財政規模でみても，1960年代以降の予算の対GDP比は12～18％，国営企業を含めた公共部門支出でも15～22％にとどまり，相対的に「小さな政府」である（原田・井野［1998］pp.18-22）。

支配的資本

　日本など先進国側に視座を置く研究には，途上国の産業発展をもっぱら多国籍企業の進出によるものとみる傾向が強いのに対して，末廣［2000a］などはこれに反対している。筆者は後者の見方に賛同する。末廣［2000a］は，東アジア諸国経済における支配的資本は一般に，①国営・公企業，②国内民間大企業（財閥），③多国籍企業，の三者からなる（鼎構造）と述べる。この整理がリアリスティックであろう。

　タイの大企業部門の中核を占めるのは華人系財閥である。同国の上位企業グループをみると，王室財産管理局のサイアムセメント・グループ，土着タイ系のブンロート・グループ（ピロムパクディ家）を除けば，すべて華人の一族経営に属す。商業を中心に華人が経済に強く根を張っているのは東南アジアに共通である（タイ華人財閥も香港を拠点とする華人ネットワークに属している）が，香港・シンガポール以外では最大級の企業グループを形成していること，他方でタイ現地社会に深く同化してしまってい

ることが，タイのケースを特徴づける。

　金融系財閥の端緒は戦時期から1950年代にあるが，工業系および商業・サービス業系財閥は1960年代以後に発展を始めた。1960年代の輸入代替産業（繊維・食品・自動車等消費財，鉄鋼など）の奨励，1970年代の輸出産業（アグロビジネス等）の奨励，石油ショック以後のエネルギー・重化学工業の奨励という国の政策を背景にして，多くは流通から製造へと進出するパターンをとった。このうち資本・技術集約的な重化学工業では技術・資本面で日本など外資との合弁を利用したのに対し，アグロ・食品等は独立的である（朱［2000］pp.373-7）。

　これらは，一族所有の多角的事業体（family-owned conglomerate）という面で戦前日本の財閥，韓国のチェボルと同質のものであるが，日本の三井・三菱・住友や韓国の現代・三星といった総合財閥ほどには事業範囲が広くない。すなわち一国の主要産業における代表的企業を「ワンセット型」に揃えるところまではいっていない。主要金融機関も総合財閥の一員ではなく，あくまで金融系財閥であって，産業系財閥との取引関係もメインバンク関係ほどには強くないようである。

　なお東アジアの財閥，特に華人系は，「合股（ごうこ）型」の結合形態を特徴とするといわれる（末廣［2000a］）。それは，複数の富裕な個人や一族が人間関係によって提携し，複数の有力企業に共同出資していく形をとる。そして日本の旧財閥との最大の違いは外資との提携の有無に求められる。

　社会的には，こうした企業の個人的・家業的性格は，相続税の不在，ついで所得税の累進性の弱さによって支えられていると思われる。財産とその相続の不可侵の観念は強固である。その結果，ジニ係数等でみた所得不平等度は，中南米ほどではないが，先進諸国よりも大きい。消費パターンも二層化している。身分的差異（職場ではスタッフ職員・ライン労働者・補助労働者の区別）も日本などと比べて大きい。加えてバンコクと農村部との地域格差もきわめて大きい。

　外国資本については，前述のように1960年代から第一段の進出がみられたが，急増するのはプラザ合意に続く1980年代後半の円高のもとでの日本

の直接投資によってであった。日本以外ではアメリカ,台湾,香港などの投資が多く,東アジアの国際分業に対応する資本関係が形成されている。また1990年代の半ばには短期資本の借入れが急増した。

(2) 産業と産業政策

次に,いくつかの主要な産業の発展と政策の関わりをみておこう。
繊維
繊維産業は,上流から下流まで(紡糸・織布・縫製)に資本集約的／労働集約的工程の双方を含むが,いうまでもなく低賃金国は労働集約部門に優位をもつ。しかしタイの場合は各工程を一貫する形で発展させた。発展を加速したのは1960年代からの日本の直接投資(特に織布工程)で,日系合弁企業は1970年代まで地場企業を牽引した。1980年代後半になると香港や台湾からの投資も増加し,生産・輸出とも急拡大した。

この間の政策で明確なのは,高率の輸入関税による保護である。関税率は1995年時点でも原綿原糸30％,糸30％,染料・化学溶剤30％,布60％,衣類60％と高く,これに対し綿は5％,化繊原料7％,繊維機械・部品5％であったから,未加工原材料・資本財を安く入手し,各段階の輸入製品を高くする意図が示され,上流からの一貫生産構造が指向されたことがわかる(東 [2000] p.126)。輸出に対しては輸入関税還付の制度もあり,また最重要な優遇措置とされるのがVAT(付加価値税)の免税である。

その他の政策は,一貫してもいないし整備されてもおらず,有効であったとはみられない。1960年に投資奨励法の対象業種に指定されたものの,そののち停止と再開が繰り返された。工業省によって過剰供給抑止のための参入・能力増強規制が行なわれたが,政治的な不公正な実施や尻抜けが多発した(Somchai [1995], 東 [2000])。なお,こうした規制は1990年代に自由化されたが,結局それは生産の拡大という実績こそが実現したものである。

かつての日本では,生糸輸出に対する金融の整備・優遇等以外には繊維産業を特定した育成措置はみられず,それに比べると高率保護関税を続け

たタイの政策の方が強力であったといえる。基本的には，比較優位の条件をもつ産業に対しては，なんらかの障害を克服する必要がある場合を除いて特定の育成政策は不可欠ではない，といってよいのであろう。

自動車

自動車産業は1961年に投資奨励業種に指定されたが，その後，完成車やノックダウン組み立てに伴う中間財の輸入増が生じた。工業省は，再度の育成を促すため1969年に設置した委員会で，輸入車規制，乗用車組み立て工場数の制限，車種制限，ローカル・コンテント（国産部品使用）などの強い規制による保護を打ち出した。このうちの一部は1972年の政策変更で緩和され，以後，日系を中心に新設や拡張が増加した。こののちも続けられた措置は，完成車輸入禁止，ノックダウン組み立ての規制（輸入高関税）とローカル・コンテント，そして減税優遇であった。そのため日系メーカー等は，系列部品メーカーを進出させたり，地場系部品メーカーを育成したりした。

このように，輸入規制による保護のもとで，外資導入とともにローカル・コンテントを課し，それに税制等の優遇を加える，というのが主たる政策であった。マレーシアやインドネシアの「国民車構想」のような政府介入がなかったことは，外資の進出にとってメリットとなった。この結果タイは，東南アジア最大の国内市場，部品・電気設備・内装等の「すそ野」の能力によって，東南アジアの自動車生産の拠点になった。規制が緩和されるのは，競争力が定着した1980年代後半以後のことである（Stin［1995］，東［2000］）。

鉄鋼

鉄鋼業は銑鉄（製銑）―粗鋼（製鋼）―鋼材（圧延）の三工程からなり，高炉製銑以下すべてを行なう場合を鉄鋼一貫生産という。重要な基礎産業で資本額が巨大ということもあって，製銑・一貫生産には政府が関与した国も少なくない。日本の場合は官営八幡製鉄を創設して銑鉄の自給化に努めたし，当初には国内需要がタイより大きかったとはいえない韓国も，浦項製鉄を頂点とする一貫体制育成を選択した。このことの評価は簡単ではない。比較優位にもとづく国際分業の観点からいえば，かつての日本が一

貫自給を捨てて輸入に依存する選択も十分ありえたと思われる（実際に戦前にはインド等からの銑鉄輸入，アメリカ等からの屑鉄輸入に大いに依存した）。当時はおそらく軍事的自立の要請も強く考慮されて一貫自給が選択され，政府が強力に介入育成することになったといえよう。

タイは日本や韓国のコースをとらなかった。投資委員会 BOI による許認可制度があり，新規参入や能力増強は規制されたものの，産業組織の像を設計し，それに向けて誘導するような政策はなく，この点では市場に任せたといえる。その結果，タイには製銑（高炉）部門がなく，最上流が電炉製鋼である。電炉メーカーは1995年時点で11社，トップの能力シェアが21％であって，集中度は高くない。1990年代央時点で中心は建設向け形鋼，線材，鋼管，二次加工品（メッキ等）といった下流の加工部門であり，上流ほど弱体で，鋼塊や冷間圧延製品を輸入に頼る実態にあった。自動車や電機の拡大で鉄鋼業の強化が要請されるようになり，第7次経済社会開発計画から特に上流の強化が掲げられたが，十分な達成をみなかった（Wikrom［1995］）。ようやく1990年代央以降増強が集中したものの，経済危機をへた現在は供給能力過剰となってしまっている。

石油化学

石油化学産業は国の戦略的な指導のもとで育成された。政府主導型の典型例，かつ数少ない事例に属す。

1970年代後半に国家経済社会開発庁 NESDB は，重化学工業で民間のみでは開発が困難な場合，政府主導の官民合弁方式をとりうることとし，1978年には国営タイ石油公団が設立された。二度の石油ショック，1980年のタイ湾での天然ガスの発見という当時の条件のもとで，エネルギー・素材自給化をめざしたことはある程度自然である（東［2000］）。当初は，輸入代替を目的とし，それに合ったサイズのプラントを建設する方針のもと，石化各社の出資でオレフィンを供給する NPC Co. を創設し，以下，石化各製品ごとに各1社の体制として，価格はコスト・プラス（15％リターン）で決定する方式をとった（「NPC 1 期」と呼ばれる）。その後，「NPC 2 期」と呼ばれる段階になると，規模の経済を考慮して，より大規模なプラントを Rayong 県 Mab Ta Pud の石化コンプレックスに集中させ，かつ可能であ

れば各品種2社ずつの体制をめざした。育成措置としてとられたのは，①保護高関税，②前述の品種別独占（寡占）保証（参入禁止），③設備輸入免税，8年間の法人所得税免除，などである。この結果，石油化学は独占的な産業となり，高位・硬直的な価格などの問題が指摘される一方，やがて民間投資も活発化して速やかな発展をみたのも事実である。ただし国内市場が快適なために輸出意欲は弱いといわれる（Surat［1995］）。

タイの産業政策

タイは，IMFや世銀によって，東アジア諸国の中で自由な市場を重視したグループに属すと評価されている。その経済発展に対するイメージは，①外資に対してきわめてオープンで，それに依存する度合いが高く，②政府規制は少なく，自由な市場機能に任せ，③輸入代替でなく輸出指向で一貫した，といったものである。この見解は上記の諸事実に照らしてどのように評価されるであろうか。それはいくつかの点で修正を要求されると思われる。

まず，政府介入も，輸入代替政策も，決して微少ではなかった。たしかに，経済社会開発計画は網羅的で，各産業別政策は個別的であり，一貫していないケースもある。それは，総合的ビジョンをもって資源配分調整を直接・強力に行なった韓国などに典型的なシステムとは，明らかに異なる。政府による育成とは比較的に縁のない農業が，一貫して輸出の中心でもあった。しかし他方，ほとんどの産業で輸入関税による保護が行なわれてきた。また参入規制や設備投資規制による「調整」が行なわれた産業も多い。石油化学のケースは，日本における電力や鉄鋼と同じように，外部性が大きい産業に強力に介入した例にあたろう。

以上はもちろん規制や介入が望ましいと主張しているのではない。既得利益の擁護や競争制限の弊害が露わな場合もあった——「政府の失敗」はもちろん存在する——し，規制の尻抜けがむしろ発展につながったケースさえみられる。ここではさしあたり保護や規制が存在したことを指摘しているだけである。

また，産業の急成長によってこそ規制や介入を後退させうる，というパターンが広範に観察される。戦後の日本でも同様であって，たとえば第1

次・第2次「合理化計画」によって鉄鋼業を急速に強化することで，規制段階を短期間でいわば駆け抜け，介入の後退が可能になった。そこでは介入の集中性と短期性が相伴うのであって，この点で評価は単純ではない。

外資導入が一部の産業政策を代替するという面は確実に存在する。両者とも，資金や技術の集中投入という課題に応えるのであるから，それは当然であろう。

この外資についても，タイは無条件で歓迎してきたわけではない。この点は強調されなければならない。外資規制法の体制が存在し，非居住者（外国籍個人・法人）は土地取得ができないこと，出資比率は49％以下に限られる（すなわち地場資本が主導権を握る）ことが原則になっている[注4]。すなわち，タイは自立性の維持を重視してきたのであり，実際にたとえばアグリビジネス等では民族資本（主に華人資本）の独立性が高い。この原則を前提にした上で，投資委員会BOIが認める場合に限って，例外扱いとなる。輸出産業（企業）に認定されたとき——このほかには通貨・金融危機後に資本増強が必要となったさい——に，外資比率の超過が許された。こうして外資を導入し，あわせて奨励措置を実施する。外資規制が強いからこそ，その例外扱い（＝easing）そのものが産業政策になるのだといえよう。

(3) 東アジア経済の諸タイプ

この項では，タイ・日本を含む東アジア各国経済の大まかな特徴づけないしタイプ分けを試みよう。

これら諸国に共通する点として，年率10％近い高成長局面，および同時に高い投資比率を経験した（または経験しつつある）こと，成長に伴って貯蓄率の大幅な上昇をみたこと，マクロ的健全性が守られた——財政・金融運営に比較的規律があり，インフレもマイルドにとどまった——ことがあげられる。

なお，国民性ないし感性に一定の共通面があることは認められるとしても，M. Weberのいう西欧のプロテスタンティズムにあたるものが儒教の

影響であるという説には賛同しがたい。過去のある時期の儒教の影響が少しもないかといえば、他のすべてのものと同様になんらかの影響がある（東南アジアの場合には華人の影響などを通じて）のは当然であるが、各国の違いが大きすぎ、決定的な要素であるとは到底いえない。

　各国の個性を考えてみると、まず日本と他の諸国との間には次のような相違がある。すなわち、①日本は（タイを例外として）唯一植民地化を経験せず、テイクオフが他より大幅に先行し、戦前時点で高い発展段階に達した。②日本は戦後IMF固定相場制と多角的貿易自由化の恩恵を受け、かつ一定期間の「貿易自由化の猶予」を与えられた。これに対し、他の諸国は、世界的な変動相場制の枠組み、自由で巨大な資本移動と貿易のもとで、かつ猶予なしの「公正貿易」を迫られながら発展につとめた（NIEsの場合は高成長局面の途中から、ASEAN諸国の場合は初期から）。③日本の場合、雁行形態的に後を追う諸国との距離がある程度開いており、その間もっぱら先行する欧米との競争に集中した。これに対し他の諸国は、資本・資本財・技術を供給する日本という大きな存在が近隣に存在し、その影響を受けるとともにそれに依存して、雁行の狭い幅で接する近隣との競争の中にある。

　ついで日本とNIEs4か国（韓国・台湾・香港・シンガポール）を取り上げよう。この5か国は、すでに1人当たりGDPが1万ドル水準に到達または超過し、先進国（高所得国）入りしているとともに、資本輸出を行なっている。それぞれを簡単に特徴づけると次のようになる。

　日本と、かつてその植民地であった韓国・台湾は、しばしば「東北アジア型」と分類されることがある。ただしその特徴は、地域的な共通性によるよりも、前述のようにASEAN諸国より時期的に早く1960年代に発展を開始したため、ある程度の閉鎖性をもつことができたことによる面が大きいと思われる（他のNIEsである香港とシンガポールは都市国家であることから異なる経路を歩んだ）。

　日本は、地主制の解体をへて農業は自作農中心となった。一時期の限られた借入れを除いて外資依存度は低く（特に直接投資による被支配を極度に警戒し）、投資の多くを国内貯蓄で賄ってきた。直接投資の比重がきわ

めて小さかったため，技術は購入の形をとった。したがってマクロ政策運営は経常収支の均衡を制約条件とするものであった。政府による資源配分コントロールは，戦時から戦後復興期にかけての一定の局面において経験したが，高度成長の開始とともに後退していった。自然資源に乏しいために輸出を不可欠とするが，輸出促進を政策の中心に置いたとはいえず，むしろ激しい国内企業間競争を背景に，幼稚段階の産業に対する国内市場保護をとりつつそれを短期間に駆け抜け，輸出段階へと移行するケースが連続的に生み出されたといってよい。広大な中小企業部門をもち，その少なくない部分が大企業部門との連関を有している特徴が指摘される。

　韓国も，地主制は解体され農業は自作農中心である。日本と異なって経常赤字領域に踏み込む成長政策をとり，すなわち外資に依存したが，直接投資による被支配は警戒し，借款中心であった。したがって技術は購入した。1960年代以降の朴正熙政権による政府指導，資源配分コントロールは，一時期の日本の方式をモデルにした手法が多く用いられたが，それを凝縮した，最も強力なものであった。中小企業部門の層と，その大企業部門との連関が薄い点は日本と異なる。末廣［2000a］がその公企業・財閥・外資による「鼎構造」論に沿って各国の大企業の構成を比較した**表2**によると，韓国は公企業・外資系の比重がいずれも極小で，財閥系が圧倒的である（なおこの表は以下でも参照する）。財閥ではオーナー一族の経営支配が強い一方，資本構成は負債比率がきわだって高い。企業間株式所有構造は相互持ち合いというほど相互性が整っておらず，いわば循環型保有である。(注5)

　台湾は，同じく地主制は解体され農業は自作農中心となっている。日本と異なり外資に依存した（経常赤字に踏み込む成長政策をとった）が，韓国ほどではない。また直接投資による支配権の委譲は警戒し，借入れ中心であった。そのため表2でみても外資系企業のウェイトはきわめて低い。政府による資源配分コントロールは，大企業部門に対して行なわれたのに対し，中小企業部門は放任された。1950年代初の時点で，資産でみた公共部門のシェアが90％近くに達し（Lau［1997］），近年でも大企業部門での公企業の比重はきわめて高い。戦略産業の育成では，たとえば「パイオニ

ア企業」と呼ぶ有望企業に対する投資家を政府が探索し仲介すること等も行なわれた。もちろんそのすべてが成功したわけではなく，日本型の総合商社を育成しようとする試みが失敗に終わった例がある (Lau [1997])。

香港は，小規模な都市国家であって，通貨は米ドルにリンクし，華人が経済の主体である。金融部門の中枢は香港上海銀行，Chartered Standard 銀行など欧州系が握る。一方，政策的にはすべてにおいて自他ともに認める「自由放任」であり，もっぱら華人一族事業とそのネットワークのもつ活力が牽引してきた。電力・ガス・運輸等の公益事業も民営で提供された（政府規制は加えられた）。それでも，金融システムへの監督，学校・病院・住宅等の整備，工業団地・道路・地下鉄・空港等の産業基盤整備は，政府によって担当されたのである (Lau [1997])。

シンガポールは，小規模な都市国家であり，通貨は対米ドル・リンクであること，華人が経済の主体であること，金融部門において香港上海銀行，Chartered Standard 銀行など欧州系が重要な位置を占めていること，などにおいて香港と共通する。小規模な経済の基盤を担う外資系企業の活動を許し，その比重はきわめて高い。一方，政策的には香港とまったく対照的に，計画性・政府の関与が強力である。政府系企業の役割は大きく（表2では他国と異なり上位500社対象のため少数の公企業のシェアは低いが，1社当たりの規模は大きく，重要産業に属している），産業指導も強力に行なわれる。公的住宅保障をはじめ社会保障や都市計画も整備されている。

これに対して，タイ・マレーシア・インドネシアのASEAN諸国は，外資，特に直接投資に強く依存した発展が顕著である。このうちマレーシア・インドネシアでは国民車構想（マレーシアはプロトン・サガ）にみられるように一定の政府関与が観察される。マレーシアはブミプトラ政策のもとで1980年代に公企業のウェイトが急上昇し，また資本取引規制の継続においても独自な路線をとったし，インドネシアの公企業の比重はきわめて高い（表2）。これに対してタイは自由路線だといわれる。たしかにタイは日本や韓国のような資本的な自立の確保を指向せず，また香港・シンガポールとも異なる。しかし無条件に外資を歓迎し放任したのでもなく，支配権の自立維持に留意した選択的な（規制された）外資委任・利用方式

表2　各国の大企業の所有形態別分布

国・地域名 データソース	中国 全国工業生産		韓国 売上高上位100位		台湾 売上高上位20位		タイ 売上高上位100社	
指標 調査年	企業数 1993	工業生産 1993	企業数 1994	売上高 1994	企業数 1986	売上高 1986	企業数 1992	売上高 1992
①国営・公企業	18%	43%	2社	7%	11社	77%	19社	34%
②外資系企業	3%	19%	1社	2%	1社	2%	29社	25%
③国内民間企業 （うち財閥傘下）	79%	38%	97社 (92社)	91%	8社	21%	52社 (52社)	41%
国・地域名 データソース	フィリピン 全国工業生産		インドネシア 売上高上位100位		シンガポール 売上高上位20位		インド 売上高上位100社	
指標 調査年	企業数 1989	売上高 1989	企業数 1993	売上高 1993	企業数 1986	売上高 1986	企業数 1993	売上高 1993
①国営・公企業	9社	30%	55社	67%	22社	12%	48社	71%
②外資系企業	19社	39%	8社	3%	164社	64%	9社	4%
③国内民間企業 （うち財閥傘下）	22社	31%	37社 (32社)	30%	314社	24%	43社 (41社)	25%

（出所）末廣［2000a］，p.161。

をとってきたことは，すでにみた通りである。

　フィリピンのマルコス体制は，外見上は東アジアの他のいくつかの国の「開発独裁体制」に似ている（**表2**では公企業・外資・財閥の三分構造においてタイに近い）が，特権階級と「取り巻き企業」とで固めた個人独裁の維持そのものに目的が置かれ，結果として開発のパフォーマンスは劣ったものとなった。(注6)

　ここで**表3**により，各国の基礎産業（電力・石油・通信・運輸・鉄鋼・金融等）における公企業のウェイトをみておこう。いずれの国でも，これら基礎産業，特にエネルギー・通信・銀行等のインフラ分野に公的部門が関与してきたことがわかる。このうちタイは公的関与が比較的に弱い。シンガポールはタイと同じく外資への依存が目立つが，より強い公的関与の残存の点で異なる。韓国は民営化を急速に進めてきた。台湾とマレーシアでは公企業の存在が強固である。フィリピンはインフラ分野以外の製造

表3　各国の基礎産業における国営・公企業（1990年以降）

産業別	韓国	台湾	フィリピン	タイ	マレーシア	シンガポール
電力(発電)	◆ (89年)	◎	◎	◇	◎	◎ (63年)
電力(配電)	◆	◎	× (財閥)	◆ (97年)	◎	◎ (63年)
電気通信	◆ (93年)	◎	× (財閥)	◇ (注)	◆ (87年)	◆ (92年)
国際航空	◆ (69年)	◎→◆	◎→◆	◆ (91年)	◆ (85年)	○ (注)
石油精製	◆ (89年)	◎	◎→◆	◆ (外資優勢)	○ (74年)	○ (外資)
石油化学	× (財閥)	◎	—	○ (外資優勢)	—	○ (外資)
製鉄・鉄鋼	◎→◆	◎	◎	× (外資,財閥)	○	◎ (86年)
自動車組立	× (財閥)	× (財閥,外資)	× (外資,財閥)	× (外資)	○ (83年)	× (外資)
造船	◆	◎	◆	—	—	◎
海運	×	× (財閥)	○	× (外資)	○	◎
砂糖	—	◎	○	× (財閥)	—	—
銅精錬	—	—	○	—	—	—
セメント	× (財閥)	× (財閥)	× (財閥)	× (財閥)	○	× (財閥)
工業団地	—	—	○	○	○	◎
商業銀行	○	○	○	○	○	× (財閥)

(注) 1) ◎国営・公企業；○国営・公企業と民間の共存もしくは合併事業；◆民営化もしくは上場された分野；◇民営化の計画が1999年現在ある分野；×民間企業。
2) フィリピンの石油精製は73年にエクソンから買収。鉄鋼は74年にスペイン系財閥から買収。
3) タイの通信産業は1987年からBTO（Build-Transfer-Operation）方式をとり，現在民営化を企画。
4) シンガポール航空会社は，85年に株式の一部売却を実施。

(出所) 末廣［2000a］, p.170.

業に公企業をもつ特徴がある。

　このほか，中国・ベトナムは旧社会主義経済から改革・開放への転換をへて，ほぼASEAN型の直接投資主導の成長を示している。中国については，社会主義を経験することなくして現在の高成長をスムースに実現することができたかどうか疑問である。すなわち中国の共産主義が，思想的には異質にせよ，農地改革＝地主制の解体を実施することによって東アジア型高成長を可能にする条件としての近代化という，意図せざる結果をつくり出したことは確かだと思われる。ただし同時に国有企業の大幅な残存，

一部での強力な政府統制などの要素も保持している。やや異なるが自称「ビルマ型社会主義」を掲げてきたミャンマーでは，これら残存要素を共有したうえ，まだ成長局面に入っていない。

2　「低位均衡の罠」と成長軌道

(1) 貯蓄と投資

　本節以下では，これまでにみてきた東アジアの事例を下敷きにして，経済発展と政策についての一般的な論点を考察する。まずここでは停滞と成長の対比を行なう。

　低所得に停滞する経済と成長軌道に乗った経済との間に観察される明示的な相違として，まず貯蓄率がある。成長を実現した経済では，貯蓄率が顕著に上昇し，かつ高位安定する。高い貯蓄の供給が高い投資に結びつき，それが効率的に産出の増加に結びつく——産出資本比率(資本係数の逆数)が高い——ならば，それが高い成長にほかならないから，これは当然である。

　そこで表4をみよう。ここには，いくつかの国の貯蓄率(対GDP)と投資比率(同)があげられている。貯蓄率マイナス投資比率は，同時に経常収支黒字(マイナスならば赤字)の対GDP比を示す。

　バングラデシュとガーナは低所得に停滞する経済である。この2国の貯蓄率は明らかに低く，また投資超過のため経常収支は赤字で，対外債務が累積せざるをえない。

　ナイジェリア・ペルー(中南米の代表)・フィリピンのグループは，高い貯蓄率を示す時期もあるが，変動が激しく不安定である。このパターンでは一定期間にわたる高成長局面は実現せず，アルゼンチンのように高所得国から後退する場合もある。

　これに対して韓国・シンガポール・日本のグループでは，いったん上昇した貯蓄率は30%を超える水準で高位安定し，それが一定期間継続したのちに高所得国入りを実現した。韓国とシンガポールでは，当初は投資超過

表4　各国の貯蓄（S）・投資（I）の対GDP比（％）

		1965	1970	1980	1990	1993
バングラデシュ	S	7.76	7.09	2.11	2.90	7.52
	I	11.46	11.25	14.85	12.87	13.85
ガーナ	S	8.40	13.04	4.96	6.10	▲1.43
	I	18.12	14.44	5.65	14.75	15.05
ナイジェリア	S	10.67	12.48	33.90	31.47	20.40
	I	15.99	15.39	23.34	15.16	16.59
ペルー	S	31.59	17.67	32.90	17.12	15.95
	I	34.90	15.76	30.43	16.36	19.22
フィリピン	S	20.91	22.27	24.24	18.29	15.22
	I	20.88	21.73	29.14	24.03	23.78
タイ	S	18.58	21.14	23.07	34.00	36.19
	I	19.75	25.54	29.38	41.59	40.46
マレーシア	S	24.68	27.33	34.15	34.97	37.82
	I	20.26	23.02	31.56	32.90	36.85
インドネシア	S	7.61	13.81	38.74	33.19	31.13
	I	7.69	15.76	25.36	32.64	28.95
韓国	S	8.02	14.68	25.61	36.66	34.97
	I	15.28	24.20	33.15	37.19	34.57
シンガポール	S	9.55	18.18	38.91	45.31	47.37
	I	21.22	38.29	48.07	39.20	38.08
日本	S	33.37	40.39	31.36	33.24	31.97
	I	31.97	39.10	32.25	32.53	29.65

（出所）原洋之介［1996］pp.30-31。原資料はWorld Bank。

（経常赤字＝外資依存）であったが，成長とともに貯蓄率が急上昇した。日本の場合も貯蓄率は成長とともに上昇している。成長率上昇（所得増加）→貯蓄率上昇という関係の有意性は確かめられており，両者は相互促進的な関係にある。タイ・マレーシア・インドネシアのASEANグループも，貯蓄率がしだいに上昇し，30％超で高位安定するようになった。

　成長率と貯蓄率の双方停滞という悪循環は，「低位均衡の罠」「貧困の罠」

などと呼ばれる。そのメカニズムは簡略化すれば次のように考えられる（速水［1995］第2・5章，原［1996］第2章）。

　停滞経済では出生率がきわめて高く，人口増加率が高い（年3％水準）。それはおそらく，所得や社会保障の水準が低く，労働力や老後扶養者が必要なこと，一方で子供を生み育てることの機会費用が低いことによる。そのため家計所得またはその増加が低くなり，貯蓄を行なう余裕が乏しい。低貯蓄率が成長率を低め，以下悪循環に陥る。人口増によって限界生産力の著しく低い局面に直面したリカード的状況とみることもできる。

　これに対して，ひとたび成長の軌道に乗った経済では，上とは逆に，所得や社会保障の水準が向上して労働力や老後扶養者の必要が低下すること，一方で子供を生み育てることの機会費用が高まることから，人口増加の落ち着き→貯蓄率上昇→高成長→所得増加→……という循環が成立すると考えられる。

　成長軌道への進入は産業構造の変化と並行しておきる。1人当たりGDPが1000ドルに達する前後において，製造業と農業のGDP構成比が20％台で交差・逆転し，その後成長率が加速するというパターンがみられる（原［1996］pp.38-9）。製造業比率は，篠原［1998］が指摘するように，35％前後まで上昇していき，このピーク水準で高所得国入り（経済の成熟化）を経験することが多い。停滞経済では，貯蓄率とともに製造業比率も上昇してこない。ラテンアメリカやフィリピンなどでは，いったん進んだ工業化が足踏みまたは逆戻りする現象もみられる。

　成長初期の局面で，外資導入が一定程度まで国内貯蓄を代替することもできる。事実，最先発国イギリス（ついでフランス）以後の後発国（欧米諸国を含む）では，発展の初期において，特に鉄道や鉄鋼といった資本費用の巨大な産業で英仏からの資本導入（直接投資含む）が行なわれている。日本の場合は，すでに述べたように外資依存が限定的で（例外は日露戦争時軍事費国債，1920年代の電力外債等，大戦直後の米国援助，高度成長期の世銀借款等），やや特異なケースになる。外資依存度は，民間部門の選好にもよるが，最終的には資本規制の運用やマクロ政策運営など政府の態度によるところが大きい。ただし無限の外資導入は不可能であり，長期的

郵便はがき

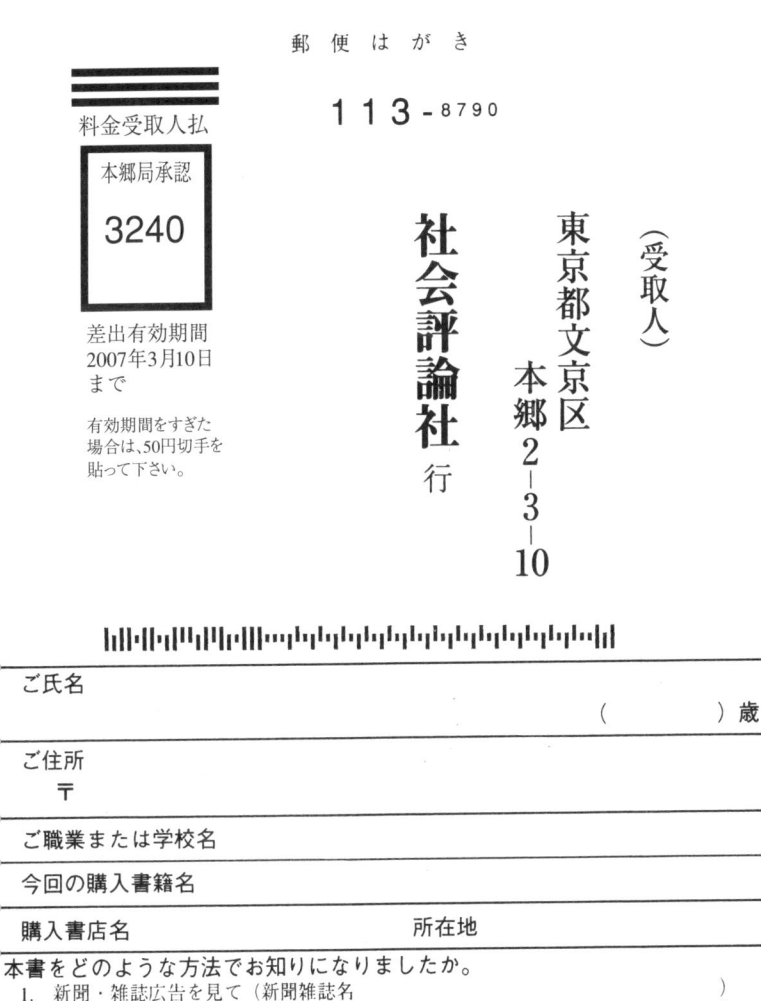

113-8790

料金受取人払

本郷局承認

3240

差出有効期間
2007年3月10日
まで

有効期間をすぎた
場合は、50円切手を
貼って下さい。

（受取人）

東京都文京区本郷2-3-10

社会評論社 行

ご氏名		( ) 歳
ご住所 〒		
ご職業または学校名		
今回の購入書籍名		
購入書店名	所在地	

本書をどのような方法でお知りになりましたか。
1. 新聞・雑誌広告を見て（新聞雑誌名　　　　　　　　　　　　　　）
2. 書評を見て（掲載紙誌名　　　　　　　　　　　　　　　　　　　）
3. 書店の店頭で（書店名　　　　　　　　　　　　　　　　　　　　）
4. 人の紹介で　　　　　　　5. その他

購読新聞・雑誌名

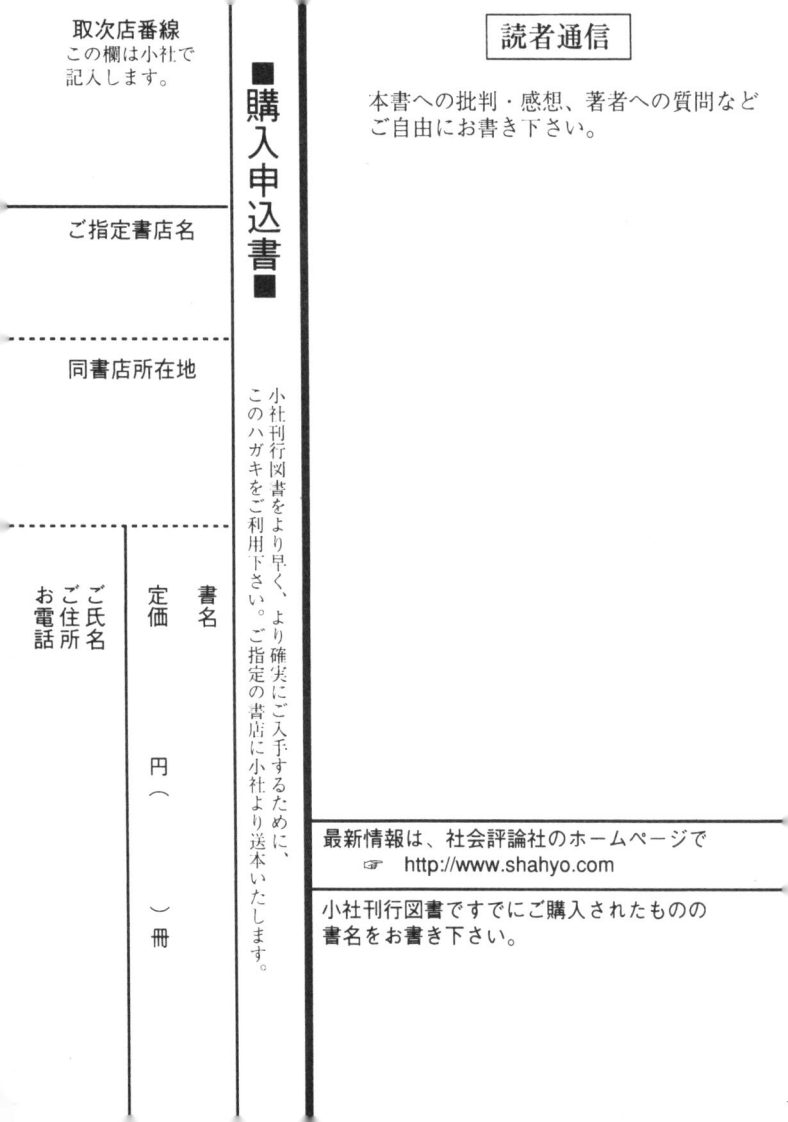

取次店番線		読者通信
この欄は小社で記入します。	■購入申込書■	本書への批判・感想、著者への質問などご自由にお書き下さい。

ご指定書店名

同書店所在地

小社刊行図書をより早く、より確実にご入手するために、このハガキをご利用下さい。ご指定の書店に小社より送本いたします。

書名
定価　　円（　　）冊
ご氏名
ご住所
お電話

最新情報は、社会評論社のホームページで
☞ http://www.shahyo.com

小社刊行図書ですでにご購入されたものの書名をお書き下さい。

には国内貯蓄率が規定的だと考えられる。

(2) 社会的基盤

　貯蓄（および外国資本）の供給は成長実現の必要条件であるが，それだけではもちろん十分ではない。供給資金が有効な投資，さらには産出増に結びつくための条件，すなわち社会的基盤（あるいは社会的能力）が伴う必要がある。この社会的基盤はきわめて広い範囲にわたるものと考えられる。それは各国に共通する要素を含むと同時に，具体的な形態としては一律であるとは限らない。

　生産，流通，それをサポートする金融などの活動を効率的に運営しうる社会的能力は，基礎となる個人の行動パターン，企業などの単位組織の運営，諸組織間をつなぐ社会的編成，といった各レベルにおいて問われる。これらを含めて広義のインフラストラクチャーと呼ぶことにしよう。このうちハードのインフラとしては，交通・運輸，通信，エネルギー，水供給などが重要であり，多くの国で大半が公的に整備されてきた。またソフトのインフラとしては人的能力にかかわる教育が重要となろう。

　ここでは教育について，東アジアの事情を**表5**でみておきたい。

　東アジアの教育の水準が，所得との相関の国際的傾向からみて相対的に高いことは，よく知られている。まず識字率（a）は，ラオスはやや異質であるが，東アジア諸国では共通してきわめて高い。しかも，非識字者は高齢者に集中しており，若い世代では識字はほぼ完全に近いといってよい。就学率（b）をみると，日本と韓国は世界の高所得国の平均レベルにある（日本は高等教育でやや低い）。シンガポールとフィリピンがこれに次ぐ（フィリピンの場合は経済パフォーマンスと不整合である）。その他の国では，初等教育はほぼ完全であるが，中・高等教育で低・中所得国平均よりも低い。これまでのところ初等教育と学校以外の社会的教育で人的資本を支えていることが窺われる。

　なおタイの場合を特にみておくと，ほぼ中所得国平均レベルであるが，中等教育を前後期に分けてみた場合には中学校進学率がまだ低い。初等教

表5—a　東アジア諸国の識字率（％）

	男	女
韓　　　国	99.3	96.7
フィリピン	95.0	94.3
ベトナム	96.5	91.2
タ　　　イ	96.0	91.4
シンガポール	95.9	86.3
インドネシア	89.6	78.0
マレーシア	89.1	78.1
ミャンマー	88.7	77.7
中　　　国	89.9	72.7
ラ　オ　ス	69.4	44.4

（注）ほぼ1989—91年のデータ。
（資料）バンコク日本人商工会議所『タイ国経済概況（1998/99年版）』（原資料は国連）。

表5—c　タイ国立大学の専攻別卒業生数構成比（1994年：％）

法　　律	7.9
社会科学	41.7
教　　育	12.6
人　　文	4.1
芸　　術	0.9
自然科学	6.3
工　　学	9.1
農　　学	5.1
医　　学	11.9
その他	0.4
計	100.0

Source: Thailand in Figure.

表5—b　東アジア諸国の就学率（1995年：％）

	初等	中等	高等
フィリピン	116	79	27
シンガポール	104	62	34
タ　　　イ	87	55	20
マレーシア	91	61	11
インドネシア	114	48	11
ベトナム	114	47	4
ミャンマー	100	32	5
カンボジア	122	27	2
ラ　オ　ス	107	25	2
韓　　　国	101	101	52
日　　　本	102	99	40
低所得国平均	107	56	6
中所得国平均	105	60	19
高所得国平均	103	104	57

タイ・学校別（1996年）

小学校	90.0％
中学校	71.5
高　校	42.5
大　学	16.8

＊NSO, *Social Indicators 1997.*

（注）グロス就学率（通常年齢超の在籍者も含む）のため100％を超える。
（資料）バンコク日本人商工会議所『タイ経済概況（1998/99年版）』（原資料はWorld Bank, World Development Report 1998）。

育の質は高いと思われる――とはいえ就学率はまだ完全でない――が，中等教育に欠落があり，高等教育はエリート教育の性格が強い（欧米大学院留学者が多い）。それが社会の中堅層の薄さという問題を生じていることは認識されており，小学校までだった義務教育を中学校まで延長する体制に移行中である。また高等学校進学率も急速に上昇中だといわれる。適切な施策といえよう。大学の専攻構成では社会科学の比重の高さと理科系特に工学系の薄さが目につく。これがエンジニア不足問題に直結しており，上流層の伝統的な教育嗜好のあり方に根があって簡単ではないが，早急な対応が求められる。

3 「輸入代替」と「輸出指向」

(1) 対比論とその問題点

本節では，「輸入代替」「輸出指向」概念に再検討を加え，産業発展政策の機能を一般的に考察する。

「輸入代替」「輸出指向」という言葉を聞いたことのある人々の多くは，次のように議論されている印象を受けているであろう。――輸入代替，すなわち広範に自給化を図ろうとする政策はほとんど失敗に終わっており，誤りだとされている。これに対して正しいとされるのは輸出を振興する戦略である――と。

これはきわめてミスリーディングである。第1に，ごく当然のことだが，そもそも輸入の自給化と輸出の促進は，それ自体対立するものではない。第2に，輸入品の自給化に成功した例は歴史に満ち満ちており，むしろプロダクト・サイクル論や国内版の「雁行形態」論[注7]にみられるように，輸入代替から輸出へという動きの繰り返しこそが産業発展プロセスだといってもよいからである。ただし，当初の輸入とその代替の局面が省略され，国内市場の成立とほぼ同時に国内生産がそれを満たすことから始まる場合もある。

開発経済学の専門家は，上のような一般的図式と異なり，特定の限定的

な意味でこの概念を用いる。

たとえば渡辺［1996］は次のように述べる（pp.149-52）。輸入代替とは，高関税や数量制限によって最終財の輸入を締め出し，保護された市場に向けて国内産業を育成する政策を指す。同時に国内産業育成に必要な資本財・生産財は輸入される（したがって輸入全般を締め出すのではない）。結果として，労働豊富（安価）な経済に労働節約的な産業という，資源賦存条件と合わない産業構造になる。問題は，内需向け産業か輸出産業かという産業の選択ではなく，最終財と生産財の区別，保護措置，技術と資源賦存条件との不整合，そして労働節約的技術による雇用創出力の少なさにある。

速水［1995］はさらに次の点を付け加える（pp.230-3）。生産財の安価輸入のために為替レートは自国通貨高に設定され，それが保護産業以外の産業（農業など輸出産業が中心）にマイナスに働くこと[注8]。多くの例で保護対象となる産業は自動車・電機など耐久消費財組立て，化学など素材産業であり（したがって必ずしも渡辺［1996］のいうように最終財だけではないことになる），これらの価格が高めに維持されるとともに，レントのために弱小企業が乱立して競争力がつかないといった問題が生ずること。また労働節約的技術の導入は，資源賦存条件に合わないのみならず，資本分配率を高めて不平等を拡大する問題を生む点も強調される（p.173）。

このほか，原［1996］と速水［1995］は，資源の乏しい国では輸入でしか入手できない財もあり，輸出振興は輸入代替のためにさえ不可欠であることを指摘する。

また渡辺［1996］と原［1996］は，東アジアにおいても輸入代替から輸出指向に変化したのであり，局面の移行が重要であることを述べている。

日本の場合，すでに述べたように，輸出産業はまず国内市場で鍛えられ，やがて競争力を獲得したものが輸出に進出していった例が多い（青木・Murdock・奥野［1997］）。そのさいとられた政策は主に期間の限られた輸入制限――それは外貨制約下での割当政策でもあった――であって，輸出振興措置が主であったとはいえない。

このようにみてくると，輸入代替か輸出指向かという区分軸の設定には

ますます意味がないことがわかる。真の論点は，貿易・為替政策の運営，使用する技術の性格，そして競争環境にある。

(2) 対象としての中南米

現代アメリカの主流経済学は輸入代替戦略に対して厳しく批判的である。しかし，いまみたように輸入代替か輸出指向かという区分軸そのものには意味がなく，真の論点は別にあった。実際のところアメリカで批判されるのは，輸入代替という一般的な戦略ではなく，もっぱら具体的なラテンアメリカ諸国の事例にほかならないというのがここでの解釈である。速水［1995］（pp.240-50）の「ポピュリスト体制」論はこの内容を鮮明に描き出している。その骨子を確認しよう。

中南米で，高関税・輸入制限，自国通貨高の為替設定，国有企業や補助金投入による特定産業保護育成という「輸入代替」政策を典型的に行なったのは，いわゆるポピュリズム政権である。それは，大農園主階級の自由貿易主義に対立する民族主義的・民衆的工業化という性格ももつ。これらの政策によって，農業をはじめとする輸出産業などは抑圧される一方，保護される産業に属す組織労働者，公務員，中産階級学卒者などの既得権益は肥大化した。それは財政赤字，経常収支赤字，対外債務累積を結果する。これが嫌われて外資の流入が止まると，国内通貨の増発で必要資金をファイナンスすることになり，インフレを生む。都市大衆重視のポピュリズムが，財政再建や為替切下げ実施を阻止するために，財政・経常赤字，インフレ，その結果としての為替下落，それらの間の悪循環に陥らせるのである。1982年にピノチェト政権のチリは，1980年代に入って強硬な構造調整路線を明確化したIMF・世銀の勧告に従い，為替切下げ，財政緊縮，国有企業民営化などの「痛みを伴う」政策転換を実施したが，これがポピュリスト体制にメスを入れた初のケースにあたる。チリの政策がアメリカで高く評価された理由はそこにある。

事実をみごとに説明しているといえよう。そして，こうした中南米諸国への米銀融資の不良化によって損失を出したことを考えれば，アメリカで

「輸入代替」批判が一般的となるのも理解できる。もちろん経済学者たちはそうした利害に直接関係なく，主観的には経済学的主張であることが多いだろうが，上記の社会的背景にサポートされていることは否定できないであろう。こうして「輸入代替」「輸出指向」図式は，一般的な経済分析であるよりもアメリカの中南米観であるといった方がよいように思われる。

(3) 産業発展政策

　IMF・世界銀行的＝アメリカ的＝新古典派的見解の基本は次のようなものである。——市場制度は，他のいかなる制度よりも優れたパフォーマンスを普遍的に（どんなケースでも）もたらす機能を有し，かつ自己完結しようとする性質を備える点で強固である，と。したがって，この立場から勧告される「構造調整」とは常に「自由化」にほかならない。

　その一定程度の修正をみせた世界銀行のレポート『東アジアの奇跡』（1993年）の基本的見解 "market-friendly approach" は，あくまで市場機能を基本とし，政策はそれに背反しないもの（「基礎的政策」）に限って有効性を認めてもよいというもので，具体的には次のように主張する。——①健全なマクロ経済条件の維持と対外的開放が大前提である。②市場を機能させるための基礎的条件整備は必要である。③「選択的介入」については，a．産業を特定しない輸出振興は有効でありうるが，b．産業政策（特定産業の育成）は無効かつ有害であり，c．政策金融の効果は仮に認めるとしても日本と韓国のみに限られる。

　こののち『世界開発報告』1997年版では政府の能動的な役割を認めるところまで踏み込んだが，東アジア危機をへると再び市場機能の強調に戻り，結局のところ，アメリカ的市場経済に接近する方向で「構造調整」を行なう役割を政府に求めるようになる（大野・桜井［1997］，末廣［2000a］）。

　その対極に，政府の積極的役割を主張する "developmental-state view" があり，さらにその変形版として，自ら第三の見解を称する青木・金・奥野編［1997］の議論がある。後者は，経済の効率的な運営を組織する役割を果たすものとして，市場と政府を代替的のみならず補完的とみるべきこ

とを強調する。すなわち，民間経済主体の失敗を補正するコーディネーション（たとえば better-off するような協調の実現）のため，市場以外に組織・団体，ルール・慣行などが形成されるのであり，政府がそれらをサポートするという形で貢献する側面が重要だと主張するのである。

すでにみたように，経済発展の方向をめぐる議論は不適切な概念によって混乱しがちであるが，真の論点は，産業構造の像とそれに付随する貿易・為替制度の運営，使用する技術の性格，そして競争環境の保障にあった。そこでの基本原理は，

①産業構造は資源賦存条件・比較優位構造に見合うものであるべきで，これに反する人為的な規制は歪みを生む，

②使用する技術も資源賦存条件・相対価格構造に見合うものであるべきで，これに反する人為的な規制は歪みを生む，

③競争の制限を結果するような人為的規制は歪みを生む，

——というものである。膨大な論争における正統派的主張は要するに①②③を繰り返し述べているにすぎない。そして基本的・抽象的原理としては，これらに疑いの余地はない。問題は，それより具体的なレベルにあるのである。

このように，抽象的か具体的かという次元の区別が問題であるにもかかわらず，混乱を生む整理の仕方がしばしば持ち込まれる。たとえば F.G.Adams は，Komiya＝Ashukul＝Bhongmakapat［1994］の中で Chia Siow Yue［1994］にコメントして，次のように述べる。産業に対する政策は，特定の「行動を振興」する activity specific policies: ASP と，特定の「産業を選択して振興」（"pick winner"）する industry specific policies: ISP とに分けられる。ASPは良いがISPは良くない，というのがアメリカでの常識であり，政府が市場より信用できないものであることがその理由である，と。

しかしこの議論は説得力がない。効率基準においても公正基準においても，「ASPは良いがISPは良くない」根拠は簡単に示しえない。また，許されるISP（例外）としてハイテク産業振興をあげるが，それが例外とされる根拠が不明であり，そうした位置にある産業は他に歴史上いくつもあったはずである。

一方，こうした議論に「妥協」する形で，(旧)通産省見解とみられるKodama＝Sunada＝Tanigawa＝Ueda［1994］は，日本の産業政策では産業・企業のピックアップは行なわず，中小企業や新規参入も排除せずに，規準を一律に与えたと述べる。これは事実に反し，理論的にも問題がある。規準を与えてその達成者を優遇措置の対象とする行政も，ピックアップを行なうことに変わりはない。また政府が情報（入手と処理能力）に関して完全でないのは確かだとしても，政府金融機関による審査のケースなどのように，プロジェクトや企業を評価し選別することは避けて通れず，場合によってはむしろ重要である（これは民間でも行なわれ，その不完全性もまた免れない）。

　ここで，経済発展をはかる政策を産業発展政策 industrial development policy と呼ぶことにし，それが必要になるケースの根拠をあらためて確認してみよう。必要になるとは，一定の基準からみて，その政策を行なったほうが市場に任せた場合より良好な成果が得られることにほかならない。基準は，成長の加速化すなわち所得水準の引き上げであり，効率性であるが，それは時間を含んだ効率性であって，時間的スパンのとり方によって一義的ではない場合もある。ここでは中長期的タームで考える。

　市場に任せるよりも良好な成果が得られる場合であるから，それは広い意味で「市場の失敗」の補正にあたる。ただし市場の失敗の補正がすべて産業発展政策であるわけではない（たとえば公害対策）。すなわち，市場の失敗の補正のうち，時間を含んだ効率性の向上に関わるものが，産業発展政策の根拠である。次のような項目をあげることができよう。

　動学的効率性：時間を含んだ資源配分の効率性については，比較優位構造が時間とともに変化し，将来の優位構造（変化）が完全には知られず，将来時点で変化に対応するための瞬時の産業調整を行なうことが困難である（不可逆性がある）場合，静止した現在時点での比較優位構造に従って完全に国際分業（＝劣位産業の撤退）を行なうことは厚生を低める可能性がある。いわゆる幼稚産業保護育成政策はこのケースを根拠とする。

　調整費用：比較劣位産業から撤退し優位産業に資源を移動すること（産業調整）がなんらかの支障・摩擦（コスト）なしにはできない——たとえ

ば農業からコンピュータ・ソフト産業に資源移動するさい，大量の労働や資本の雇用の破壊が生じて解消されないなど——場合，市場に任せることは厚生を低める可能性がある。いわゆる衰退産業保護ないしソフトランディング政策はこのケースを根拠とする。

情報の不完全性：たとえば中小企業が優れた技術の情報にアクセスすることが困難なとき，それを助ける技術政策（技術試験場など）は状態を改善することができる。1980年代初頭に台湾と香港のコンピュータ産業がその「海賊版」的性格を非難されて行き詰まったさい，放置した香港では同産業は再生されなかったのに対し，産業技術研究所を発足させて独自技術を利用可能にした台湾ではその後開花した（Lau [1997]）という事例がこれに当たろう。また金融面における情報の不完全性は，たとえば中小企業が優良なプロジェクトをもつにもかかわらず，融資1単位当たり審査費用が高いために評価の機会が与えられず，プロジェクトが実現をみないといった不効率をおこしうる。この場合，中小企業金融支援政策は厚生を改善する。

規模の経済／収穫逓増：いわゆる戦略的通商（貿易）政策論の根拠として重要なもので，上記項目とも関連する。現在時点で比較優位にない産業でも，なんらかの手段で生産規模を拡大していくと，それに従って平均費用が低下し，競争力が向上する場合がありうる。

公共財／外部性：産業インフラの一定部分は（ハードの）公共財とみることができる。また度量衡や規格の統一などは一種の（ソフトの）公共財と考えられ，市場競争によるデファクト・スタンダードの成立を待つことが不効率をもたらす場合，それを避けることができる。それは「共倒れ」（囚人のジレンマ）的状況を避けるためのコーディネート機能に含まれよう。これらが正の外部性をもつためだということもできる。決済システムや金融制度の整備支援にも同様な意味があろう。複数の投資プロジェクトの間に高い補完性ないし外部性（金銭的および技術的外部効果）があり，個別に放置する場合には大きな拡大はおきないが，（経済計画や審議会などを通じて）同時拡張が生じうるという確信が共有された場合には相互的発展が実現する，というケースもあげられる——たとえば戦後初期の日本

では石炭・鉄鋼・海運・造船等の間に高い補完性があったと考えられる（青木・Murdock・奥野［1997］）——。これらの場合，必ずしも比較優位をもたなくても，その産業が不要である（輸入に依存すればよい）とは限らず，他産業への誘発効果が考慮されなければならない。農業，商業，金融業などはこの意味でのサポーティング産業にあたるであろう。

　もちろん，以上のようなケースをあげて政策的介入の範囲をできるだけ広げるのがよいということではない。たとえば無理な幼稚産業保護育成や過剰な衰退産業保護が有害なことは明らかである。そうしたマイナス面の効果を考慮し，ネットの効果が大きい——すなわち重要である——と判断される場合に，政策は発動されるべきである。

　直面する国際的環境条件や，国内経済システムの他のサブシステムとの関係で，適切な制度や政策は異なったものになるかもしれない。たとえば潜在的な国内市場の大きさは重要である。香港やシンガポールのように国内市場が小さければ，当初から輸出，産業特化，対外開放を重視せざるをえないし，大きければ，より国内市場と産業連関を重視する別の経路が選ばれる可能性がある。為替レートでは，高度成長期の日本に対しては固定相場が安定（為替リスクの消失）というメリットをもたらしたが，世界的フロート制の時代の東アジア諸国にとっては通貨アタックの要因となった。また基礎産業としての鉄鋼業に対する政策については，世界的な需要超過基調下で発展をはかった韓国のケースまでは一貫体制の強力な育成が成功を収めたが，それ以後には異なった形態が適切であるのかもしれない。

むすび

　以上のように，マイナス効果を差し引いたネットの経済発展促進効果が大きい施策は，産業発展政策として有効である。その対象となる産業が経済発展全体のボトルネックとなっているか，なるであろうと予想される場合，政策の重要度は高くなる。この意味で，経済発展における政策の機能を，「ボトルネック解消ないし予防」機能と位置づけることができる。その具体的な内容は，その経済が置かれた国際的環境条件や経済システムの

特質，したがって時代や発展局面によって異なり，一律ではないことになる。このことは東アジア各国の比較からも示された。

これに関連して重要なのは，経済発展促進体制が必要であり有効であるのは一定の段階ないし局面においてであり，したがってそれは前後に「開始」と「卒業」（大野・桜井［1997］）という2つの転換点を経験しなければならないことである。「卒業」の重要性は「開始」に劣らない。日本の場合はこの「卒業」にあたる社会システムの組み換えに，これまでのところ失敗しているといわなければならない。この転換は，1人当たりGDPが1万米ドルに達しようとする前後で問われ始めると思われる。韓国や台湾のタイプは，通貨・金融危機と同時にこの課題に直面しているともいえる。これは東アジア経済論の今後のもう一つの重要な論点になってくるであろう。

注
（1） 本章は，財務省財務総合政策研究所の平成12年度開発経済学派遣制度により，タイ・チュラロンコン大学経済学部客員研究員として行なった調査の報告「経済発展における政策の機能——タイ・日本を中心とする東アジアの経験に関する考察」を一部もとにしている。
（2） 本章のような作業は，日本経済論と開発経済学の知見の突き合わせによって双方の豊富化をはかるという試みでもある。筆者にとっては，専門領域である日本経済論をベースにして開発経済学の成果を参照しつつ学ぶ作業となった。日本経済論からすれば，これまで国際比較のさいにほとんど欧米にのみ目を向けてきたわけであるが，東アジアの発展が現実になった現在，それでは偏りがあり，比較の対象を広げる必要があるのは明白であろう。開発経済学の側でも日本経済研究者との交流をはかるべきだと思われる。
（3） 表6でタイにおける租税の構成をみておくと，しだいに低下しているとはいえ間接税の比重が圧倒的に大きい。うち輸入関税は1970年で31.7％，1990年でも24.2％を占めた。確実に徴収できる関税は税収確保の上からも大きな存在なのである。これに対して所得税（個人・法人）は1970年で12.9％，1995年で35.0％を占めるにすぎない。ヨーロッパでもそうであるように，直接税を徴収しうる体制というのは高度であり困難なことである。所得税の比重の低さは，相続税の不在とあわせて，所得再分配効果を小さなものにしている。不平等の大きいタイでは，所得税の拡充，累進性の強化と相続税の創設は重要な課題であると思われる。

表6　タイの主要租税の構成比

(%)

	所得税	(個人)	(法人)	間接税	(輸入税)
1970	12.9	—	—	87.1	31.7
1980	19.1	8.2	10.9	80.9	22.0
1990	26.4	10.8	15.2	73.6	24.2
1995	35.0	12.4	22.1	65.0	17.9

(出所) 原田・井野［1988］p.21.

（4）　中国も同じく周到に，産業によって異なる外資持ち分比率規制を実施している。
（5）　李佑光氏（三星経済研究所）のご教示による。
（6）　ラテンアメリカなどスペイン・ポルトガルの支配下に長く置かれた国では，大規模地主制が根を張った例が多い。フィリピンにもこの性格がみられよう。青木・Murdock・奥野［1997］は，東アジアでは農村全体に「分割不可能な」インフラが与えられたのに比べて，中南米では地主，アフリカでは支配的部族に対して「分割可能な富」が与えられたと対比し，成長パフォーマンスの相違に関連づけている。こうした文脈において，地主制の残存または解体は，近代的発展にとって重要な意味をもつと考えられよう。
（7）　赤松要による国内版の「雁行形態」（flying wild geese pattern）図は一国におけるある財の輸入・生産・輸出の時系列推移を描くものであり，複数国の生産や輸出の数値の推移を描いたものが国際版の「雁行形態」（catching-up product cycle）図である。
（8）　一次産品の大規模な輸出が為替レートを高め，他の輸出産業の発展にマイナスとなる場合もある（「オランダ病」，大野・桜井［1997］p.282）。

参考文献

青木昌彦・金瀅基・奥野正寛編［1997］，『東アジアの経済発展と政府の役割』日本経済新聞社。
青木昌彦・金瀅基・奥野正寛［1997］，「序章」，青木・金・奥野編［1997］。
青木昌彦・Murdock・奥野正寛［1997］，「『東アジアの奇跡』を超えて——市場拡張的見解序説」，青木・金・奥野編［1997］。
井上隆一郎［1987］，『アジアの財閥と企業』日本経済新聞社。
大野健一・桜井宏二郎［1997］，『東アジアの開発経済学』有斐閣。
篠原三代平［1998］，「アジア経済のダイナミズムを考える」，『経済研究所年報』（成城大学），第11号。

朱炎編著［2000］,『アジア華人企業グループの実力』ダイヤモンド社。
末廣昭［1993］,『タイ 開発と民主主義』岩波新書。
末廣昭［2000a］,『キャッチアップ型工業化論』名古屋大学出版会。
末廣昭［2000b］,「財政金融政策──中央銀行の独立性と組織の能力」,末廣昭・東茂樹（編）［2000］,第2章。
末廣昭・東茂樹［2000］,「タイ研究の新潮流と経済政策論」,末廣昭・東茂樹（編）［2000］,第1章。
末廣昭・東茂樹（編）［2000］,『タイの経済政策──制度・組織・アクター』日本貿易振興会──アジア経済研究所。
西川俊作［1996］,西川俊作・尾高煌之助・斎藤修編著『日本経済の200年』日本評論社。
原洋之介［1996］,『開発経済論』岩波書店。
原田泰・井野靖久［1998］,『タイ経済入門（第2版）』日本評論社。
速水祐次郎［1995］,『開発経済学──諸国民の貧困と富』創文社。
バンコク日本人商工会議所［1999］,『タイ国経済概況（1998/99年版）』JETRO BANGKOK.
東茂樹［2000］,「産業政策──経済構造の変化と政府・企業間関係」,末廣昭・東茂樹（編）［2000］,第3章。
T. Hellmann, K. Murdock and J. Stiglitz［1997］,「金融抑制」,青木・金・奥野編［1997］。
L.J.Lau［1997］,「経済発展における政府の役割──中国,香港,台湾の経験からのいくつかの考察」,青木・金・奥野編［1997］。
渡辺利夫［1996］,『開発経済学──経済学と現代アジア（第2版）』日本評論社。
Yoon Je Cho［1997］,「韓国の政府介入,レント配分と経済発展」,青木・金・奥野編［1997］。
米田敬智［1998］,『タイ・フルブランチへの道』中公新書。
ワリン＝ウォンハンチャオ・池本幸生編［1988］,『タイの経済政策』アジア経済研究所。

Bank of Thailand [1992], *50 Years of The Bank of Thailand 1942−1992*, Bank of Thailand.
Naris Chaiyasoot [1993], "Commercial Banking", in P.G. Warr (ed.), *The Thai Economy in Transition*, Cambridge University Press.
Anis Chawdhury and Iyanatul Islam [1993], *The Newly Industrializing Economies of East Asia*, Routledge.
Chia Siow Yue [1994], "Comparative Study of Industrial Policy in East Asian Countries," in R. Komiya, C.Ashukul and T.Bhongmakapat (eds.)[1994].

Frederic Deyo [1995], "State, Industrial Restructuring, and Human Resource Strategies: Thailand and the East Asian NICs", in Jayant Lele and Kwasi Ofori-Yeboah (eds.), *Unravelling the Asian Miracle*, Dartmouth.

Toshihiro Kodama, Toru Sunada, Hiroya Tanigawa and Hideshi Ueda [1994], "Issues of Industrial Policy in East Asian Countries: In View of the Experience of Japan's Industrial Policy around the Age of Rapid Growth," in R.Komiya, C.Ashukul and T.Bhongmakapat (eds.)[1994].

R. Komiya, C.Ashukul and T.Bhongmakapat (eds.)[1994], *Future Prospects of Interdependence among East Asian Economies*, MITI & CERC.

Narong Jiraudomrat [1995], "Electrical Appliances and Electronics Industry," in Somchai Ratanakomut, Samart Chiasakul and Shigeru Itoga (eds.)[1995].

Stin Leepiyachart [1995], "Automobile Industry," in Somchai Ratanakomut, Samart Chiasakul and Shigeru Itoga (eds.)[1995].

Robert J. Muscut [1994], *The Fifth Tiger: A Study of Thai Development Policy*, M.E.Sharpe.

Somchai Ratanakomut [1995], "Textile Industry," in Somchai Ratanakomut, Samart Chiasakul and Shigeru Itoga (eds.)[1995].

Somchai Ratanakomut, Samart Chiasakul and Shigeru Itoga (eds.)[1995], *Manufacturing Industry in Thailand: A Sectoral Analysis*, Institute of Developing Economies.

Kavaljit Singh [1998], *The Globalisation of Finance*, Zed Books.

Wikrom Vajragupta [1995], "Steel Industry," in Somchai Ratanakomut, Samart Chiasakul and Shigeru Itoga (eds.)[1995].

Ippei Yamazawa [1994], "Japanese Policies toward Small and Medium Enterprises and Its Implications for the Industrial Development in the Asian Countries," in R.Komiya, C.Ashukul and T.Bhongmakapat (eds.)[1994].

Yos Vajragupta and Pakorn Vichyanond [1999], "Thailand's Financial Evolution and the 1997 crisis," in Seiichi Masuyama, Donn Vandenbrink and Chia Siow Yue (eds.)[1999], *East Asia's Financial Systems*, ISAS & NRI.

Pakorn Vichyanond [1994], *Thailand's Financial System: Structure and Liberalization*, TDRI.

Pakorn Vichyanond [2000], *Financial Reforms in Thailand*, TDRI.

第2章 アジアの金融・経済危機について
——経済政策と危機の構図——

中井浩之

はじめに

　1997年はアジアにとって12年ぶりの激動の年となった。金融面・経済面の要因が複合した危機はタイに端を発して各国に波及，タイ，インドネシア，そして韓国の3カ国がIMFの支援を受ける事態となった。それ以外の各国でも自国通貨や株式・不動産市場の大幅な下落の影響は深刻であり，今後更に事態が悪化して上記3国を含むアジア諸国がデフォルトを起こし，世界的な金融恐慌に発展する可能性も依然残されている。

　このようなアジア各国経済の状況を受け，金融市場などではアジア経済の先行きについて悲観的な見方が強まってきており，今回の経済危機はアジアの抱える構造的な問題を表したものであって今後は今までのような高い成長は維持できないとの意見が多いように見受けられる。また，中にはKrugman, 1994）が言うような全要素生産性の伸びの低さという問題が具現化したとの見方もある。

　しかし，90年代前半のアジア・ブームの際，アジアの繁栄の要因は構造的なものであると指摘されていたのも事実である。例えば，世界銀行，1994）はアジア経済の高成長の要因として高い貯蓄率や投資率，高い教育水準，政府による適切な経済政策とそれを支える官僚システムといった要因を指摘しているが，今回の金融・経済危機の前後にそれらの構造に特段の変化があった訳でもない。この点，ほんの数年の間に「長期的な経済成長の構造」が「構造的な経済の弱点」に180度変わるようなことがあり得るのかとの疑問を禁じ得ない。

このような問題意識の下，本稿においては，今回のアジア各国の経済危機の背景と現状について概略的な検討を試みる。まず，第1章においては，構造的な問題として長期的な経済成長の能力とI—Sインバランスの問題を検討する。続いて，第2章においては中期的な政策インプリメンテーションとしての90年代前半の投資主導型の経済成長政策とその帰結について分析し，今回の経済危機に至った経路を検討する。最後に，第3章においては，今回の危機の収拾に当たって原稿執筆，1998年1月）時点までのところ明らかになっている問題点について若干の検討を加える。

1 アジア経済の構造

(1) 経済成長の要因分析

まず，Krugman（1994）が指摘した「東アジアにおいては生産性が伸びていない」という指摘について検討してみよう。同論文の元となっているYoung（1994）は「成長会計」という枠組を使ってアジアの経済成長の要因分析を行っているが，この場合経済成長の要因は以下のように定義される。

経済成長率△Y＝投資増加寄与分△I＋労働供給増加寄与分△L＋全要素生産性向上寄与分△P

Krugmanの（というかYoungの）指摘は，アジア諸国の経済成長では，通説に反してこの△Pの部分が小さく，資本と労働の増加に依存している。旧ソ連と同様，資本や労働の供給の増加は永続せず，やがて限界が来る。従って，投資や労働供給の増加が主因である現在のアジアの高度経済成長は維持不可能なのでは無いか，という点にある。他方，この後に発表されたいくつかの追加研究について検討してみると，Youngの論文で指摘されるほど△Pの値は小さくないとするものもある。

このように研究によって△P（全要素生産性向上寄与部分）にかなりの

図表1　アジア諸国の経済成長の要因分析比較

(実質年率%)

	ヤングの論文 (1966-1990年)		世界銀行 (1960-1989年)		河合 (1970-1990年)		野村総合研究所 (1980-1990年)	
	△Y	うち,△P	△Y	うち,△P	△Y	うち,△P	△Y	うち,△P
〈NIES〉								
韓国	10.4	1.6	8.4	3.1	8.6	1.8	8.1	1.4
台湾	9.6	2.4	8.8	3.7	8.4	4.5	8.0	0.8
シンガポール	8.5	−0.3	8.0	1.2	7.7	1.1	7.2	—
香港	7.3	2.3	8.2	3.6	—	—	—	—
〈ASEAN4〉								
タイ	—	—	6.8	2.5	7.0	1.9	7.3	−5.0
マレーシア	—	—	6.3	1.1	6.7	1.6	5.8	—
インドネシア	—	—	5.2	1.2	6.2	1.5	5.8	—
フィリピン	—	—	—	—	3.6	−0.7	—	—

(出典)世界銀行(1994)、Young(1994)、Nomura Research Institute(1997)また，河合については谷内(1997)より再引用

差が出ているが，これらについては推計方法，特にいくつかの要素の振り分けや各国の経済構造に依存している部分が大きいと考えられる。例えば，教育水準の向上による影響について考えると，Youngの論文では労働供給増加の部分にカウントされているが，世銀の推計では一部を全要素生産性向上の部分に振り分けている。また，外国資本の導入による新規設備の導入についても，単なる資本の導入と考えれば資本供給の増加であるが，実際には設備と共に新規技術も導入され，生産性の向上にも寄与すると考えられる。その他，国別の要因の相違については産業構成の影響も大きい。特に，第三次産業(サービス業)の生産性向上は一般に製造業より低く出る。都市国家であり第三次産業のウェイトが高いシンガポールや香港において全要素生産性向上の寄与分が低いのはこのためである。加えて，これ

図表2　アジア諸国の長期経済成長見通し

	アジア経済研究所 実質GDP成長率（年率）		アジア開発銀行 一人当たりGDPでの米国に対する割合		
	実績 (1986-1995年)	見通し (1996-2005年)	1965年 実績	1995年 実績	2025年 見通し
〈NIES〉					
韓国	8.8%	5.8%	9.0%	48.8%	82.6%
台湾	7.9%	5.9%	14.2%	56.2%	88.0%
シンガポール	6.5%	4.9%	15.9%	85.2%	107.0%
香港	8.5%	7.3%	30.1%	98.4%	116.5%
平均	8.1%	5.8%	17.3%	72.2%	98.5%
〈ASEAN4〉					
タイ	9.4%	7.2%	9.7%	25.6%	47.4%
マレーシア	7.7%	7.6%	14.3%	36.8%	71.2%
インドネシア	7.8%	8.7%	5.2%	13.1%	35.8%
フィリピン	3.4%	7.2%	10.7%	9.4%	28.5%
平均	7.5%	7.9%	10.0%	21.2%	45.7%

（出典）アジア経済研究所（1997），Asian Development Bank（1997）

らの分析はあくまでも過去のパフォーマンスを分析した物であり，今後の経済成長の予測としてこのまま適用できない点にも留意する必要があろう。

他方，ここで述べたような生産性の問題と今回との危機との関係であるが，一部マス＝メディアなどにおいてはこの両者の間に関係があるかのように指摘する声もある。この点，上記の分析から考えて，仮に全要素生産性の伸びの鈍化が今回の経済危機の原因であると考えた場合，アジア諸国に置いては長期的な経済成長の鈍化が見られ，かつ，その傾向はシンガポールや香港のような都市国家において顕著に見られるものと推測される。

しかし，今回の危機において実際におきたことを振り返ってみると，危機の進行のペースは極めて速く，かつ，シンガポールや香港は（少なくとも今のところ）今回の危機の影響が最も軽微である。今回の危機の引き金となったタイを例に取ってみると，輸出の落ち込みによる実体経済の減速や不良債権問題などの金融面での問題の深刻化が問題となり始めたのは96年の第1四半期以降であり，それからわずか1年あまりで実質的な通貨の切り下げ（1997年7月）に追い込まれている(注1)。また，香港・シンガポールについては，株式市場こそ多少下落したとは言え，通貨はさほど大きく下落してはおらず，また，実質GDP成長率の低下も深刻ではない。

このため，実体面から見て，全要素成長性の鈍化が今回の経済危機の鈍化を招いたと解釈するには無理があるものと思われる。今回の金融・経済危機を最近（といっても通貨危機以前であるが）発表されたアジア各国の経済成長の長期経済見通しに関する研究結果を図表2に示すが，いずれの研究においても，今後NIEs諸国の経済成長については成長ペースの鈍化が見込まれている反面，タイやインドネシアの成長余地は引き続き高いものと見込まれている。

(2) 貯蓄と投資と経常収支赤字

次に，アジア諸国の高度経済成長を支える要因として従来から指摘されてきた，高い投資率とそれに関する諸問題について考えてみよう。

図表3から判るとおり，アジア地域の投資率は極めて高く，これが高い経済成長を支えている。反面，この高水準の投資をどのようにファイナンスするかが経済の安定の上で問題となる。対外収支統計の定義より上記のI—Sバランスの赤字はその大半が経常収支の赤字として現れるが(注2)，経常収支の赤字をいかに安定的な資本の流入（資本収支の黒字）で賄うかが経済構造の安定の上で鍵となる。この点，貯蓄率もそれなりに高いとは言え，アジア諸国の投資の水準は更に高く，資金の不足を外国からの資金流入に依存している。このようなアジア諸国のI—Sインバランスについては，しばしば「貯蓄不足」とが言及されることが多いが，上に示したよう

図表3　地域別の平均GDP成長率，および貯蓄と投資の対GDP比

	先進国平均	途上国平均	うちアジア
実質GDP成長率	2.1%	6.2%	8.7%
貯蓄（S）	20.4%	26.1%	32.7%
投資（I）	20.6%	28.1%	38.3%
I―Sバランス	−0.1%	−2.1%	−5.6%

＊データは1991-1996年平均。
＊I―Sバランスのマイナスの数字は投資過剰を意味する
（出典）International Monetary Fund, *World Economic Outlook*, Oct. 1997 より著者計算

な高い貯蓄率（ほぼ日本と同水準である）を考えると，実態としては「貯蓄不足」というよりは「投資過剰」であると言えよう。この点，かつてのメキシコ危機の際「貯蓄不足」と指摘されたのとは様相を異にする。

　また，経常収支赤字と言う面から考えると，最近のアジア経済の混乱の過程で，構造的に経常収支の赤字を抱えている場合，そのような経済構造は維持できないとの見方が金融市場では一般化している。このため，経常収支赤字の拡大は「売り」材料として取り扱われる。しかしながら，先進国を含めたより広い視点から考えると，そのような見方には合理性を欠く部分もある。国別の動向を考えると，図表4に示す通り現在の世界の中で長期的に経常収支が黒字（I―Sバランスがプラス）である国は日本とEU諸国とアジアNIEsだけであり，他のほぼすべての国は経常収支赤字を記録している。世界経済を一つのシステムとして見た場合，資金不足のセクターと資金余剰のセクターが存在するのはある意味で当然であり，これらのセクターの間で資金を融通するために国際金融システムが存在している[注3]とも言える。

　また，理論面から見ても，レーガノミックスによるアメリカの経常収支赤字拡大が問題となった1980年代以降実証研究が進められてきたが，経常

図表4　主要国別のI-Sバランス推移

	合衆国	EU諸国	日本	アジアNIEs	発展途上国
1975-1982年	−0.6%	0.2%	0.4%	—	−0.3%
1983-1990年	−2.4%	0.4%	2.7%	6.4%	−1.9%
1991-1996年	−1.3%	0.1%	2.4%	1.5%	−2.0%

（出典）International Monetary Fund, *World Economic Outlook* 各年版より著者計算

収支赤字については，経常収支赤字そのものが問題と言うよりは，むしろ，各国の貯蓄率の調整速度の遅さに注目し，為替と金利の水準が市場システムの中で調整されることにより各国の国内需要が調整され，経常収支赤字（ないしは黒字）が適切な水準に落ち着くという見方がほとんどであり[注4]，「経常収支赤字＝経済構造の脆弱性」と短絡的に考える見方は少数派である。また，当の金融市場の見方についても，アジア諸国については経常収支の赤字を経済構造の脆弱性の現れと捉えている反面，アメリカ合衆国については現在経常収支赤字はさほど問題となっておらず，NY株式市場は史上最高値水準にあることなどを考えると，一種自己矛盾的な側面がある。

このため，アジア諸国の経常収支の赤字については，赤字構造そのものが安定的な経済成長を阻害する経済構造上の問題という訳ではなく，むしろ，経常収支赤字の水準をいかにうまく管理し，ファイナンスするかという経済政策運営上の問題として考えられるべきものであろう。実際，最近のアジア各国の経済危機についての主要な分析の多くは，今回の経済危機の原因として，経常収支赤字などをアジア経済の構造的な問題として取り上げると言うよりは，Radelet & Sachs（1997），Greenspan（1997）など，ここ数年間の安易な資金調達に依存した過剰投資を原因として指摘するものが多い。本稿もそのような立場に依拠して以下の議論を進めることとする。

2 何が起こったか？

(1) 経済成長と投資の増加

次に、最近の金融・経済危機の原因と背景について検討しよう。以下本章においては、IMFの支援を受けるに至ったタイやインドネシアを中心としつつ、これら諸国に比してより発展した経済構造を持つにもかかわらず同様にIMFの支援を受けるに至った韓国と、タイと比較的類似した経済構造を持つマレーシアの4カ国を中心に議論を進める。

さて、今回の金融・経済危機の原因について考えるに当たり、80年代末に戻って考えてみよう。米国の景気後退や湾岸戦争（1990年〜）などをきっかけに、1991年は世界的な不況の年となった。特に米国の景気後退は激しく、実質GDP成長率は1989年の3.4％から1990年は1.2％に、1991年は−0.9％にまで落ち込んだ。この影響はアジア諸国にも及び、1985—86年の不況から立ち直ったばかりであったアジア諸国は、程度の差こそあれ各国とも輸出需要の減退による景気後退に見舞われた。（図表5）

このような状況において、各国とも経済政策運営には大きく分けて二つのオプションがあったと考えられる。一つは外需の低迷に応じて経済成長をそのまま減速させるオプション、もう一つは外需に代わり内需を拡大することにより経済成長を維持させるというオプションである。しかし、各国とも伝統的に経済成長が政策目標の最優先事項となっている中では前者のオプションは取り得ず、必然的に経済成長の拡大路線が志向された。ここで採用されたのが、従来より高水準にあった国内投資をさらに拡大することにより景気を拡大するという政策である。「投資の増大により景気は持続的に拡大しうる」という伝統的なケインジアン的経済観の下、IMFや世銀によりこの政策は正当化され、各国とも90年代前半には国内投資、特に民間投資を急拡大させ、これが景気拡大の原動力となった。（図表6）

しかしながら、この「投資の拡大」という政策選択には、大きく分けて二つの問題があった。まずあげられるのはI—Sインバランスの拡大であ

図表5　アジア諸国の実質GDP成長率

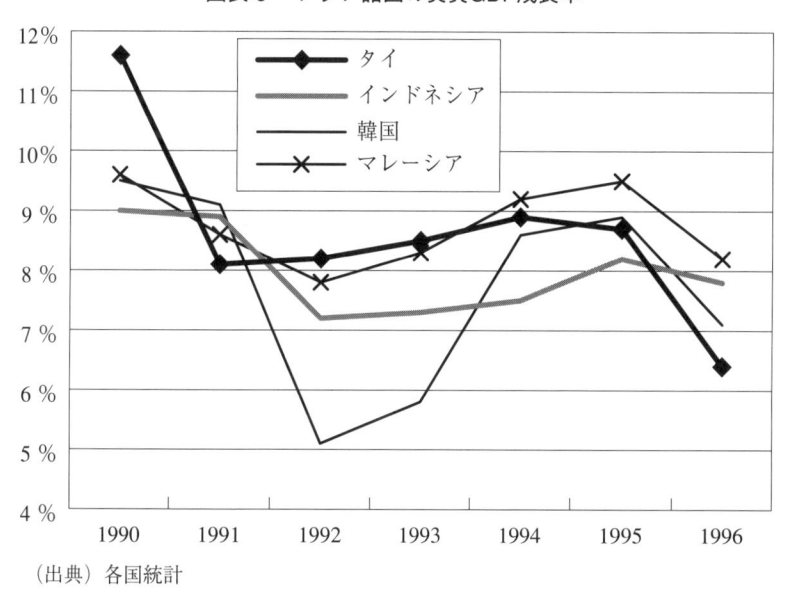

(出典) 各国統計

図表6　アジア各国の投資率

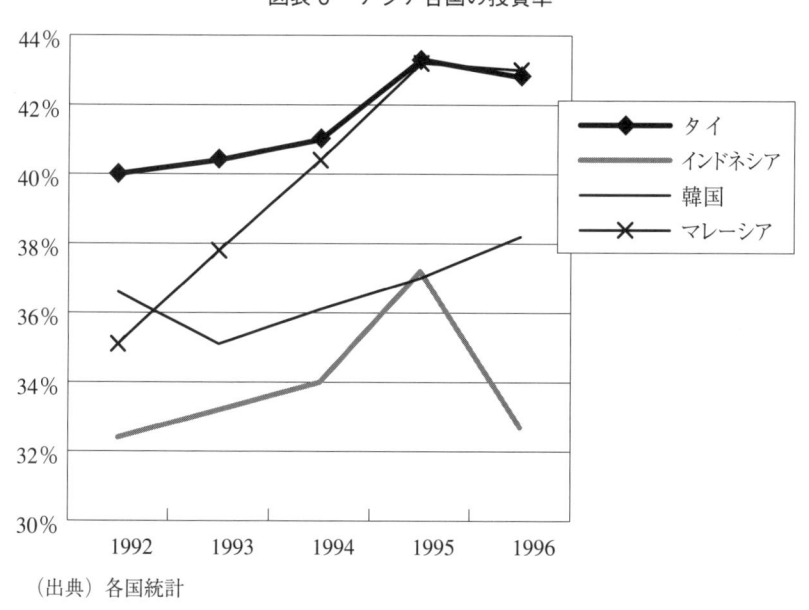

(出典) 各国統計

図表7　アジア各国のI–Sギャップ

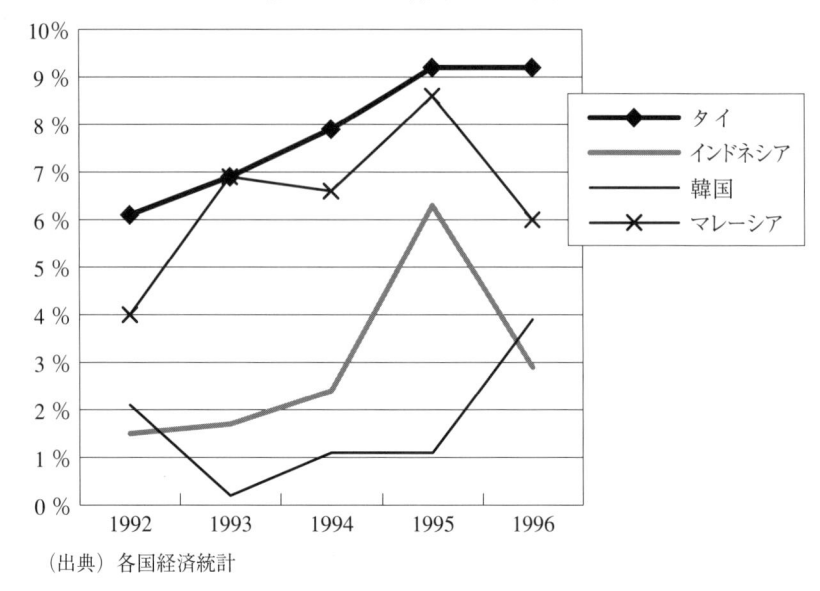

(出典) 各国経済統計

る。投資については資材類さえ輸入すれば比較的簡単に拡大することができる反面，貯蓄率は急速に引き上げることは困難である。このため，90年代前半以降の投資拡大の中，I—Sインバランス（貯蓄不足）も急拡大した。（図表7）このようなI—Sインバランスは対外収支統計上経常収支の赤字として現れ，資本収支の黒字（即ち，外国からの資本流入）によって補填される必要があり，そのファイナンス方法が問題となる。（次節参照）

　また，もう一つの問題は，拡大された投資の中身である。上記の「投資の増大により景気は持続的に拡大しうる」という見方は，拡大された投資は有効に利用されることを前提としている。ケインズ経済学がもともと想定していた大恐慌の時代であればこの前提は問題なく満たされていたものの，もともと投資率が高く，かつ，多少落ちたとはいえかなりの高成長を維持していたアジア諸国において，投資を急速に拡大してもこの前提が満たされるかどうかについては，事後的ながら検討の余地があったと考えられる。実際のところ，高い経済成長率を前提に，「供給の拡大が需要を拡

図表8　80年代末－90年代の各国の資本移動・金融自由化政策

国　名	内　　容
タイ	<資本移動自由化> ・91.4　IMF 8条国に移行（1990），これに伴い資本取引を原則自由化 ・93.3　オフショア金融市場BIBF（Bangkok International Banking Facility）を設立），BIBFへの外銀の進出とタイ国内への貸付を認める。 <金融自由化> ・90.3　金融自由化マスタープラン発表 ・89.6-92.6　国内金利を段階的に自由化 ・94.12　社債市場を設立，銀行などに引き受け・販売免許を付与
インドネシア	<資本移動自由化> ・88.12　資本市場育成パッケージ発表（時価発行増資の認可，證券業務の民間・外資JVへの開放など） <金融自由化> ・88.10　第2次金融改革（国営銀行の取り扱いを一般銀行と同等化，新規設立（外資とのJV含む）の自由化，中央銀行による各銀行への為替スワップ供与の廃止など） ・90.1　国営銀行と中央銀行による政策目的の低利融資の廃止
韓国	<資本移動自由化> ・92.1　外国人による対内直接株式投資を解禁（従来はカントリー・ファンド形式のみ） ・93.　国内金融機関による外貨建資金の取り込み規制の緩和 <金融自由化> ・88　外国銀行の支店進出の緩和 ・93　総合金融会社などの業務範囲の拡大
マレーシア	<資本移動自由化> ・89.10　マレーシア企業のシンガポールでの重複上場を禁止 　（国内への市場経由の株式投資は従来通り自由 ・90.10　ラブアン・オフショア金融センター設立。92年以降進出が本格化 <金融自由化> ・92.1　BLR（基準貸出金利）の決定の自由化

（出典）河合（1996），伊東（1995）より筆者作成

大する」というセイの法則が当てはまるかのように考えられていたものと思われる(注5)。

　投資の中身と言う点では，民間投資，特に円高の進行をきっかけとした輸出向けの日系企業の進出がよく知られているが，その他にも，経済成長による国内市場の拡大を狙った外資系企業の進出や地場企業の設備拡大，さらには不動産投資の拡大なども見られた。

　さて，このように投資を急拡大させるにあたり，その資金の調達はどのようになっていたのであろうか。この時期，IMFや世銀により公的セクターよりは民間セクターの機能拡大が提唱されたこともあり(注6)，公共投資のみならず民間投資も急拡大している。従って，民間投資を増大させるためには，それをファイナンスする民間金融システムの整備もまた必要であった。投資に対する資金調達と言う点で見ると，マクロ経済的にはI―Sインバランス補填のための外国資金の流入チャンネルの確保，国内金融システムという面からは国内貯蓄と流入した外国資金の双方を効率的に配分するの金融システムの整備，という二つの課題があったことになる。

　このような二つの課題を解決するために，この時期IMFと世界銀行の指導の下各国で導入されたのが資本移動と金融の自由化政策である。外国からの資金流入チャンネルをそれまでの政府借り入れ主体から民間借入や証券投資に拡大すると共に，国内金融システムを自由化してその機能を高め，国内貯蓄や流入した外貨資金を効率よく民間セクター内部で配分させようというのがその趣旨であった。80年代の中南米諸国の債務危機が解決したのを受けて，90年代に入り再度エマージング・マーケット向けの投融資が再度ブームとなる中，これらの政策は一応の成功を収め，投資の拡大のための資金を調達・分配することに成功した。90年代に入ってからの各国政策別の状況をまとめると図表8のようになる。

　しかし，このような資本移動・金融の自由化が今回の金融・経済危機につながったことも事実である。自由化の過程で何が起こったのであろうか。まず，国内金融システムの動向について，タイとマレーシアを例にとって分析してみよう。(図表9)

　両国に共通して言えるのは，この時期にマネーサプライが名目GNPの伸

図表9　金融状況

タイ

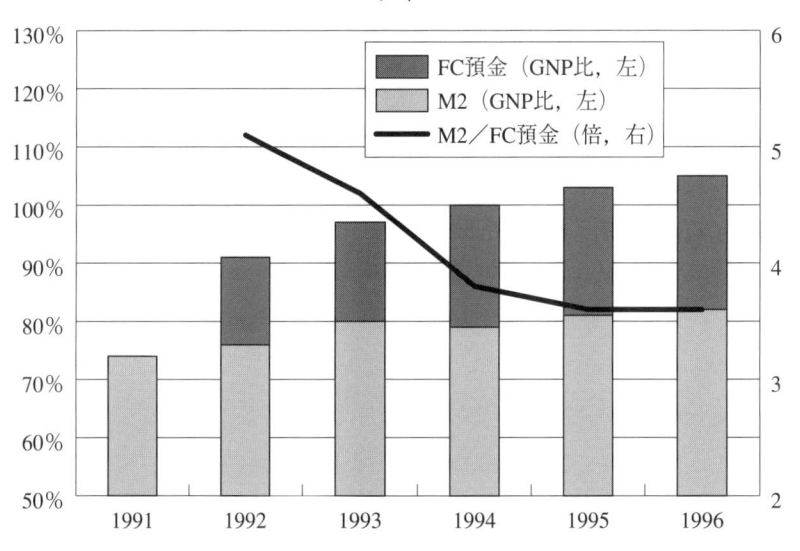

マレーシア

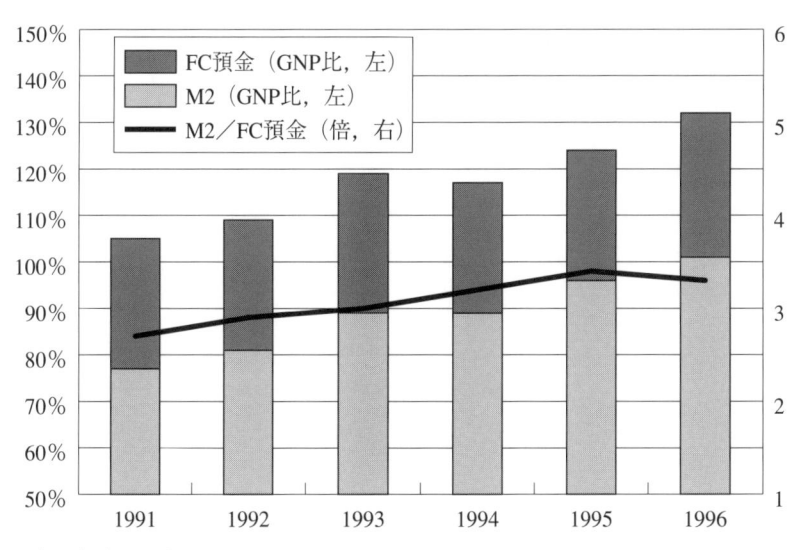

(出典) 各国中央銀行統計

びを上回って上昇していることで，特にマレーシアについて伸びが顕著である。同時期に株式の時価総額が急拡大（タイで4.0倍，マレーシアで3.6倍）していることと考え合わせると，経済のストック化と共にアセット・インフレーションが急速に進行したものと判断されよう。

このように金融システムの規模が急速に拡大する中で果たして金融機関が適切に運営されていたかどうかであるが，この点についても，Krugman（1998）による批判がある。Krugmanは，金融機関の預金が無制限に政府により保証されている結果中小金融機関の経営者にモラル・ハザードが発生，これらの金融機関がハイリスク・ハイリターンの投融資を拡大していった結果金融システムにつながったとしている。実際，タイを例にとると，銀行に比べて経営規模が遙かに小さいファイナンスカンパニー（FC）と呼ばれる金融機関の場合，92社中56社（総資産ベースでは約半分）が清算に追い込まれているが，確かにFCはこの時期銀行よりもかなり速いペースで資産を拡大させている。（図表9参照。M2（大半は銀行預金）とFCの預金の比はこの時期急縮小している。）

しかし，資産の拡大が急だからといって，必ずしもそれがモラル・ハザードによるものだとは断言できない。破綻したタイのFCを例に取ると，上場していたのは10社にみたず，かつ，ほぼ全てがいわゆるオーナー経営であり，経営者の一族が支配株式を握っていたが，この点はアメリカのS&Lなどとは異なる。タイのFCの場合も銀行同様自己資本比率を10％前後に維持することが当局により義務付けられていた。また，前回（1985年）の不況の際，経営破綻した金融機関については，預金者は全額保護されても株主は全く保護されなかったという前例もあった。FCの資金調達面を見ても，この時期の銀行預金とFCの預金（Promissory Note）の利回りの格差はほぼ1％程度と安定しており，金利をつり上げて資金を獲得したとは言い難い。このため，タイにおいてFCがモラル・ハザードに基づく投融資行動で総資産を急拡大させて経営破綻に至ったと考えるにはいささか無理があるものと思われる。

タイのFCの破綻については，むしろ，金融市場の構造変化に伴う面が

大きいように思われる。前述のように1993年にはタイでBIBF（オフショア市場）が設立されているが，当局がBIBFでの実績を元にフルバンキング（バーツの取り扱い）支店の開設を認めるとの方針を発表したこともあってBIBFからのタイ国内向けの残高は急拡大し，1996年末にはタイ国内向けの貸出残高は312億ドル（バーツに換算するとM2の約16％）に達した。BIBFの貸出は外資系企業や大手企業，金融機関が主であり，特に，金融機関向け融資（96年末で総融資額の14.8％を占める）については，その大半がFC向けに流れたと考えられる。(注7)この時期のFCの総資産の急激な伸びについては，このように資金調達が容易になったのを受けて自動車ローンや商業用不動産向け融資と言った資金需要の伸びが高い分野で積極的に業務を展開したためと考えるべきであろう。

なお，マレーシアについては，タイで見られたような金融システムの構造変化は起きておらず，FC銀行が共に同じペースで資金量を拡大させている。これはオフショア金融市場（ラブアン国際金融センター）からのマレーシア国内への貸出を厳しく制限（借入主体は輸出による外貨収入のある企業や政府系企業，インフラストラクチャ整備などを行う少数の大企業などに限定される他，借入期間は3年以上といった条件がついている）していたためであると考えられる。

次に，資本移動の自由化の影響について，経常収支赤字がどうファイナンスされたのかを対外収支・債務構造の面から検討してみよう。

図表10から判るように，各国とも経常収支赤字のファイナンスの形態は多少異なる。タイの場合，直接投資によるファイナンスの割合はもともと低く，かつ，90年代前半を通じて低下している。反面，借入による調達が多いが，この背景には93年に発足したBIBFに進出した外国銀行が積極的にタイ国内向けの融資を拡大したという経緯があると考えられる。特に，1994年と95年については，前述の通りタイ当局がBIBFでの営業実績の良い銀行19には国内支店ライセンスを供与すると発表したこともあり，借入，特に短期借入が急増している。反面，ポートフォリオ投資（債券市場が未発達のため株式主体）については，タイ政府が伝統的に証券市場の育成や

図表10 タイ・インドネシア・マレーシアの経常収支ファイナンスの状況

タイ

	1992	1993	1994	1995	1996
直接投資	31.2%	24.7%	10.8%	8.7%	9.6%
ポートフォリオ投資	14.6%	85.8%	30.5%	30.1%	24.4%
借入	70.8%	64.8%	103.9%	115.9%	62.8%

マレーシア

	1992	1993	1994	1995	1996
直接投資	48.9%	16.5%	25.0%	−2.0%	6.2%
ポートフォリオ投資	145.1%	302.9%	89.7%	15.5%	83.9%
借入	−43.2%	41.6%	12.4%	62.2%	30.0%

インドネシア

	1992	1993	1994	1995	1996
直接投資	63.9%	78.3%	53.7%	58.2%	73.0%
ポートフォリオ投資	−3.2%	85.7%	138.9%	63.8%	65.3%
借入	153.9%	103.5%	−55.1%	37.6%	3.2%

(*) 資産売買目的の資金流入もカウントされるため，合計は必ずしも100％とはならない
(出典) タイ／マレーシア：中央銀行統計　インドネシア：IFS

株式市場の外国人への開放に消極的でったこともあり，経済規模の割にはさほど活発とは言えなかった。

　これと逆の路線を取ったのがマレーシアである。マレーシアの場合，旧イギリス植民地時代からの伝統もあって株式投資がもともと活発であり，かつ外国人にも早くから公開されていた反面，1985年の経済危機の教訓から外国からの資金の借入については依存度を減らすことを政策目標としていた。1992年，1993年と2年連続で借入がマイナス（即ち返済の方が多い）になっているが，これは財政収支の黒字転換や国営企業の民営化による収入を政府の対外債務の返済に充当したためである。外国からの借入につい

図表11　各国の債務構成（対GNP比）

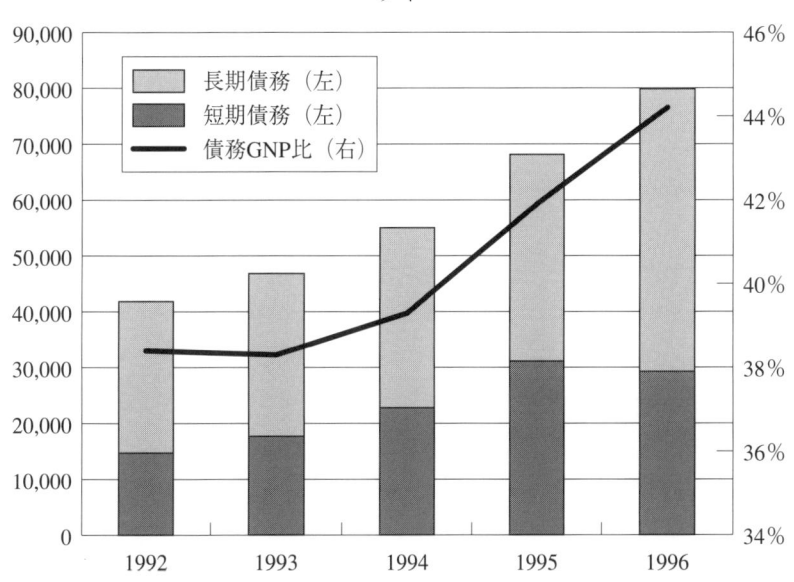

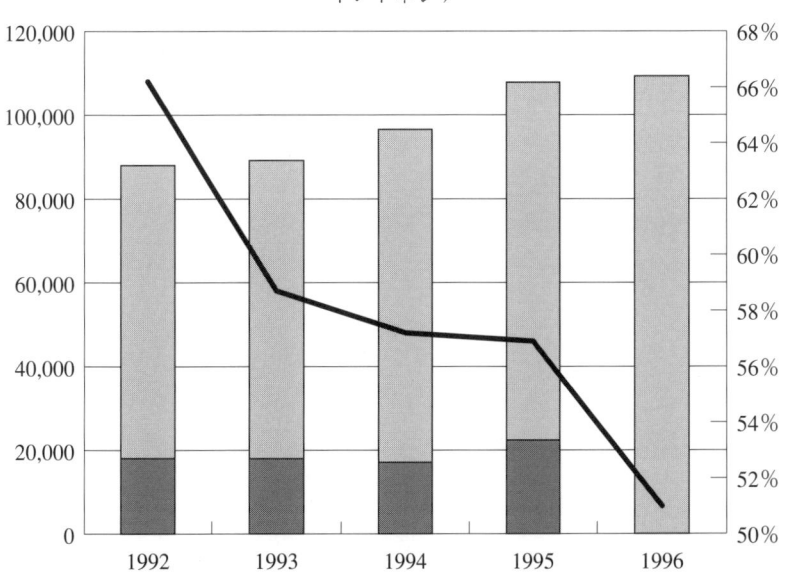

タイ

- 長期債務（左）
- 短期債務（左）
- 債務GNP比（右）

インドネシア

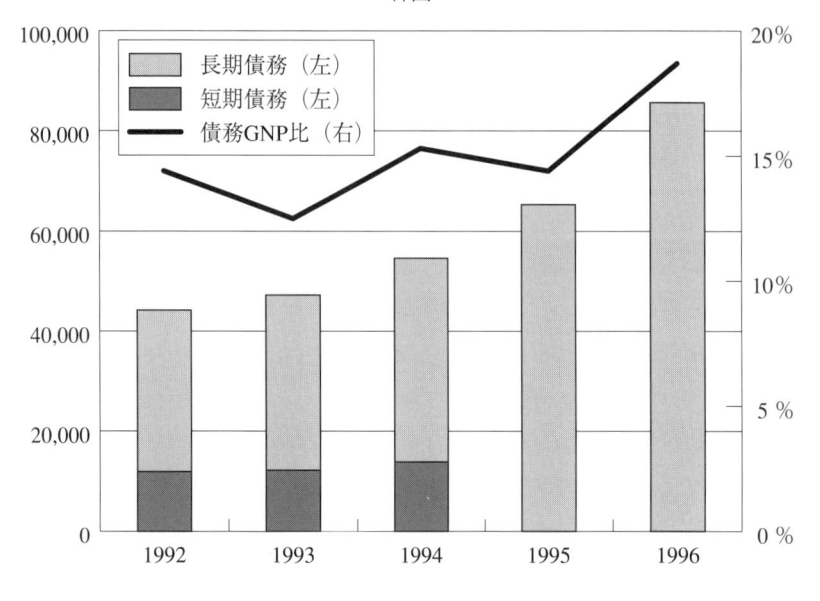

第2章 アジアの金融・経済危機について

韓国

- 長期債務（左）
- 短期債務（左）
- 債務GNP比（右）

マレーシア

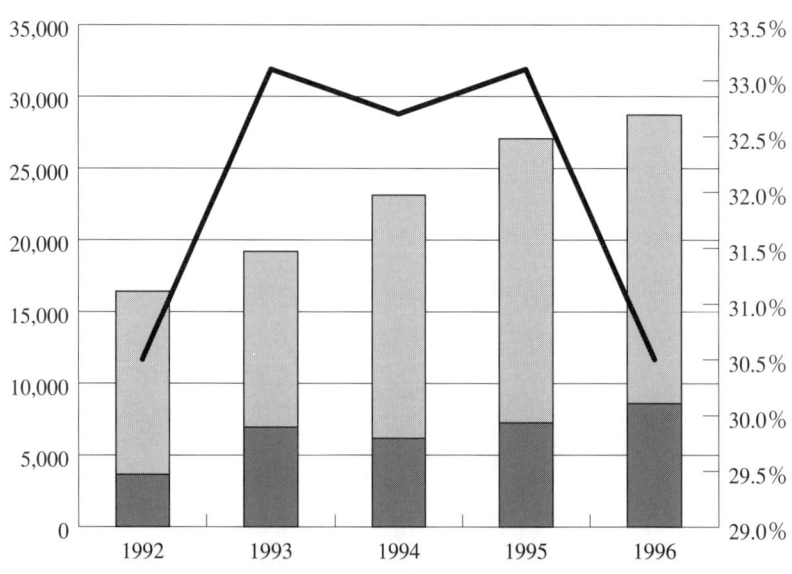

（＊）債務の額は100万ドル単位。なお，韓国の95年，インドネシアの96年は内訳不明
（出典）各国中央銀行統計　World Debt Table

ては、ラブアン・オフショア金融センターを設立（1990年）したものの、その設立以後も外国からの借入については極めて消極的である。

インドネシアについては、統計上は直接投資によるファイナンス依存度が高いが、同国の場合外為法が存在せず、民間企業による外国からの資金借入については補足が困難という事情がある。このため、実際にはここに示された額を上回る資金が借入の形で流入している可能性が高い。また、韓国については、適切なデータが入手できなかったが、93年以降総合金融会社を中心に外貨建資金調達が急増している。但し、同国の場合、GDPで見れば経常収支赤字の幅は小さく、マクロ的な資金フローで見ると、借り入れた資金の相当部分は対外直接投資という形で再流出しており、この点は上記3国と異なる。

このように各国ごとに多少の差異はあるものの、90年代前半においてはどこの国でも借入依存度が高まっていることは共通して指摘できる。従って、下表に示す通り、各国とも対外債務負担が増加しており、特に短期債務への依存の高まりが注目される。債権者（先進国の金融機関）にとっては長期に資金を貸し付けるよりも短期の貸付をロールオーバーする方が与信管理上有利ではあるが、債務国の側から見ると、短期債務が一度に償還されることにより外貨危機が発生しやすくなり、現に今回の金融・経済危機において深刻な規模で発生している。しかし、この点については、短期債務が積み上がりつつあった95年頃までは、各国とも外貨準備の増加によって対応できると一般に考えていたことも事実である。例えば、タイの例で言うと外貨準備は91年末の184億ドルから96年末には381億ドルに増加している。

(2) ドル・ペッグの光と陰

次に、通貨・金融政策の運営面から検討してみよう。一般に、アジア諸国は外国からの資金流入を維持するために通貨を米ドルにペッグさせてきたと言われている。実際、上記の4カ国のうち、マレーシアを除く3カ国

は，自国通貨の対米ドルでの変動を一定のバンド幅に押さえるクローリング・ペッグ制をごく最近まで採用してきた。（最近の通貨危機の中で相次いで放棄，変動相場制に移行）しかし，ここ数年間の各国当局の動きを見ると，各国当局はむしろドル・ペッグ制を放棄する方向に動いていたと言える。韓国を例に取ると，1990年までは自国通貨を米ドルを中心とする通貨バスケットを変動バンドの中心値としてきたが，90年以降は中心値を前日の平均相場をに変更している。インドネシアも同様で，96年頃から次第にバンドを拡大させると共に，対米ドルでの切り下げ目標水準（例年4—5％）へのコミットを弱めつつあった。その意味で，ドルを主体とする通貨バスケットに自国通貨を厳密にリンクさせてきたのはタイのみであるが，同国においてもリンクの弱化は検討されていたと言われている。[注8]

　このように各国がドル・ペッグ制の放棄の方向に動いていた背景には，自国の金融政策の自由度を高めたいとの意図があったものと考えられる。理論上，対外的に開放された小国の金融政策を考えると，

　　・自由な資本移動　　　　　・安定した為替水準
　　・外国の影響から独立した金融（金利）政策

の3つの政策目標の内，同時には2つしか達成できない。経常収支赤字をファイナンスする必要を考えると自由な資本移動は放棄できないため，残るは為替水準か金融政策かということになる。この点，自国の金融システムが小さい内は為替水準を優先しても問題は軽かったものの，前述のように自国の国内貯蓄の有効利用を図るために金融自由化を進めてきた結果，各国とも国内の金融システムが拡大しており，80年代末以降独立した金融政策の必要性が高まってきていた。ドル・ペッグと言いつつも，下図に示すように各通貨とも対米ドルでの変動幅を拡大させていった（タイ・バーツを除く）背景にはこのような事情があったものと考えられる。

　しかし，経常収支赤字のファイナンスを考えると，政策目標としてはドル・ペッグからの離脱を志向していたにもかかわらず，実際の金融政策の運営上においてはむしろドルへの注意を従来以上に払わなければならない

図表12 アジア通貨の変動状況(長期:91.12=100)

アジア4カ国

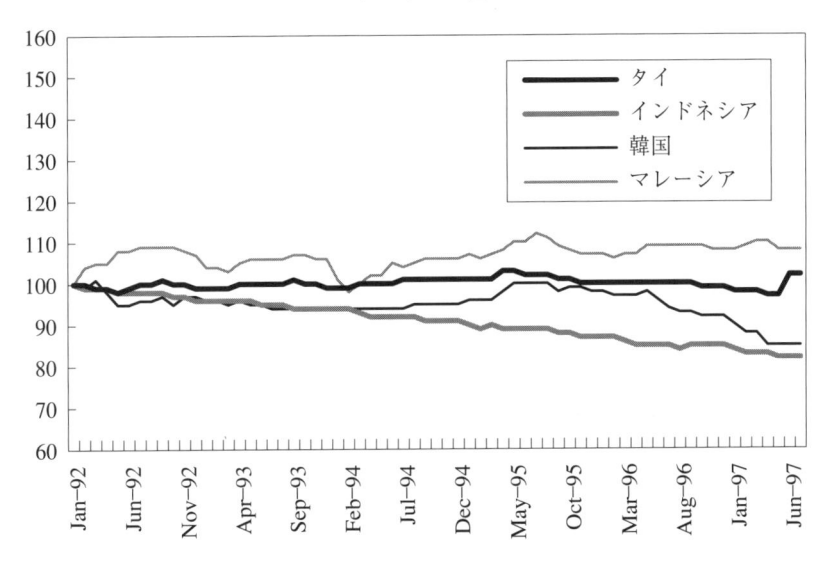

アジア4カ国

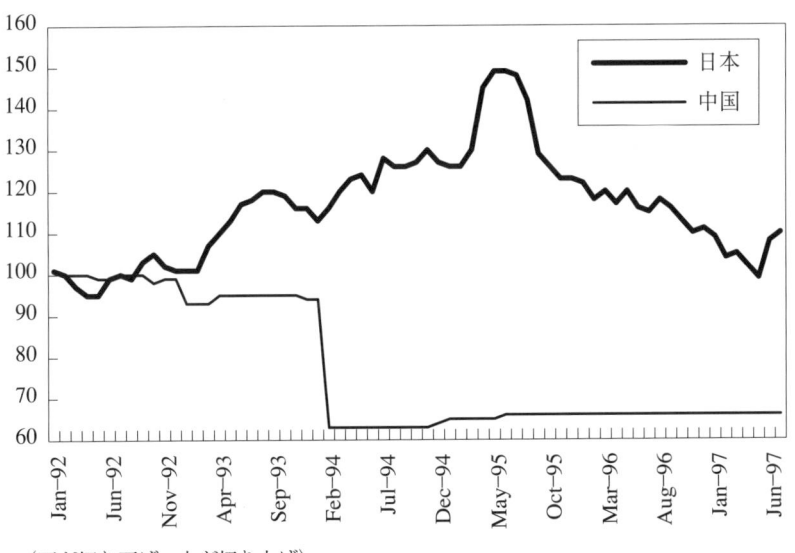

(下が切り下げ,上が切り上げ)

図表13　対US＄　3M物金利　スプレッド推移

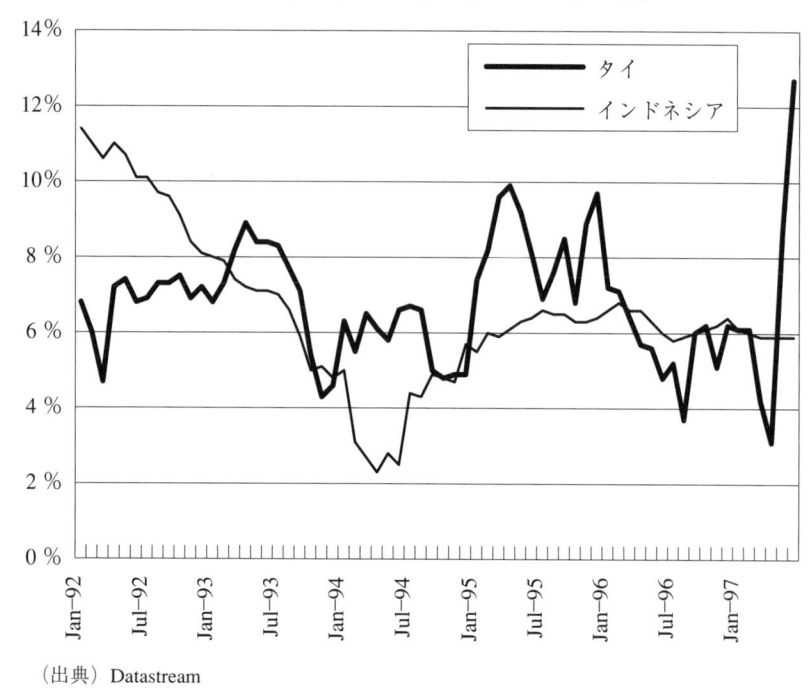

（出典）Datastream

状況にあったことも事実である。前項で示したように，マレーシア以外の3国は各国とも経常収支赤字のファイナンスを短期債務に依存する割合が高まっていたが，ホット・マネーという別名の通り，この種の資金は金利差や為替変動に極めて敏感である。従って，短期資金の流入を維持するためにも米ドル資金を自国通貨立てに転換して運用したと仮定した場合のスプレッドの確保は必須であった。

また，長期債務についても，その安定的な返済のためには対米ドルでのリンクは不可欠であった。統計資料を見る限り各国とも円建て債務のウェイトは30—50％と比較的高く見えるが，この大半は公的援助や日系現地法人向けの親子間貸付などであり，民間セクターが調達していた外貨建資金の大半は米ドルである。この時期日本からの円借款の新規受け入れを原則停止していたマレーシアの場合，積極的な円資金の繰り上げ弁済もあって，

対外債務に占める円の構成比を1992年の32％から1996年には16％に半減させている。(注9)各国とも貿易相手国としてはアメリカよりも日本の方がウェイトが大きかったにもかかわらず，資本取引や借入通貨という面では円が忌避された理由としては，国際通貨としての円の使い勝手の悪さの他，1995年夏までの超円高の進行の結果各国とも急速に返済負担が増加したという事情もあるものと思われる。

　以上見てきたように，各国とも自国通貨の対ドルでの安定は金融・通貨政策上極めて重要であり，不用意に独立した金融政策を取って金利を低下させた場合，自国通貨が下落して新規資金の流入の停止や既存債務の返済負担の増加を招くリスクがある。また，逆に自国通貨の金利を不用意に高くした場合，大量に外国資金が流入して過剰流動性が発生することになる。(注10)このため，各国とも実際の金融政策の運営に当たっては米ドルとの整合性に意を払わざるを得なかった。いわば，投資拡大による経済発展という経済運営の帰結として経常収支赤字のファイナンスの必要性が増した結果，各国金融当局とも，拡大を続ける国内金融システムを前に独立した金融政策の重要性を認識しつつも，資金調達面の鍵を握っている安定した為替水準（＝通貨のドル・ペッグ）の維持も図らざるを得ないと言う，一種の板挟みになっていたと言えよう。

　アジア諸国の金融システムにおいて不良債権が急増した原因の一つとして，金融当局による金融政策運営の遅れ—特に金融政策の引き締めの不徹底—が指摘されるが，その背景には，経済成長を優先する余り安定性をないがしろにしがちであったという政策スタンスの他，このような金融政策面での二律背反もあったものと考えられる。

　また，ドル・ペッグの影響としては，輸出への影響も看過できない。一般には，通貨がドルにペッグされていたせいで対円では自国切り下げとなり，日本向けの輸出の増加につながって経済成長に寄与したとの評価が一般的である。しかしながら，95年以降はこの歯車が完全に逆に動いたの事実である。例えば，タイと韓国の場合を例にとって考えると以下の様にな

図表14　輸出の伸び（US＄ベース，YoY）

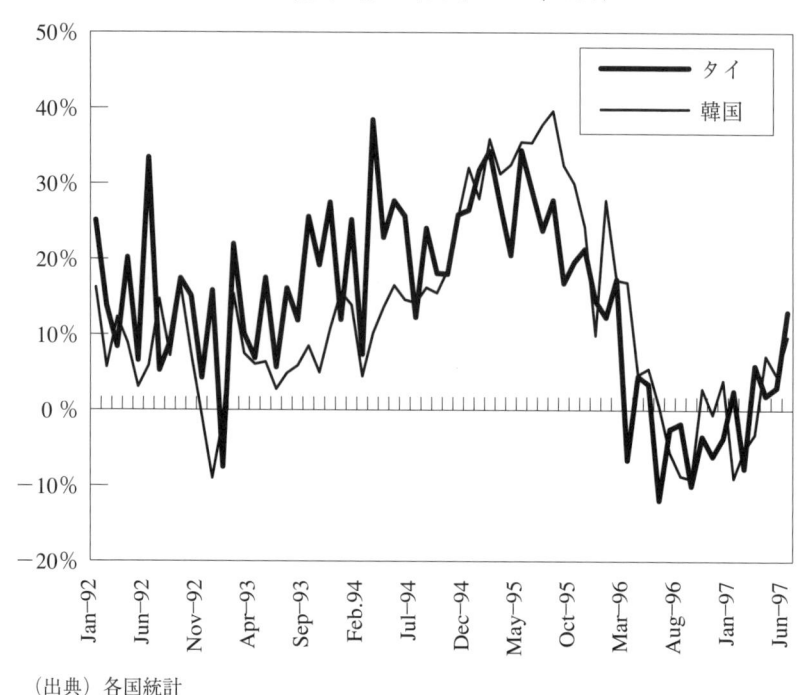

(出典) 各国統計

る。

　タイを例にとって見ると，1995年まで輸出が年率2割弱の伸びを見せてきたタイであるが，1996年には伸び率がほぼ0％にまで鈍化，景気後退の大きな要因となった。その背景には円高やコスト高による家電，電子製品の伸びの鈍化などもあるものの，影響として一番大きかったのは繊維・履き物やその他の軽工業製品の落ち込みである。この点で注目されるのが中国の金融市場改革（1994年1月より）の影響である。この際中国はそれまで取ってきた二重為替制度を停止，為替レート体系を一本化すると共に外国金融機関への人民元業務の開放などを打ち出したが，その際には自国通貨を40％切り下げる形で為替レートの調整を行った。（図表12参照）このため，中国製品，特に同国の輸出の主力であった軽工業製品（上記統計中では雑製品に分類）の競争力が著しく強化され，これがタイ製品の輸出市

図表15　タイの輸出構成

	1996 構成比	92-95 平均伸び率	95-96 伸び率	95-96 寄与率
総輸出	100%	19.5%	0.4%	—
製品類	82%	22.0%	0.0%	0.0%
繊維・履き物	12%	12.9%	−20.0%	−2.4%
コンピュータ・同部品	14%	31.7%	22.0%	3.1%
電子製品	10%	31.9%	5.5%	0.5%
家電製品	8%	19.4%	3.6%	0.3%
車	1%	37.2%	15.3%	0.2%
農水産物加工品	6%	10.1%	7.6%	0.4%
その他製品類	31%	24.4%	−2.7%	−0.8%
第一次産品	16%	10.3%	−0.4%	−0.1%
農業製品	12%	9.0%	4.3%	0.5%
水産製品	4%	13.4%	−10.8%	−0.5%
その他	2%	9.9%	28.4%	0.6%

（出典）タイ中央銀行統計／日銀外国経済統計年報1995年度

場を侵食した可能性が考えられる。韓国についても同様で，円安の結果日本の輸出協力が回復，韓国の輸出の52.5％（1995年）を占める機械類などの輸出競争力が低下して輸出の伸びの鈍化を招いたものと考えられる。

(3) 破綻の構図

　さて，以上説明してきた各点がどの様に経済危機に結びついて行ったのであろうか。当初の視点に戻って図式化すると以下の様になる。

　この図式は一般化されたものであって上記にあげた項目が全ての国に当てはまる訳ではないが，基本的には，急速な投資拡大政策に起因する3つの弊害—対外債務の増加，不良債権の増大，景気の後退—が国際金融市場における経済の信任低下をもたらし，これが為替・株価の下落と短期債務

図表16　経済危機の構図

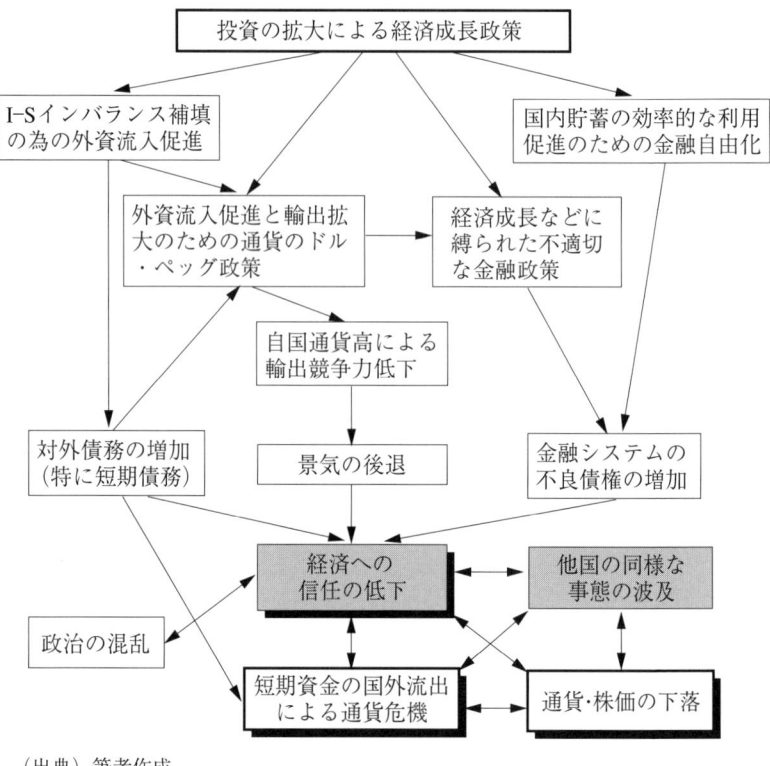

```
        投資の拡大による経済成長政策
       ↙           ↓            ↘
I-Sインバランス補填              国内貯蓄の効率的な利用
の為の外資流入促進              促進のための金融自由化
       ↓                              ↓
  外資流入促進と輸出拡      →   経済成長などに
  大のための通貨のドル          縛られた不適切
  ・ペッグ政策                  な金融政策
       ↓
   自国通貨高による
   輸出競争力低下
       ↓
  対外債務の増加    景気の後退    金融システムの
  （特に短期債務）              不良債権の増加
       ↘        ↓        ↙
        経済への     ←→  他国の同様な
        信任の低下          事態の波及
   ↙        ↓              ↓
 政治の混乱  短期資金の国外流出 ←→ 通貨・株価の下落
           による通貨危機
```

（出典）筆者作成

の償還の集中を招いて通貨危機につながったものと思われる。そして，通貨・株価の下落が更なる短期資金の流出と景気の後退・不良債権の増加を呼び，信任が更に低下して事態が悪化するという負の循環に陥った。このような負の循環は他のアジア諸国との間でも発生し，一国の危機が他国にも波及した訳である。このほか，各国の国内政治での混乱が政策措置の遅れを呼び，事態を悪化させた面も否定できない。

　各国別に状況を概観してみよう。まず，タイについては，最初に危機が発生したため「他国の影響」という項目こそ当てはまらないものの，上記の項目のほぼ全てが該当する。実際の経緯においても，1996年後半から輸

図表17 タイの対外収支状況

(単位：百万US$)

	1997年5月	1997年6月	1997年7月	1997年8月	1997年9月	1997年10月	1997年11月	1997年12月	5-12月累計
総合収支	-4,341	-954	-1,706	-4,508	3,674	1,556	-4,716	1,038	-9,957
貿易収支	-649	-919	-528	-546	219	621	844	N.A.	-958
その他経常収支項目	-232	51	141	133	-138	80	153	N.A.	188
民間資本収支	-2,370	-858	-1,946	-3,496	293	1,556	-2,256	N.A.	-9,076
政府部門資本収支	-50	-175	26	-963	3,992	-136	-3,921	N.A.	-1,226
その他収支計	-1,040	947	600	364	-691	-565	464	N.A.	78
公的外貨準備変動	-4,000	-900	-2,000	-4,500	3,700	1,700	-5,000	700	-7,700

(出典) タイ中央銀行資料．なお，一部数値の米ドルへの換算は筆者による

出の低迷や金融システムの問題の深刻化を受けて不安が高まり，まず株式市場が下落，ついで1997年5月以降為替投機を受けたが介入では支え切れなかった。このため，通貨防衛の為の高金利が国内金融システムに与える悪影響を座視できなくなり，ついに同年7月に通貨のドル・ペッグをやめてフロート化に踏みきった。しかし，実際にはこれを機に資本流出が更に深刻化，外国資金の流出から国内金融システムの機能不全を引き起こし，需要ショックによる実体経済の下落を招くに至った。また，この過程において，憲法改正問題（同年9月に改正案を可決）の影響で金融・経済問題についての政治的な対応が後手に回ったことも否定できない。

タイがIMFの支援を受けるに至った理由については，一番大きいのはやはり外貨建債務，特に短期債務の償還の集中であり，これはインドネシアや韓国にも共通のものと思われる。下に通貨攻撃を受

けた1997年5月以降の対外収支の状況を合わせて示すが、最後に外貨繰りの危機を招いたのは経常収支の赤字ではなく短期資金—その大半がBIBF経由の借入—の流出であった。また、IMFの支援開始後もバーツが下落している理由としては、通貨投機の他既存短期債務の引き上げの影響が考えられる。特に、1994年のメキシコの時と違ってIMFが金融機関への外貨建資金の供給を認めなかったため、通貨下落の過程で営業中の金融機関が中央銀行から供給されたバーツを売って外貨を調達、通貨下落圧力を更に高めた。

次にインドネシアであるが、同国の場合、輸出の落ち込みによる景気後退は1997年7月まで特に見られず、株式市場も1997年7月初旬に市場最高値をつけたほどであった。しかし、同国の場合、他国に比べてもともと経済ファンダメンタルズが悪く、特に金融システムについては1988年の自由化の結果200行以上の商業銀行が乱立、当局の監督が行き届かず情実経営が跋扈していたため、その痛み具合はもともと他国よりも大きかった。また、対外債務についても、外為法が存在しないと言う事情もあって中央銀行も額を正確にはつかんでいなかった上、債務負担水準もかなり重い。このため、タイの影響やスハルト大統領の後継問題などもあって、1997年7月以降急速に事態が悪化してIMFの支援を受けるに至った。

韓国については、同国の場合既に中進国であり、経常収支赤字はさほど大きくはない。このため、同国のキャッシュフローをネットで見ると、債務の形で流入した資金の大半は各財閥の対外投資などで再流出していることになる。また、対外債務についても、GNP比で見た水準は決して高くない。このため、問題は短期間の内にあまりにも多額の（2年間でGNPの約10％）民間債務（そのほとんどは短期債務）を取り込んだという点にあったものと思われる。

また、韓国の場合、金融システムの問題も深刻である。韓国の金融システムは日本と比較的類似しており、過当競争気味でもともと利鞘が薄い。このため、最近の金融自由化の進展の中で貸し出し競争が発生、事態を悪化させたものと思われる。特に韓国の場合、利ざやが低い割に不良債権の

図表18　各国の金融市場の動向（96.12末＝100）

タイ

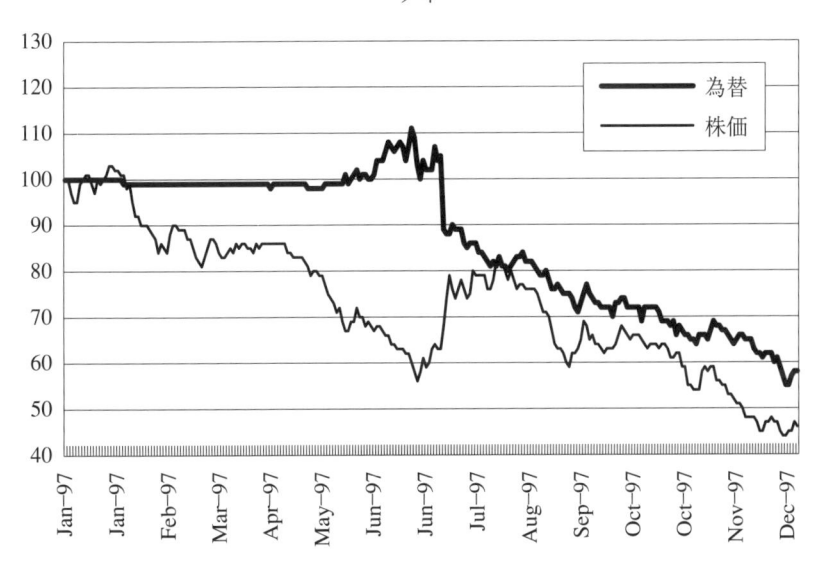

為替
株価

インドネシア

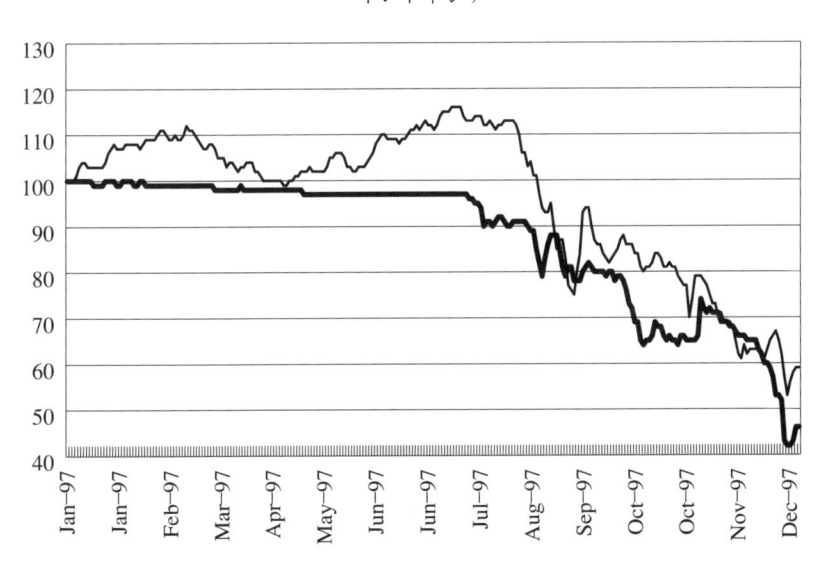

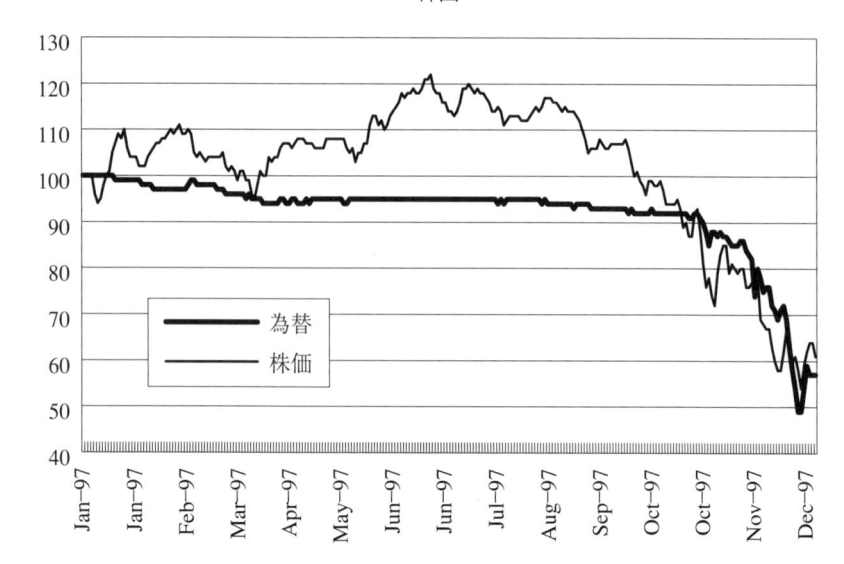

第2章 アジアの金融・経済危機について

韓国

為替
株価

マレーシア

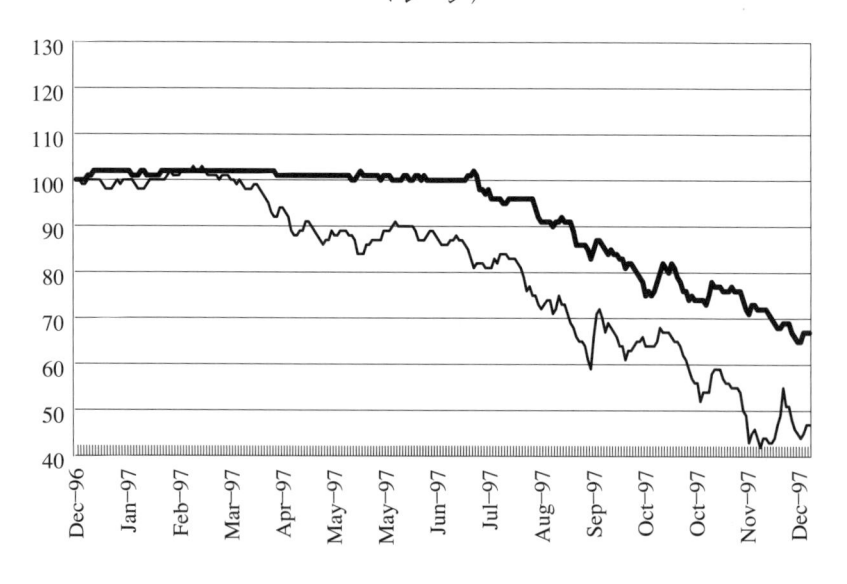

問題はタイ・インドネシア並みに深刻で,金融システムの総資産の2割以上が不良化しているとも言われる。政治面でも,大統領選挙(1997年12月投票)やそれに先立つ候補者選定を巡る政治的混乱の結果,対策が後手に回ったことは否めない。

最後にマレーシアであるが,他の3国と違い現在IMFの支援を受けてはいないことからも判るとおり,現状では外貨繰り上の問題は起こしていない。マハティール首相の発言や株式市場への規制の発動などにより金融市場は他国並みに下落しているが,実体経済面でも景気後退は深刻ではなく,景気が本格的に後退し始めたのは通貨危機を受けて政府が金融引き締めを大幅に強化して以後である。対外債務負担についても,短期債務の取り入れを厳しく制限してきたこともあって対外債務の返済負担は軽く,返済上の問題は起きていない。金融システムについても,もともと自由化に消極的であったことからも判るとおり管理が厳しく,不良債権は増加しつつあるとは言え,現在までのところ一部の證券会社を除き金融機関の経営破綻は起きていない。

しかしながら,景気は引き続き後退することが予想されている上,今後も不動産価格の下落による金融機関の不良債権拡大が懸念される。このため,マレーシアについても,今後の動向にはなおしばらく注意が必要であろう。

3 危機への対応

(1) IMFの緊縮政策の是非

前章で触れたように,タイ,インドネシア,韓国の3国は相次いでIMFに支援を要請,資金支援を受ける代わりに経済・金融政策に一定の条件(いわゆるコンディショナリティ)を課せられることとなった。しかし,各国ともIMFの支援受け入れ表明後も通貨の下落が止まらなかった上,IMFによる緊縮政策が国内景気の悪化に拍車をかけたとして,各国政府は

もとより外部の識者からの間からも昨年後半以来批判が高まっている。例えば，Sachs（1998）は，IMFが各国で経営不振の金融機関を急に閉鎖させると共に金融引き締めによる高金利政策を要求したため，ただでさえ弱体化していた各国の金融システムが更に弱体化して金融不安を拡大したと批判している。

　このように議論のあるIMFのコンディショナリティについてであるが，「問題の解決はなるべく市場システムに委ね，政府による救済措置は最小限にとどめる」という点で上記3国分ともその骨組は共通であり，以下の様に要約できよう。

1）金融関係
　・経営不振が著しい金融機関の早期閉鎖
　・経営不振の金融機関救済のための公的資金の投入制限
　・金融政策の引き締め（金利水準の高め誘導，マネー・サプライの抑制）
　・金融市場自由化の促進（二重為替制度や為替レート変動幅制限の撤廃，他）
2）財政関係
　・財政黒字の維持
　・政府による補助金などの抑制
　・国営企業の民営化の推進
3）その他経済政策
　・外資への資本開放の促進（特に金融機関）

　まず，金融機関の閉鎖についてであるが，Sachsが指摘するように，経営不振の金融機関を早急に整理して金融不安を早期に沈静化させようという意図に反し，更に営業停止の範囲が拡大するのではないかとの懸念から取り付け騒ぎを招いたという側面があるのは事実である。SachsがIMFの内部文書を引いて例示したインドネシアの例はもちろん，タイにおいても下位銀行，FCを中心に預金流出が深刻化，中央銀行が上位銀行の預金を

強制的に吸い上げて資金繰りの苦しい金融機関に供給している。(注11)また，金融機関の閉鎖に伴うもう一つの問題としては，閉鎖後の資産処分に時間がかかりすぎ，この間に閉鎖された金融機関の債権の不良化が急速に進行，損失額が膨らんだことがあげられる。FC58社が閉鎖されたタイの場合で言うと，当初は総貸付額の2－3割が不良債権と言われていたが，12月初めに清算される56社が確定した段階ではこの数値が5割以上に跳ね上がり，最終的には資産の8割以上が不良化して正常債権と不良債権の区分が不可能になった。(注12)このため，当初は正常債権と不良債権を分別して売却する予定だったのが，両者を一括して売却するように方針が変更されるに至っている。このような事情を考えると，金融機関の閉鎖については拙速に過ぎたとの批判はあり得よう。

　また，金融引き締め政策については，弱体化している金融システムをさらに弱める方向に機能したのは事実であるが，同時に引き締め政策に関わらず為替の下落を止められなかったことも問題点として留意する必要がある。為替の下落についてはヘッジファンドによる投機などファンダメンタルズ以外の要因も関係しており単純な図式化はできないが，IMFによる救済パッケージとの関係では，民間債務について何の手当もなされなかったことが為替下落の要因として指摘できよう。タイを例に取ると，1997年5月以降の外貨流出（為替市場で売り圧力として機能）の大半は民間資本収支勘定から発生しており，そのほとんどは民間短期債務の返済と考えられる。（前章の図表17参照）為替危機以降タイ国内の民間企業は外貨資金の新規調達が困難になっており，債務返済のための外貨はバーツを売って取得（当然，国内流動性が更にタイトになる）したものと考えられる。また，財政面での引き締め政策についても，国内経済が急速に冷え込んでいる中，財政黒字に固執することはむしろデフレーションのリスクを高めるとの批判がある。(注13)

(2) 金融市場の開放と自由化—2つの意味での"transparency"—

　また，前節で触れたIMF流の緊縮政策の有効性とも関連する問題とし

て，今回の金融・経済危機について，金融市場の機能，特にその開放や自由化という観点からも議論がある。

　一つ目の考え方は，今回のアジア各国の危機において見られた問題は，金融システムの開放や自由化が原因では無く，その運営に問題があったとする考え方である。たとえば，Greenspan（1997）は，金融システムの自由化は当然であるとの立場から，発展途上国一般における金融システムの問題として産業政策や政治家の圧力による融資の強制や金融システムの監督不備といった問題が見られたと指摘している。また，経常収支赤字についても，赤字そのものが問題であると言うよりはそのファイナンスの方法が問題であり直接投資でまかなわれていれば問題ないとする。短期資金の流入についても，国際金融市場においては収益機会を求めて資金が移動するのは当然であるとした上で，「いわゆるホット・マネーはホットではなく，単にあるべきところに移動しただけ」とし，短期資金の流出の問題は通貨のドル・ペッグ制の弊害との認識を示している。

　この演説の内容については，タイミングがWTOにおける金融・サービス自由化交渉の自由化案提出期限直線であったということや，当の米国自身が経常収支赤字国であり外国からの資本流入に依存しているといった事情があり，多少割り引いてとらえる必要がある。しかし，上記の演説の基本発想である「自由で開放された金融市場が経済発展に寄与する」という考え方—いわゆるワシントン・コンセンサスと同旨である—については，前章で説明した90年代初頭の資本移動自由化・金融市場開放といった政策，さらには危機発生後のIMFの対応もこのような視点に立った上でおこなわれたことに注意する必要がある。最近，日本やアジア諸国の金融システムにつき「"transparency"（透明性）の欠如」が取り沙汰されているが，これも同じ見方に立つものと考えられる。

　他方，経済危機の当事者であるアジア諸国の方であるが，前章で見たように90年代前半においては国際金融市場からの資金調達で経済発展を成し遂げてきたという実績があるものの，最近は若干軌道を修正し，ワシントン・コンセンサスによる市場主義とは距離を置きつつある。たとえば，昨

年12月に発表されたASEAN非公式首脳会談の金融問題に関するステートメントは，金融システムの自由化を引き続き促進するとしながらも，IMFに対して，国際金融システムと短期資金の移動に関する詳細な研究，特にヘッジファンドの動向と影響についての研究を行うように呼びかけている。また，最近の為替市場の下落についても，IMFが主役となって為替の下落を食い止めるとともに，「（国際的な）資金の流れの transparency」の重要性を訴えている。(注14)このほか会議では，ASEAN内部の貿易通貨を米ドルから各加盟国の通貨に切り替えることや，外貨準備や資本取引に使用する通貨を米ドルから日本円やユーロに切り替える点などが議論された。国際金融市場においてはASEAN諸国は受動的な立場に置かれているとの見方の下，金融・経済危機に直面したASEAN諸国の transparency が問題だと言うならば，その危機を作り出した国際金融市場の transparency も同時に問われるべきであると主張している訳である。

このようなASEAN諸国の見方の背後には，「ワシントン・コンセンサスに基づく政策がうまく機能していないのではないか」という認識があるものと考えられる。今回の金融・経済危機の当事者であるASEAN諸国にしてみれば，危機のきっかけを作った90年代前半の資本移動・金融自由化政策自体IMF・世銀のアドバイスによるものであった上，前節で説明したように，危機発生後には厳しいコンディショナリティを伴うIMFの救済パッケージを受け入れたもののうまく機能していない。また，今回の金融・経済危機において，先進国の一部金融機関（ヘッジファンドやそれと共同して動いた欧米系の一部銀行）への反感もある。この点，市場開放・自由化そのものが政策目標となっているワシントン・コンセンサス的な立場と，政策目標は経済成長の実現であって市場開放・自由化はそのための政策手段に過ぎないと言う発展途上国の論理の差が伺われよう。

おわりに

今回のアジア各国での金融・経済危機については，その展開が極めて速い上に大規模であり，特に金融面から見ると多々記録破りの出来事があっ

た。通貨投機を例に取ると，5月のタイ・バーツ攻撃の際に取り引きされた為替の総額は1000億ドル程度（タイ中央銀行の介入額だけで300億ドルを超える）に及んだとも言われるが，この額は同国のGDPの数倍に及ぶ。通貨と株価の下落は域内各国，特に健全な経済ファンダメンタルズを誇る台湾やシンガポールにまで及んだ。資金支援と言う面では，IMFの支援を受けた国は現在までのところでタイ・インドネシア・韓国の3国となり，IMFの手持ち資金が枯渇，1997年7月の香港総会で決定された枠以上の増資が検討されるに至っている。株式市場の不振も深刻であり，前章にあげた4カ国では株式市場の資金調達機能はほぼ完全に麻痺してしまっている。資本移動と金融の自由化を受け，アジア諸国はここ数年国際金融システムへの依存を急速に深めて来たが，その反動が一度に来たという観がある。

　しかし，ことマクロ経済という視点から見る限り，今回の一連の金融・経済面での出来事は，事後的であるにせよ既存のフレームワークでほぼ分析・説明できることもここまで見てきた通りである。本稿でここまで説明してきた各種の事象—投資の増大による経済成長政策が貯蓄不足から債務の増大を招いたこと，ドル・ペッグを巡る金融政策のディレンマ，短期債務の償還集中による資金流出など—は，いずれも「以前どこかで起こった」か，「理論上説明が付く」ことばかりである。そして，このような問題はある程度政策当局によっても認識されており，多少の対策は講じられてはいた。予期されていなかったのは実際に起きた資金流出や為替投機の規模であり，これが当局や関係者の予想を上回っていたため危機の進行をコントロールできなかったことが今回の事態を招いたと言えよう。そして，危機の場面において当局の対策が後手に回るということも，過去しばしば見られた事象である。

　その意味で，仮に今回のアジア諸国の経済危機からの教訓を現時点で引き出すとすれば，それは「たとえ高い経済成長を過去実現してきた国であっても，その成長を永続させることはできず，無理に経済成長を維持しようとするとひずみを生じる」という，一種当たりな結論と言うことになるのではないだろうか。

なお，本原稿の作成に当たっては，白塚重典氏（日本銀行），佐野鉄司氏（野村総合研究所）より貴重なご助言を頂きました。ここに特に記して感謝の意を表させて頂きます。

参考文献

Greenspan, Alan, *Growth and flexibility: Lessons from Asia*, speech at The Economic Club of New York, New York, N.Y., 1997.12.2

Asian Development Bank, *Emerging Asia: Changes and Challenges*, 1997

Young, A, *The Tyranny of Numbers*, NBER Working Paper No. 4680, 1994

Nomura Research Institute, *Medium-term Economic Outlook for Asian Economies*, Quarterly Economic Review, May 1997

Krugman, Paul, "The Myth of Asia's Miracle", *Foreign Affairs Nov-Dec.* 1994 pp.62-78.（邦訳「クルーグマンの良い経済学　悪い経済学」日本経済新聞社，1997年）

—, *What happened to Asia?*, 1998（http://web.mit.edu/krugman/www/disinter.html）

Sachs, Jeffrey, "Who shocks the cradle?", *Business Times (Singapore)*, 1998.1.16

Radclet, Steve & Sachs, Jeffrey, "Asia's Reemergence", *Foreign Affairs Nov-Dec. 1997 pp.44-59*

アジア経済研究所，「東アジアの長期経済見通し」，アジ研トピックレポート，1997年

伊東和久編，「発展途上国の金融改革と国際化」，アジア経済研究所，1995年

河合正弘他，「アジアの金融・資本市場」，日本経済新聞社，1996年

佐野鉄司，「悪循環に陥るタイ経済」（「アジア経済」1997年11月号所収），野村総合研究所，1997年10月

世界銀行編著，海外経済協力基金開発問題研究会訳，「東アジアの奇跡」，東洋経済新報社，1994年（原題：*The East Asian Miracle*, Oxford University Press, 1993）

谷内満，「アジアの成長と金融」，東洋経済新報社，1997年

注

（1）　この頃より輸出が急速に減少し，例えば96年3月の輸出額は前年同月比−4.3％と，前月の18.4％（同）から急減している。また，同年5月には下位都市銀行 Bangkok Bank of Commerce が経営破綻。

（2）　I−Sバランスに移転収支（出稼ぎ労働者の仕送りなど）などを加えたものが経常収支赤字になる。

（3）　但し，貯蓄過剰の国からの資金配分は必ずしも期待収益通りの最適には

行われない(フェルドシュタイン=ホリオカのパラドックス)ことを考えると、他国の貯蓄過剰に依存した経済発展は不適切との批判もあり得よう。
(4) 経常収支赤字状況下における金利・通貨の調整については、合衆国のような大国とアジア各国のような小国では調整経路が異なる。
(5) 理論上、このような投資の利用効率の低下は投資乗数の減少として現れる筈であるが、データ不足で筆者は確認できなかった。
(6) 世界銀行(前掲)
(7) この時期のタイでの各金融機関の行動については、佐野(1997)を参照
(8) 筆者ヒアリングによる
(9) Bank Negara Malaysia 統計による
(10) 93—94年にかけて現に発生、各国とも金融政策ではなく窓口規制で対応している。河合前掲参照
(11) 筆者ヒアリングによる。2500—3000億バーツ級(M2の6—8%程度)のオペレーションを実施したと推定。なお、佐野前掲も同旨。
(12) 不良債権の割合は筆者ヒアリングによる推定値。
(13) このような批判についてはIMFも承知しているところであり、現在タイ、及び韓国について進行中のコンディショナリティの見直しが進行中であり、金利誘導水準の低下や財政黒字条件の緩和といった措置が今後行われる予定と報道されている。
(14) Joint Statement issued by The ASEAN Heads of State/ Government, Dec 15, 1997より

＊本稿は執筆者である中井浩之の個人的見解に基づくものであり、野村證券金融経済研究所、その他機関の意見を代表するものではない。
＊本稿は1998年1月〜2月にかけて執筆されたものである。

[解題]

　本稿は，「アジアの金融・経済危機について―経済政策と危機の構図―」として，「国際金融」誌1015～1017号（外国為替貿易研究会刊）に掲載されたものの再録である。再録に当たっては誤字や表記の統一など必要最小限の修正を行うに留めた。これは，本稿執筆時点（1998年初頭）において認識されていた問題点とその後の経緯を対比することにより，アジア諸国の経済・金融システムが依然抱える問題点を浮き彫りにしようと言う意図によるものである。以下，本稿で取り上げた各点について，その後の議論を踏まえつつ，①危機の発生・拡大の要因，②アジア諸国が引き続き抱える経済上の問題，の2つの側面から簡単にその後の状況をまとめることとしたい。

　まず，アジア諸国で危機が発生・拡大するに至った要因についてであるが，本稿の冒頭部分で取り上げたように，全要素生産性の低下を主な原因とする説は通説とはなっていない。これについては，提唱者であるクルーグマン本人が「自分は90％間違っていたが，他の人間は全員150％間違っていた」と述べている通り（Krugman, 1998）[注1]である。この点，要因についてのその後の議論を整理すると，①IMFの対応や②国際金融システムの問題などの外部要因に求めるもの，③急速な自由化やコーポレート・ガバナンスの不備など，アジア諸国自身の内部的な要因を重視するもの，の2つに大きく立場が分かれる。

　①のような外部要因を重視する立場の嚆矢となったのがジェフリー・サックスである。本文にも触れたとおり，サックスは1998年初めというかなり早い段階から，危機発生直後のIMFによる緊縮的なアプローチ，特に預金保険機構が未整備なままでの経営不振の金融機関の拙速な閉鎖が危機を招いたと主張していた[注2]。タイにおけるファイナンス・カンパニー58社の閉鎖（1997年7，8月）やインドネシアにおける経営不振の16銀行の閉鎖（1997年10月）といったIMF主導の政策が国内金融市場を萎縮させて外国

人を中心とする投資家の信任の急低下を招くと共に，金融システムの傷を広げたとサックスは主張している。特に，IMFによる緊急融資の条件（いわゆるコンディショナリティ）としての財政面での緊縮政策や経営不振の金融機関の閉鎖については，支援対象国や外部からの批判が現在も多い。(注3)この点，IMF自身も見直しの方向を示しているが，現在までのところ，抜本的な改革が行われたものとは評価しがたい。

また，②の国際金融システムの構造問題については，短期的な投機資金が危機を拡大したとして，危機直後から日本政府がG7や先進国首脳会議といった国際的な場で強力にこの問題を取り上げてきた経緯がある。(注4)当初，他の先進国の対応は比較的冷淡であったが，1998年夏のロシア危機などを経て，国際的にもこの問題は大きく取り上げられるに至った。しかし，2000年以降，危機の際のアジア通貨売りの主役であったグローバル・マクロ型のヘッジファンドの運用が，各国当局からの規制による銀行からの与信縮小や運用の失敗により著しく縮小するに至り，(注5)この問題の重要性は薄れた感がある。

次に，③のアジア諸国自身の国内問題についてであるが，こちらを重視する立場の方が数量的には多い。本稿もこの立場をとっているが，世界銀行やIMFといった国際機関，エコノミストの多くもこの立場である。(注6)内容については若干の差異があるものの，基本的には，経済成長を急ぐあまり，コーポレート・ガバナンスや金融システムのセーフティネット，監督体制といった制度面の整備が遅れ，これが危機を拡大する要因となったとの点では概ね共通している。

本稿で行ったようなこのようなアジア危機の要因に関する議論は，1999年以降，アジア経済が急速な回復を示す中で再度下火になった感がある。しかし，1999年から始まった景気回復が2001年に入って再度下落に転じた過程を見る限り，アジア諸国自身の国内問題を解決することの重要性が再確認された感がある。

図表1に1999年以降のアジア諸国の実質GDP成長率を示すが，2000年後半から2001年にかけて米国景気の減速などでアジア諸国の景気が落ち込

図表1　アジア諸国・地域の実質GDP成長率の推移

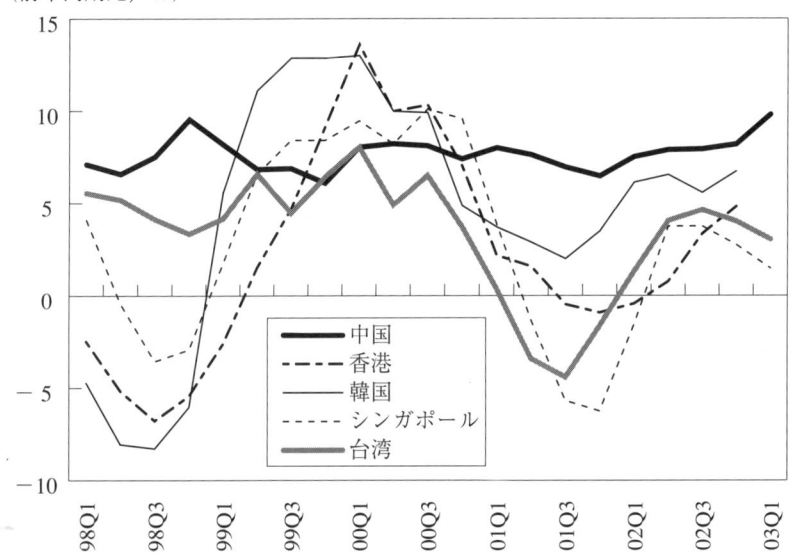

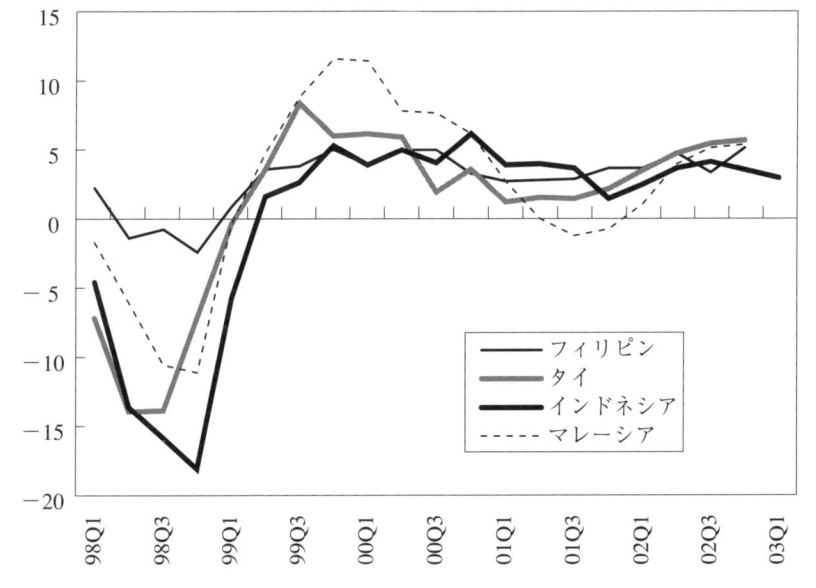

(前年同期比, ％)

（出所）各国政府・地域統計

図表2　銀行与信の対GDP比の推移

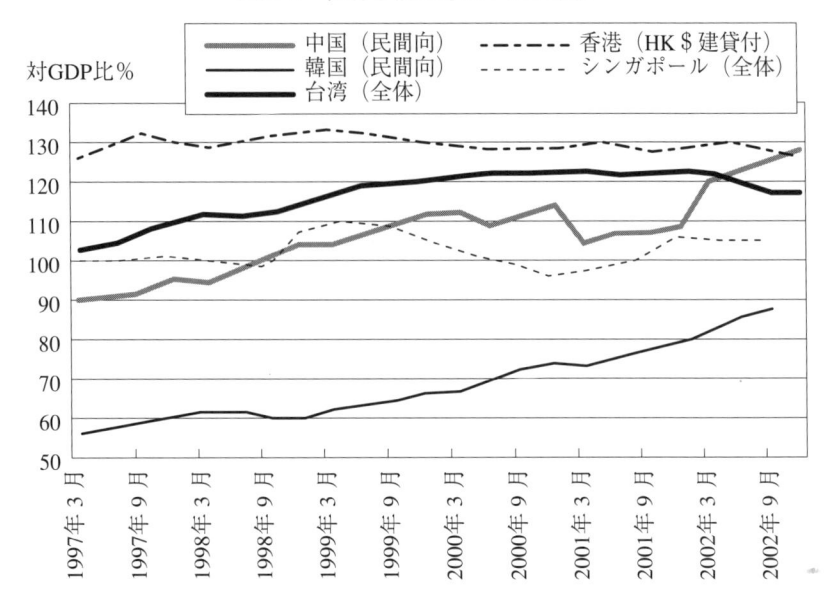

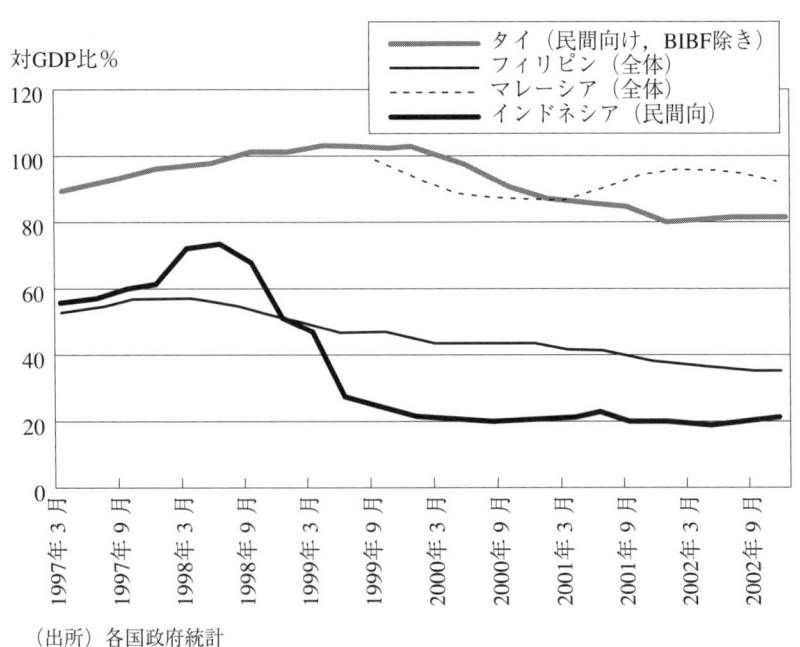

凡例（上図）：中国（民間向）、香港（HK＄建貸付）、韓国（民間向）、シンガポール（全体）、台湾（全体）

凡例（下図）：タイ（民間向け，BIBF除き）、フィリピン（全体）、マレーシア（全体）、インドネシア（民間向）

（出所）各国政府統計

んでいる。項目別に見ると，全体の経済成長率よりも早いペースで内需，特に民間消費が落ち込んでいる。危機で特に大きな影響を受けた4カ国（タイ・インドネシア・韓国・マレーシア）の内，最も民間消費が堅調に推移しているのが韓国であるが，これは韓国で，危機後の「構造改革」がもっとも順調に進んだことと関係していると思われる。例えば，商業銀行の与信残高のGDPに対する比率を見ると，韓国以外の3カ国では危機後対前年比マイナス，ないしは横ばいが続いている中，韓国では2001年以降商業銀行の与信は急回復傾向を示しており，特に家計向け融資の増加が民間消費の増加につながって景気を支えている。一方で，タイ，インドネシア，マレーシアでは依然金融システムの不良再建問題やその背景にある経営不振の民間企業の再建問題は難航しており，外需が減速する中，改めて景気の抑制要因として注目を集めた。

このため，2001年に入り，不良債権処理問題の処理を巡って新たな動きが見られた。タイでは2001年2月に発足したタクシン政権がTAMCと呼ばれる不良債権買取機構を新たに発足させており（2001年7月），マレーシアではレノン・グループやマレーシア航空など，政府と密接な関係を持つ経営不振企業について新たな対応がとられつつある（2001年10月～）。また，政治の混乱で対応が遅れていたインドネシアでも，メガワティ新政権になって，一時国有化中の民間銀行の売却手続きが本格化するといった進展が見られる。

また，2001年にアジア諸国・地域の景気が外需主導で急減速したり，2003年になってSARSによる輸出への影響が懸念される背景として，危機後に各国の外需依存度が高まっていたことも見逃せない。図表3に4カ国の輸出／GDP比率を示すが，インドネシアを除き，各国とも危機後に外需依存度が大きく上昇している。これは，危機以前に各国が取ってきた輸出志向の工業化政策が成功した結果であるとも言える一方で，危機の結果，経済構造が更に外的ショックに対し脆弱になったとも評価できる。この点，直接投資対象としての中国の地位が最近急速に高まっており，主要ASEAN諸国の合計を上回る水準に達していることなどを考えると（図表4），輸出志向の工業化と外資誘致という産業政策そのものの再検討の必

図表3　各国の輸出依存度の推移

韓国
（実質ベース）

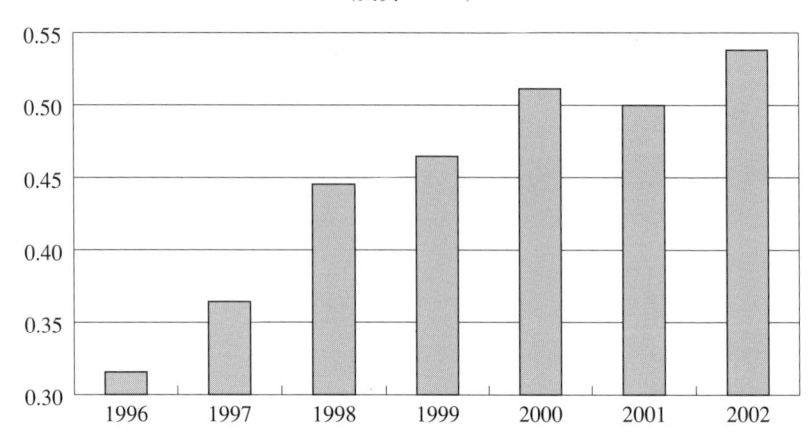

タイ
（実質ベース）

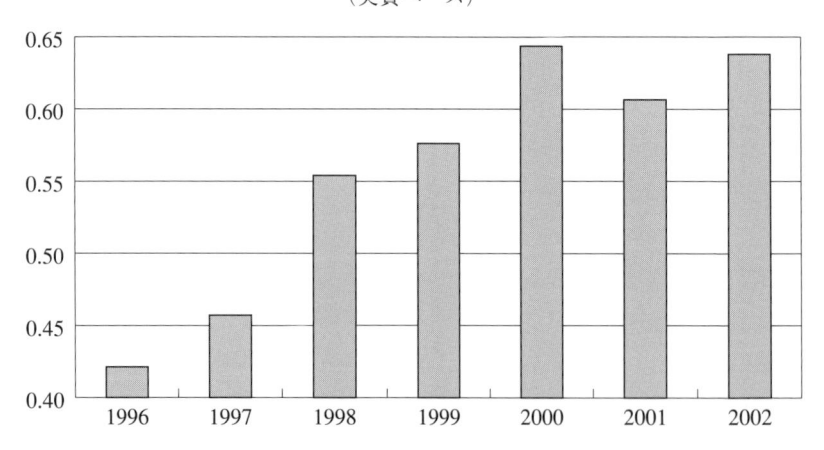

要性が高まっている。タイのタクシン政権が最近唱えている"Double Track Policy"などは、このような政策再検討の一環として捉えられよう。[注9]

以上、本稿発表後の議論やアジア経済の最近の状況について簡単に概説したが、1990年代前半のアジア諸国の高成長から1997年の危機、そして最

マレーシア
(実質ベース)

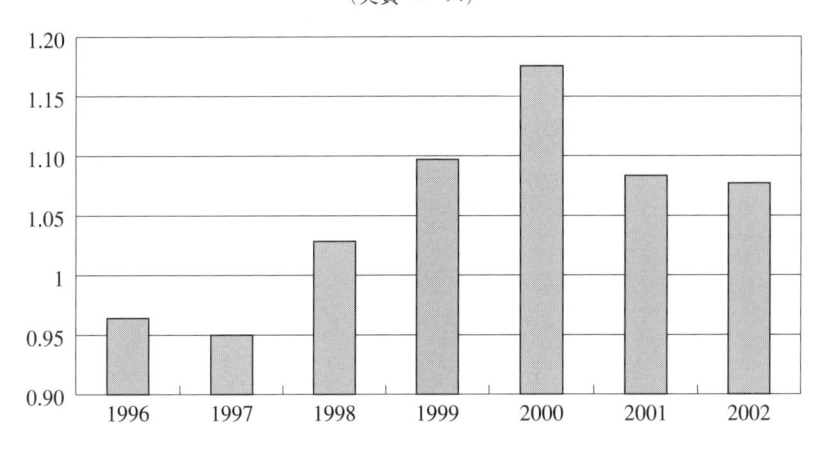

年	値
1996	0.965
1997	0.95
1998	1.03
1999	1.098
2000	1.175
2001	1.085
2002	1.078

タイ
(実質ベース)

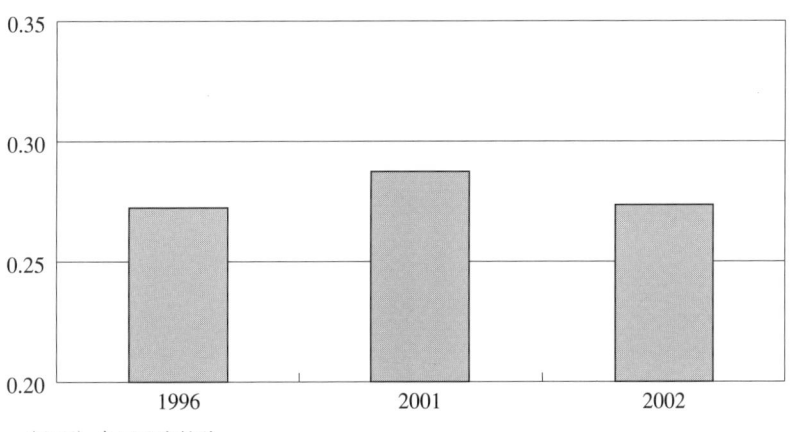

年	値
1996	0.272
2001	0.289
2002	0.274

(出所) 各国政府統計

　近に至るまでの経緯を見る限り，アジア諸国の経済の動向については，危機による経済成長率の落ち込みやその後の輸出主導による急回復といった表面的な結果から経済のパフォーマンスを判断するのではなく，その構造的な要因に注目して分析を行うことが重要であると思量される。特に金融

図表4　アジア諸国・地域の直接投資受け入れ状況の推移（認可額ベース）

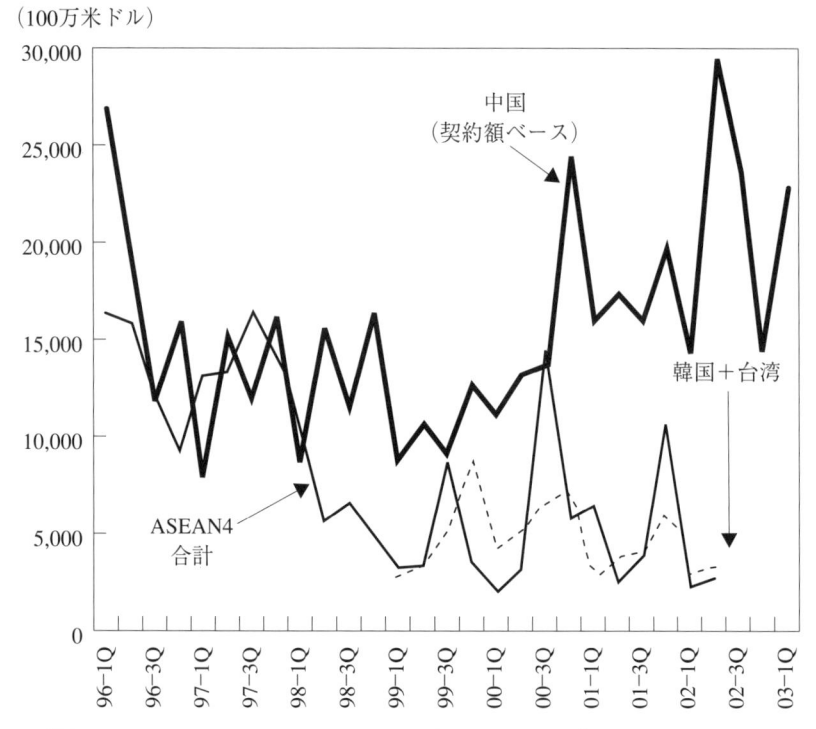

(100万米ドル)

（注）ASEAN4＝マレーシア，タイ，インドネシア，フィリピン
（出所）各国・地域政府統計

システムについては，韓国を除いては危機によるダメージが依然残る中，その機能回復と今後のあり方についての検討が再度必要となろう。

参考文献

Kurugman, Paul, *Will Asia Bounce Back?*, speech at a seminar held by Credit Suisse First Boston in Hong Kong, March 1998

Ramli, Rizal, *IMF Malpractice*, Asian Wall Street Journal, Jan. 15, 2002.

International Monetary Fund, *IMF-supported Programs in Indonesia, Korea and Thailand: A preliminary Assessment*, 1999

―, *Article IV Consultation Report for Korea*, 2002

Stiglitz, Joseph E. and Yusuf, Shahid ed., , *Rethinking the East Asian Miracle*", World Bank, 2001

World Bank, The Road to Recovery, Oxford University Press, 1998

佐野鉄司,「問題先送り型の対策で景気浮揚を狙うタクシン政権」,(「アジア経済」2001年4月号),野村総合研究所,2001年

中井浩之,「債券市場の混乱をどう考えるか」,(「アジア経済」2003年5月号),野村総合研究所,2003年

原田泰,「タイ経済入門 第2版」,日本評論社,1998年

注

（1） World Bank（1998）の Chapter 1, Box 1.1 なども同旨。
（2） 本文参照文献の Sachs（1998）に同じ
（3） 最近の例としては Ramli（2002）など。Rizal Ramli 氏は前インドネシア政府経済担当調整相。
（4） 主要な関連文書については,日本国財務省（旧大蔵省）によるホームページ内に公表されている。
（5） ジュリアン・ロバートソン率いるタイガー・ファンドは2000年1月に解散を決定した他,ジョージ・ソロス氏のファンド類もかなり規模を縮小したと報じられている。
（6） 国際機関によるものとしては,World Bank（1998）やその続編に当たるStiglitz and Yusuf（2001）, IMF（1999）などがある。日本語文献では原田（1998）など。
（7） IMF（2002）参照（IMFホームページより要約が入手可能）。なお,Moody's, S&P といった格付会社も同様の見解を示している。
（8） ただし,最近では家計向け与信の急速な積み上がりによる不良化が懸念されている。中井（2003）参照。
（9） 内需と外需の2方向から経済成長を追求しようという戦略。タクシンの就任直後の経済政策については佐野（2001）参照。

第3章 東アジアの経済発展と危機の構造
――大企業―中小企業関係を中心とする比較分析――

金　日植

はじめに（**問題提起**）

　本研究の課題は，1997年タイ・バーツ危機から始まった東アジア諸国における通貨危機の原因を究明することである。しかしながら，その短期的ないし直接的な原因については内外の著名な学者たちがすでに多くの論文を書き，一定の成果を得ており，かなりの問題が究明されたと思われる。そこで本稿では，研究の光がそれほど当たっていない経済発展過程における構造的な問題を，すなわち東アジア通貨危機の原因の一つである「産業構造の矛盾」を，その遠因ないし根因として取り上げる。そのさい主に，大企業と中小企業からなる経済構造のあり方の成果と問題点という関心から接近するつもりである。

　1960年代以後，アジアNIEsは年率10％の華々しい経済成長を記録し，1990年代後半には韓国が先進国の列に入るようになった。ラテンアメリカ諸国の経済不振の中でも，ASEAN諸国と中国がその後を追い，東アジア経済圏は「世界経済成長のセンター」と言われるなど，去る40年間は話題の連続であった。こうした経済発展は「アジア的経済発展型モデル」と呼ばれているが，開発経済学に照らしていえば，それは「外資導入・輸出指向」型発展に集約することができよう。つまり，資本と技術（原料・中間財を含む）は世界市場（海外）からの供与に依存し，ただ労働力は自国の農村社会からの「離脱」（押し出し）で賄い，できあがった製品は世界市場を「はけ口」として輸出するという開発パターンである。

　歴史的にみると，若干の差はあるものの，日本がその先頭に立ち，

第3章 東アジアの経済発展と危機の構造

NIEs（香港・台湾・シンガポール・韓国）がそれを追い，その後をさらにASEANや中国が追う形になっている。その意味で，いわゆる「雁行形態的発展」説がアジア的経済発展モデルとして説得力あるものとみられた。ところがアジア的経済発展モデルの全盛期はそう長くはなかった。1997年7月に突発したタイ・バーツの暴落を契機に，東アジア経済は一気に通貨危機の深い淵に陥り，早くも限界を露呈した。これまでの繁栄の軸だった高輸出・高成長の東アジア・モデルが一気に覆され，「成長の矛盾」という様相を色濃く帯びてきたのである。

東アジア地域は，これまで様々な問題を内包しながらも，大きな問題を起こすことなく経済発展を果たしてきた。ところが今日に至って東アジアがラテンアメリカのように世界から問題視されつつあるのはなぜか。「アジア的経済発展モデル」にはいかなる問題が内包されており，またそれは今回の経済危機とどのように関係しているのか。この問題を考察するため，とりあえずタイ，マレーシア，韓国，台湾を対象にして検討してみる。この4か国は，同じ経済危機に置かれたにもかかわらず，その過程や結果があまりにも対照的だからである。そののち，さらに韓国と台湾に焦点を合わせる。

分析の中心は次のことである。「アジア的経済発展モデル」はなぜこの時期（97年7月）に至って各国ごとに「通貨危機」を招き，「世界の成長センター」としての地位を失ったのか。「通貨危機」が台風のようにアジア地域を荒らし回るなかでも，なぜ台湾とマレーシアはさほど影響を受けなかったのか。台湾とマレーシア経済は他のアジア諸国，特に韓国やタイ経済といかに異なっていたか。さらに，台湾とマレーシアの間には相違はあるのであろうか。最後に，できれば，アジア地域経済の新たな発展モデルはないのかについて検討を試みる。

1 東アジアの経済発展と通貨危機の再検討

タイに始まった東アジアの通貨危機は，この地域の経済に大きな影響を与え，東アジアは自由化推進のために金融制度改革や透明性を強く要求さ

表1 東アジア諸国の経済成長率

(単位:％)

年	韓国	台湾	香港	シンガポール	タイ	マレーシア	インドネシア	フィリピン
1995	8.9	6.4	8.9	8.1	8.8	9.8	8.2	4.7
1996	6.8	6.1	7.1	7.5	5.5	10.0	7.8	5.8
1997	5.1	6.7	5.5	−0.4	−0.4	7.3	4.7	5.2
1998	−6.7	4.6	−5.8	9.3	−10.2	−7.4	−13.1	−0.6
1999	10.9	5.4	−1.0	5.4	3.3	5.8	0.8	3.3

(資料) 韓国統計庁『国際統計年鑑』2001年。

れる一方,外資依存型成長路線それ自体を問題とする主張すら現れるようになった。そこで本節では,まず東アジア通貨危機を再検討し,その中に潜んでいる何らかの相違点を探ってみる。これが本論文の本質的な問題接近の土台となる。

(1) 東アジアの通貨危機

　周知のように,1997年7月2日のタイ・バーツ変動相場制移行から始まった通貨危機は,実物経済の混乱を伴いながら,マレーシアやインドネシアなどへと伝染していった。その後,10月の香港ドルへの投機筋による攻撃を経て,11月には世界第11位のGDPを誇っていた韓国にまで波及し,その影響が日本にまで及ぶのではないかと心配された。結局,タイ・韓国・インドネシアがIMFへの救済融資を正式要請せざるをえなくなるまで危機は拡大していった。

　しかし,東アジア地域における通貨危機は,その発生前から経済構造的に前兆が現れていたといえる。まず,表1と『世界経済白書』から主要国の経済状況を検討してみると,1980年代に続いて1990年代にも高い成長を続けてきた東アジア諸国経済が停滞色を強めたのは,1996年になってからである。日本の経済企画庁による『世界経済白書』平成8年版は,96年のアジアNIEsの経済成長は「内外需とも減速傾向」にあり,特に輸出が急

落していること，またASEANも減速しているとしていた。東アジアNIEs をはじめ，ASEAN地域においても，すでに経済成長は減速過程に入っていたのである。

まず東アジア通貨危機の発生に関する先行研究を整理してみると，複合的な要因が指摘されている。巨額の経常収支赤字と割高な為替レートによる競争力の低下（日本貿易振興会［1998］），底の浅い経済構造（Norman［1999］，西口・西澤［2000］），脆弱な金融システム（東京三菱銀行調査部［1999］，Krugman［1999］），経済規模に比して行き過ぎた金融自由化（上川［2000］，張［2000］），短期外資の非効率的な利用と生産性の構造的問題点（World Bank［1998］，Krugman［1999］）などである。しかし，これらの要因は単独では危機の原因を説明できない。それらは相互に密接に関連しており，為替・金融・財政・産業構造などにかかわる経済政策の整合性もさらに検討する必要がある。

上記の通貨危機の原因説をできる限り大きく分けてみると，(1)国際的な短期資本の移動，投機行為説と(2)経済のファンダメンタルズの悪化に原因を求める説の2つに絞られる。投機的な短期資本の急激な移動原因説は，ある意味で結果論的な側面が強い。たしかにタイ・バーツに関しては，危機の引き金にヘッジ・ファンドの動きが関与していたようである。しかし，いかに資金量が大きいといっても，単独の投資家が通貨危機を引き起こすことはあり得ない。ただし，ヘッジ・ファンドを運用する投資家がある地域の経済状況をきわめて危ないと認識して資金を引き揚げるという行為が，他の投資家の投資行動に影響を及ぼして一つの大きな国際資金の流れを作り，通貨危機の「引き金」になる可能性は十分にあり得る。ところが，このような動きは，実物経済における矛盾を流動性の危機として顕在化させたにすぎない。長期的にみると，流動性不足問題は通貨危機の契機にはなっても，構造的な原因とはいえないであろう。メキシコにおける国際資本の急激な離脱もこの脈絡と類似している。ある地域が危ないと認識され，その地域から国際短期資金が急激な離脱をみせたとする。この時点で，すでに国際短期資金の離脱には何らかの経済的な根拠があったのであり，ヘッジ・ファンドのような国際短期資本の行動が根拠を作り出しているわけ

ではない。したがって東アジア通貨危機においても、ヘッジ・ファンドの行動が結果的に目立ったかもしれないが、その根拠にはならないと考えられる。

タイに始まった通貨危機が、経済成長の過程で必然的に発生した「流動性不足」の問題であったことは争いえない。つまり、東アジアの金融自由化のもとで生じた巨大な短期資本の流入が1997年に入って一気に逆流したことに始まる流動性不足の問題であった、という結果についてはまず異論はない。逆にいえば、巨大な短期資金の流入さえ適当にコントロールできたとすれば、こうした問題は生じなかったともいえよう。そうだとすると、考えなければならないのは、(1)なぜ1990年代に入ってからタイなどにおいて国際短期資本の流入が急激に増加し、その後なぜ急激に流出したのか、(2)東アジア諸国において通貨危機に対する反応がそれぞれ異なった理由は何か、(3)危機の程度は国ごとに異なったが、それと経済産業構造の差異はどう関連しているか、という疑問である。

通貨危機の発生と経過

まず資本の流入をみると、韓国、インドネシア、マレーシア、フィリピン、タイの5か国だけで2110億ドルの海外資金が1994年〜96年の間に流入し、これらの国々にバブル経済を引き起こしたことはよく知られている。表2および『2001年度韓国国際統計年鑑』によると、そのうちタイへの民間資本流入は90年代に入ってから急増し、92年を除くと毎年100億ドル以上の民間資本が流入している。特に94年から96年の3年間には510億ドルの民間資本が流入した。この資本流入金額は、91年から97年までの経常収支赤字をファイナンスしても余るほどの巨額であるが、流入したほとんどの民間資本は間接投資であり、直接投資は36億ドルで5.62％にすぎない。この直接投資の比重は、マレーシアの67.20％、インドネシアの33.8％より非常に低い。韓国の純直接投資は－8.47％で流入より流出が大きい。一方、1990年〜95年期間中における資本収支に対する証券投資（純）の比率をみると、韓国が76％で非常に高いが、インドネシアとタイは10％前後で比較的に安定している。マレーシアだけが－10.3％で、投機的なブームが起き

表2　東アジア諸国の資本収支構成比較（1990～95平均）

（資本収支＝100％）

	直接投資*	証券投資*	短期資本	長期資本	短期外債／総外債
韓国	−8.47	76.34	24.35	7.77	58.2（1999年末）
インドネシア	33.85	10.84	33.79	17.46	23.1（1993年末）
マレーシア	67.20	−10.29	34.56	8.76	29.3（1993年末）
フィリピン	19.70	23.38	11.85	45.06	16.1（1995年末）
タイ	5.62	13.32	56.61	24.46	45.1（1995年末）

（注）マレーシアの直接投資と証券投資は1990～94年平均であり，インドネシアの証券投資も1990～94年平均である。また＊は純投資を意味する。
（資料）IMF, *International Financial Statistics Year Book, 2000*.

ていないのが興味深い。

　World Bank（1997）は，エマージング・マーケットへの資本流出入を決定する要因として，ファンダメンタルズのような国内要因を強調している。すなわち，高いGDP対比投資比率，低い物価上昇率，安定した実質為替レートなどのファンダメンタルズが堅調な国ほど，GDP対比資本輸入規模が大きいとされている。また，資本流入のうち大きな比重を占めている直接投資は国際金利よりも国内経済基礎条件（ファンダメンタルズ）に強く影響されるのに対し，ポートフォリオ投資は金利に敏感に反応しているという。実際に，タイでの高金利政策と韓国の高い投資率は，政策当局が望んだとおりに巨額の民間資本流入を呼び起こした。当時（1996年），東アジア諸国における金利は，マレーシアの19.2％と台湾の5.9％を除き，ほとんどが10％前後とひじょうに高かった。これに対し，日本と米国はそれぞれ2.7％，8.3％であった。

　このように，高金利や経済基礎条件による資本流入の説明は，それなりの説得力をもっている。この流入資本が国内貨幣に転化されれば（不胎化が不十分であれば），国内通貨の増発となる。実際に，タイと韓国ではインフレ率が高まった。不胎化政策が不十分な中で，1990年代に通貨供給の急増が起きたのである。

国際資本移動と東アジア経済

　東アジア経済発展の原理的問題は，国際資本の激しい移動だけではなく，資本の流入のための途上国の経済的な誘引性の問題である。多くの開発途上国において経済成長の制約要因は，人的資源，技術，市場，資本のうち，資本が特に大きい。初期発展段階において人的資源はそれほど決定的ではないし，技術も先進国からの導入が容易であることが前提とされるからである。しかし，市場と資本は，冷戦体制という条件に強く規定された。市場は，GATTの自由貿易主義体制のもとにあり，輸出できるものさえあれば先進国によって提供された。戦後まもなくのヨーロッパ諸国に対する米国の市場と資本の提供，その後の途上国に対する米・日・欧の市場提供がそれである。

　これに対して資本の供給問題は，他の要素とは異なり，冷戦体制のもとでその大部分が国際資本市場のメカニズムとは無縁ないわば非市場的要因の影響下で供給された。国際資本供給は，米国の政策的な援助に始まり，1970年代前半からは国際銀行群を中心とする運営に移って，市場のメカニズムに従うようになった。それは開発途上国における急速な経済発展と矛盾の始まりであった。すなわち，1950年代から60年代にかけての資本供給は軍事援助と直接投資の形でなされ，60年代後半にはこの二者が停滞する一方で輸出信用が補完的に台頭するという構図になってきた。直接投資の中心も資源開発目的のもの，具体的には石油など地下資源の独占をめざす多国籍企業の戦略に従うものであり，最初から途上国の経済産業構造とはかけ離れたものであった。[注4]

　その後1970年代から80年代にかけて，国際資本移動は国際銀行群を中心とする，より市場的なものとなった。こうした国際的な資本の形成と移動の背景は，資源の供給制約と先進国の民間需要の急激な減少であった。こうして先進国（特に米国）の国内企業の長期期待収益率は低下し，企業の海外進出と金融自由化を促した。対象地域の中心はラテン・アメリカと東南アジアであり，前者ではポートフォリオ（証券）投資，後者では生産重視型の直接投資が多かった。

　東アジアの国際資本の流入は，経済発展と危機に対して決定的な役割を

第3章 東アジアの経済発展と危機の構造

演ずることになる。通貨危機は、短期的な視点からは、東アジア諸国の金融自由化と国際余剰資本の急速な発展が結びついた結果であった。東アジア諸国では、実はすでに1970年代から1980年代にかけて相当踏み込んだ金融規制の緩和が実施された。1970年代にマレーシアが金利自由化を、インドネシアでは外国為替取引の自由化を実施し、80年代にはフィリピンが国内金融部門で包括的な金融自由化政策を実施した。しかしこれらの金融規制緩和は、直接投資を積極的に活用した輸出指向型への全面的な転換を伴って実施されたものではなかった。

むしろ輸入代替工業化政策や直接投資への警戒感が依然として色濃く残る中で、これらの金融改革は実施された。外国企業・外国資本を積極的に活用した輸出指向型工業化への転換と金融自由化政策とが一体の政策として実施されるようになったのは、1990年代に入ってからである。ここに大きな特徴がある。1970年代の金融自由化論では、資金の需要と供給はいずれも暗黙のうちに国内経済主体によるものと想定し、1990年代の金融自由化政策では、資金需給の両面で海外の経済主体が重要な役割を与えられていた。地場金融機関に加え、外国金融機関を通じて内外資金が動員され、地場企業だけでなく外国企業にも資金が仲介された。

世界経済の急速な統合が進む中で、WTO（世界貿易機関）は金融・資本市場の自由化・対外開放を推進し、米国は世界銀行と共に、エマージング・マーケット（新興市場）としてタイを含むアジア市場を強く推奨してきたといわれている。それに従うかのように、タイ中央銀行は、自国市場を国際市場と結合する金融・資本市場のグローバリゼーションを進めてきた。(注5) こうしたことを背景に、こんどは93年以来、OECD（経済協力開発機構）諸国からの資金借り入れが減少し、金利が下がると、94年のメキシコ通貨危機後にタイを含むアジア地域はエマージング・マーケットに対する信頼の低下による資金離脱を恐れ、高金利政策をとらざるをなくなった。他の東アジア諸国においても同じことがいえる。その結果、メキシコなど中南米から逃げた資本がアジアに向かい、その中でもタイに巨額な資本が流入したのである。(注6)

(2) 国際短期資本の流入と運用

　他方，民間資金の運用面からみると問題も少なくなかった。特に，タイにおける短期資本と長期資本の比率は，短期資本が56.6％で長期資本の24.5％より非常に高い。これは韓国でも同様であり，長期資本比率の7.7％より3倍以上高い24.3％が短期資本である。これは短期資本の借り入れを通じて国内に投資されたが，再生産構造内に投資されたのでなく，非製造業，すなわち不動産や株式，そして商業といった部門に資金が向かうなど非効率的に投資され，タイおよび韓国におけるバブル経済をもたらした。韓国，タイ，フィリピンでは証券投資（純）と短期資本収支の比重が非常に大きい一方，マレーシアとインドネシアでは直接投資中心の資本流入が行われていることは，東アジアの通貨危機において重要な意味を持っている。

　これらは産業生産性の低下をもたらし，輸出競争力を低下させて，恒常的な経常収支赤字をさらに巨大化し，投資家の不安感を助長した。メキシコの通貨危機を経験した国際短期資本は，従来よりもさらに敏感に反応するはずであろう。こうなると，逃げ足の早い非居住者の投資資金は，やがて流入した速度以上で国外へ流出に転じるという逆流現象が起きる。タイの場合，国際短期資本が素早く国外に逃げ出すことになり，この資本流出に対して，もはやタイ中央銀行のバーツ防衛は外貨準備（1997年の268億ドル）からみて手遅れであった。こうしてタイ・バーツは1997年7月2日に固定相場制から変動相場制に移行し，さらにその影響がマレーシアやインドネシアなどに伝染し，11月には韓国にまで波及したわけである。

　韓国経済の状況をさらに具体的にみると，通貨危機のメカニズムは基本的にタイと類似している。韓国はOECD加盟をめざして，「世界化宣言」と共に，タイの金融自由化と多少の時間差を置きつつ1993年から資本市場の開放を積極的に推進した。為替先物取引の緩和や，対外直接投資を含めた海外事業活動の支援のための海外での資金調達および投資の規制緩和を行った。こうした急速な資本市場の自由化の進展は，コントロール不能なほどに大量の海外資金流入を引き起こし，対外的ショックに対する脆弱性

を強めた。1993年から97年にかけての外貨の調達・運用額をみると，一般銀行と開発機関で2倍，総合金融会社ではほぼ3.6倍に急増している。総合金融会社は，流動性比率が非常に低く，短期で調達した資金を財閥企業へ長期で貸し付けるという非常にハイリスクな資金運用を行っていた。資本の流出入をきっかけに，通貨の下落と資産価格の下落をもたらし，それが景気の衰退と共に企業部門を経営悪化・倒産に追い込み，不良債権の増加による金融部門の不安定が加わって，クレジットクランチの状態となる。最後に経済危機の深化という図式になるが，まさにそのとおりであった。

　これを証明するかのように，1996年6月から巨額の借入金を土台に鉄鋼業をさらに拡大しようとした韓宝グループが輸出不振によって資金難に陥り，同年12月に4000億ウォン，1997年1月に1200億ウォンといった緊急支援を行ったものの結局1月末に倒産した。その後，1997年3月には特殊鋼会社である三美グループ，ついで真露グループ，さらに韓国の三大自動車会社の1つである起亜自動車が，子会社である起亜鉄鋼の資金難に連動して不渡りに追い込まれるという事態が続いた。韓国における通貨危機の前兆はこうして始まったが，その根本的な要因は，内需の減少や輸出の急減であるよりも，むしろ大企業中心の産業構造のもとでの過剰設備投資にあった。国際短期資金が巨大企業に非効率に投資され，輸出の急減と共に巨大企業に流動性不足をもたらした。銀行には不良債権として残され，銀行の不健全性を加重させた。韓国の恒常的な経常収支赤字はさらに巨大化し，投資家の不安感を増大させた。こうなれば，短期資金の動きも，タイとほぼ同じく流入から流出へと一気に変わるのはいうまでもない。この時点で，韓国中央銀行のウォン防衛も，外貨準備（1997年11月72億ドル）からみてやはり手遅れになった。

　結局，タイ・韓国・インドネシアのみがIMFへの救済融資を正式要請せざるをえなくなった。今日，韓国・タイ・インドネシアの経済状況は1997年当時よりかなり回復したものの，IMFの管理下に置かれ，経済主権を奪われていった。それとは対照的に，マレーシアや台湾は自国の経済主権を守り，それを発揮して経済回復を図ったし，台湾は通貨危機の影響がかなり軽かった。これらは非常に興味深いことである。この相違は，台湾

とマレーシアの経済構造や産業構造が，韓国・タイ・インドネシアのそれと基本的に異なるためであると考えられる。

2　東アジアの経済発展と危機構造の相違

　東アジア通貨危機は，ファンダメンタルズの脆弱性と関係なしに，すなわち実物経済を無視して「世界化戦略」に乗り，資本市場の開放を急いだ結果でもあった。しかしながら，資本市場の開放の形態がどうであれ，また流入した外資がどのような形態であれ，それは必ず経済主体に配分されなければならない。同じ外資であっても，その配分の相違によって経済状況はかなり変わってくるのであり，その意味でミクロ経済部門の分析は非常に重要である。タイと韓国，そして台湾とマレーシアがよい例である。そこで本章ではミクロ経済部門について分析を行う。

(1)　経済発展構造と危機構造の相違

　表2と表3をみると興味深いことがらが浮かび上がる。まず，韓国・タイ・インドネシアにおける短期債務／輸出の比率が非常に高く，それぞれ42.6％，49.9％，55.3％である。それと対照的に，台湾・マレーシア・フィリピンの同比率は14.2％，11.8％，18.9％と低い。これは輸出によって短期債務をどのくらい返済できるかを示し，韓国・タイ・インドネシアの返済能力は，輸出が急速に減少している中であれば，そしてメキシコの通貨危機を経験した投資家であれば，かなり危ないと考えられるであろう。また経常収支は，台湾とシンガポールを除けばほとんどが赤字であり，特にタイがGDP対比−7.9％で他の諸国より非常に高い。マレーシアは−4.9％で韓国・フィリピン並みである。しかしマレーシアの場合には，たとえ経常収支赤字が−4.9％であっても，短期債務／輸出比が11.8％で台湾より良好であったことを考えなければならない。また財政収支／GDPは国ごとにまちまちであるが，特にシンガポールが8.4％と非常に高い。その次がマレーシアで4.2％であり，韓国より非常に良好であった。マレー

表3 東アジア諸国のマクロ経済指標

(単位:%)

	経済成長率		通貨下落率	インフレ率	財政収支/GDP	経常収支/GDP	短期債務/輸出	元利支払/輸出
	1996	1997						
韓国	7.1	−5.8	−34.2	4.9	1.0	−4.9	42.6	13.0
台湾	5.6	4.8	−20.2	3.1	0.2	4.1	14.2	＊
香港	4.6	−5.1	0	6.1	＊	−3.0	7.2	＊
シンガポール	7.1	1.5	−19.5	1.4	8.4	15.5	1.3	＊
タイ	6.4	−8.0	−41.1	5.9	1.6	−7.9	49.9	7.1
マレーシア	8.6	−6.7	−39.8	3.5	4.2	−4.9	11.8	13.1
インドネシア	8.0	−15.0	−78.3	7.9	1.4	−3.4	55.3	8.2
フィリピン	5.7	−0.5	−39.8	8.4	−0.4	−4.2	18.9	9.8

(注) 通貨下落幅は1996年6月から1998年8月の下落幅(IMF方式)。元利支払/輸出は、1981年のもので、寺西重郎『経済発展と途上国負債』東京大学出版会, 1995年, P.113より。

(出所) IMF, *International Financial Statistics, World Economic Outlook 1998*, World Bank, *Global Development Finance 1998*. 韓国統計庁『国際統計年鑑』2001. などから作成。

シアの1996年の経済成長率は8.6%で韓国の7.1%より高く、インフレ率は3.5%で韓国の4.9%、タイの5.9%よりも安定していた。また表2にみるように、短期外債/総外債の比もやはりタイが45.1%、韓国は58.2%で非常に高い。これらの指標からみる限り、マクロ経済指標が非常に不安定な国はタイであり、ついでインドネシア、韓国の順である。

こうなると、逃げ足の早い非居住者の投資資金が、不安感を抱いてこの3か国から素早く離脱するのは当然ともいえる。それを裏付けるように、通貨の下落幅をみるとやはりインドネシアが−78.3%で一番激しく、次がタイの−41.1%、韓国の34.2%である。一方、台湾とシンガポールは、それぞれ−20.0%、−19.5%で他の国より非常に良好であった。

別の面からみると、台湾・中国・香港・シンガポール(華僑70%)という中華圏地域では、他の東アジア諸国に比べて通貨危機の影響がかなり薄

かった[注8]。当時，対米貿易黒字の減少は，増大する対日貿易赤字を相殺するための代替市場を十分な形で持たない韓国のような国にとって，特に深刻であった。中華圏地域はそれとは対照的に，対米貿易黒字の維持に成功しただけでなく，成長する中国大陸の産業に投入することによって売り上げを逆に顕著に増加させた。これが一つの理由であろう。

また，韓国の外資は主として借款の形態で導入されたが，タイ・マレーシア・インドネシアなどでは直接投資形式で導入された。その中でもタイは，証券投資など間接投資形式の比重が他より高かったという特徴を持っている。

東アジア諸国は，高度経済成長のために資本，技術，市場を先進国に大きく依存している。特に資本の依存は技術と共に大きく，1980年代後半から急速に増加した海外資本流入は，自国通貨を過大評価させ，経常収支悪化の重要な要因として作用した[注9]。急激な資本流入は，短期的には実質為替レートを急激に引き上げるというオーバー・シューティング（overshooting）現象を発生させ，長期的には輸出競争力を低下させて，経常収支を悪化させる。巨大な短期資本の流入にともなう経常収支悪化によって巨大な債務が残ると予想できる。ファンダメンタルズ・モデルを借りれば，ファンダメンタルズが悪化を続けることが前提（為替切り下げは不可避）とされ，外貨準備高が枯渇する時点から逆算してどれだけ前の時点で投機が起きるのかが焦点となる。ここでヘッジ・ファンドの行動が問題となるであろう。

東アジアの通貨危機が急激な国際短期資本の流入によるものであったとすれば，ここに興味深い事実がある。表2をもとに簡単な回帰分析を行ってみると，外資導入形態によって通貨危機のありように相違が存在している。1990年代初から急激に流入した外資は，証券投資などポートフォリオ投資と直接投資とに大きく分かれる。資本取引と経常収支の因果関係を分析してみると，資本自由化が始まって以降，韓国とタイでは資本取引が経常収支に有意な影響を与えている。すなわち，1990年から1997年までの実質実効為替レートと証券投資・直接投資とを回帰してみると，韓国の場合，直接投資→為替レートの決定係数（R^2）が0.44，証券投資との決定係数は

表4　東アジア主要国の実質実効為替レート

(単位：1990＝100)

	1990	1991	1992	1993	1994	1995	1996	1997
インドネシア	100	100	99.6	101.5	100.3	98.7	103.5	107.6
マレーシア	100	98.8	106.4	109.5	106.3	106.1	111.2	117.8
フィリピン	100	97	105.7	97.4	104.3	103.4	114.7	119.1
韓国	100	96.9	88.4	85.8	84.1	85.5	88.1	86.8
タイ	100	102.3	98.7	100.1	99.5	97.7	105.6	109.2

(注) 実質実効為替レートの上昇は自国貨幣価値の下落を意味する。
(資料) JP Morgan

台湾の実質為替レート

(単位：台湾元)

年度	1991	1992	1993	1994	1995	1996	1997	1998
台湾	28.68	26.54	27.83	27.5	27.31	28.25	29.95	34.9

(注) 米国の小売物価指数で計算した。
(資料) 台湾経済研究所『台湾総覧』2001年，韓国統計庁『国際統計年鑑』2001年。

0.51で，証券投資からの影響がより大きい。タイでは直接投資0.42，証券投資0.06となっているが，1993年以来急増した証券投資よりも，90年台初めから持続的かつ巨大に流入した直接投資により強く影響を受けたとみられよう。総資本流入に対する為替レートの反応はマレーシアの0.03に対し，タイは0.38と大きく反応している。証券投資が急速に増加したのは1993年からであり，長期間にわたる直接投資の影響に飲み込まれたといえよう。一方マレーシアでは，直接投資の影響（R^2）は0.52，証券投資のそれは0.01であった。つまり直接投資への反応が証券投資のそれに比べて大きい。マレーシアの場合には外資のほとんどが純直接投資によって構成され，純証券投資はほとんどマイナスになっている。台湾も直接投資の影響（R^2）は0.86，証券投資のそれが0.23で，直接投資の動きが為替レートに大きく影響を与えている。台湾の場合には対外直接投資が対内のそれを大きく超えており，対内証券投資は韓国に比べると非常に低い。

表4をみると，マレーシアと台湾の為替レートは比較的に安定的であり，実質実効為替レートも韓国・タイに比べて過小評価されている。これと対照的に，韓国とタイにおいては証券投資（純）と短期資本流入がより大きく為替レートに影響を与え，マレーシア・台湾に比べると割高になっている。特に韓国の場合，1990年代に入ってからほとんどウォンは過大評価である。それは経常収支に影響を与え，その巨大な赤字は資本収支によってファイナンスされた。直接投資中心の外資流入よりも証券投資など短期資本の急激な流入は，為替レートの変動に与える影響が大きく，また米ドルに対して過大評価される傾向が強い。台湾とマレーシアの為替レートが比較的に割安の状態で維持（輸出競争力強化）されているのに対し，韓国とタイは過大評価される場合が多く，輸出競争力の弱化が巨大な経常収支の赤字をもたらしたと思われる。同時に生産力増加をともなわない証券投資の急増は高いインフレをもたらす。台湾・マレーシアは為替レート，経常収支，資本収支とも安定していた。

問題は，韓国とタイにおいてなぜこのように国際短期資本の流入が多かったかである。韓国とタイは相対的に大企業中心の産業構造であり，台湾とマレーシアはどちらかというと中小企業中心の産業構造をもつといえる。このことと通貨危機とは無縁ではないと考える。というのは，後述するように大企業を中心とする外資導入の場合，投資に対する収益性と回収までの期間，市場と技術導入などをめぐる様々な問題から，国際経済環境の変化に対して脆弱性をもつからである。

韓国と台湾の産業構造はよく知られているが，タイとマレーシアはそれほど知られていないため，多少の異論があるかもしれない。この点に関して，タイは一般的に大企業中心の産業で構成され，それが主に多国籍企業によって担われているとされ，マレーシアはどちらかというと中小企業中心であるといえる。マレーシアの巨大産業は主に原住民によって占められているが，中小企業群は華僑系によって構成される場合が多い。社会階層構成が大企業—中小企業という経済の二重構造として現れた点で，台湾と類似しているといってよい。[注10] 表5により，タイとマレーシアにおける大企業（雇用500人以上を大企業とする）のウエイトをみると，雇用ではタイ

表5　タイとマレーシアにおける従業員規模別企業比率の変化

(単位：%)

	年度	タイ		マレーシア			マレーシア①	
		1986	1996	1981	1993		1981	1993
企業数	19人以下	85.5	75.7	77.0	68.7	K/L	0.4	0.3
	20～99人	11.0	17.2	17.7	20.7		0.9	0.7
	100～499人	2.9	5.9	4.5	8.7		1.4	1.2
	500人以上	0.6	1.2	0.8	1.9		1.0	1.1
(件)	合計	36,913	92,095	20,429	23,462			
雇用数	19人以下	18.9	12.1	14.8	7.5	Y/k	1.4	1.9
	20～99人	20.9	19.5	26.4	18.0		1.0	1.2
	100～499人	28.4	32.2	30.5	32.4		0.8	0.9
	500人以上	31.8	36.2	28.3	42.1		1.2	1.0
(1,000人)	合計	783	3,438	579	1,267			
付加価値額	19人以下	N.A.	N.A.	8.3	3.7	Y/L	0.6	0.5
	20～99人			22.9	14.2		0.9	0.8
	100～499人			34.4	33.3		1.1	1.0
	500人以上			34.4	48.8		1.2	1.2
	合計			4,878	44,026			

(注) マレーシア①において，Kは固定資産，Lは従業員数，Yは付加価値のシェアを表す。
(資料) さくら総合経済研究所環太平洋研究センター〔1999〕，P.73。

で36.2%（1996年），マレーシアで42.1%（1993年），企業数ではタイ1.2%（同），マレーシア1.9%（同）であり，マレーシアの方が比較的に大企業中心のようにみえる。しかし，20～499人の企業数は，マレーシアの方がタイよりはるかに多い。タイ（1996年）が23.1%であるのに対し，マレーシア（1993年）は29.4%である。つまり，タイでは大企業と零細企業に極端に分かれているのに対して，マレーシアでは中小企業の層が比較的に厚いともいいうる。また中小企業支援政策においてもマレーシアの方が進んでいる。タイでは1970年代まで中小企業は忘れられた存在のようであったといわれる。[注11]

この経済構造の相違のためか，1997年7月からの通貨危機が東アジア諸国へと急激に伝染したとき，特に台湾とマレーシアの金融政策は韓国やタイ・インドネシアなどとは異なるものであった。たとえば，マレーシアは経済回復のために他の諸国とは異なる独自の資本取引規制政策を果敢に採用した（98年9月）。通貨危機の影響を最も強く受けた諸国（タイ・インドネシア・韓国・マレーシア）の中で，マレーシアのみがIMFからの融資とその「主流」的な国際処方箋を拒絶し，のちに選択的為替管理政策と自国通貨リンギの米ドルへの固定相場制（1米ドル＝3.8リンギ）を柱とする「非主流」的な国際資本取引規制を導入したのである(注12)。こうしたマレーシア独自の経済政策は，当時としては「非主流」的な金融政策とされ，多くの論調は非常に批判的であった。その理由は，「短期資本移動の問題に対して規制による対策が行われる傾向があるが，その対応は投資家・企業の信頼を失わせ，危機の状況をいっそう悪化させる」という懸念があったからである(注13)。つまり，事後的な資本取引規制強化は，その国の市場から離れ始めた投資家をますます遠ざけることになり，資本流出に拍車をかけるだけであると論じられたが，その後の経過は非常に興味深い。

　マレーシアは，直接投資に対しては新たに規制を加えず，短期資本を対象に規制を導入した。ところが規制導入後，実際には直接投資の流入は減少をみせ，対照的に短期資本（証券投資）の流入が大幅に増加したのである。資本取引規制政策により短期資本の海外への離脱は加速されるだろうとの心配とは裏腹に，むしろ急激に流入した。この理由としてマレーシア経済研究所は，マレーシアのみが固定相場制を採用していて為替リスクがないため投資対象国として選択されたこと，リンギの減価などを挙げている(注14)。しかし直接投資や短期資本の回帰は，単に台湾やマレーシアのみに現れた現象ではない。

　表1の統計をみると，1998年以後，タイ・マレーシア・インドネシア・韓国などの国々において経済状況は力強い回復をみせた。回復の動力は主に製造業の成長であり，中でも輸出型の製造業，とりわけ電気・電子産業の成長が大きく貢献した。各国とも，輸出の伸び率が輸入の伸び率を大きく上回り，貿易出超額が急拡大して，経常収支黒字の経済構造を作り上げ

た。もちろん輸入が極端に抑えられているからという面もあるが，著しい輸出の伸びがなかったならば早期の回復は実現しなかったであろう。

　台湾についても同じことがいえる。台湾で他の諸国のような流動性危機が発生しなかったのは，資金余剰の経済であり，また短期資本流入および資本勘定に対する取引規制が厳しいからであった(注15)。特に短期資本流入と資本勘定に対する取引規制は，東アジアを発端として世界各地へ波及していった金融危機の中で被害の小さかった中国大陸，南米チリに共通する特徴である。

　このように見る限り，直接投資や短期資本の離脱と回帰，そして実物部門の回復は，単に為替制度の固定相場制あるいは管理変動相場制への切り替えといった政策の問題だけでなく，国ごとの経済構造の相違から理解することも可能である。その意味で，マレーシアや台湾の事例——その「非主流的」な為替政策と産業構造の特徴——がわれわれに示唆するものは大きい。

　P. クルーグマンが，通貨危機は先進国・後進国を問わず構造的な問題があればいつでも起きうるものであるといったように，1990年代から本格化した通貨危機の問題は，経済構造要因にもとづく部分がより大きいといえる。もし金融の未熟が主因であれば，「主流」的な金融構造と運営を有するヨーロッパでの1992年の通貨危機は生じなかったはずであろう。

　実物経済の脆弱性を無視して行き過ぎた金融自由化が問題であったならば，先進国とは多少の差があるにしても途上国それぞれの経済構造に見合う金融構造を作り上げてもよいのではないだろうか。急速な金融部門の自由化・国際化が進んだ結果，金融部門の発展段階と社会経済の発展段階とにずれが生じ，それが金融部門の脆弱性の拡大とモラル・ハザード発生の大きな要因になったことは明らかである。発展途上国の金融制度は社会全体の発展段階や経済戦略に応じたものでなければいけない。東アジア通貨危機後，国ごとに経済規模や発展段階が大きく異なるにもかかわらず，たとえばIMFの韓国に対する政策がタイとまったく同じようなものだったことは，明らかなミスである。

　東アジア地域において，ファンダメンタルズの脆弱性からみて流動性不

足に陥ってもおかしくない経済構造を無視して国際金融政策を展開したことが，経済危機を増幅させたといえる。すなわち，実物経済を無視し，「世界化戦略」に乗って資本市場の開放を急いだ当時の政権の経済政策に不十分さがあった。

このように，通貨危機を発生させた本質的な要因は，すでに経済発展過程の中に内在していたのであり，経常収支赤字，割高な為替レート，脆弱な金融システムなどの問題は，実は実物経済の脆弱性の結果としての派生要因である。東アジア諸国は輸入代替型成長の限界から脱皮するために輸出指向型工業化戦略をとり，それが必然的に原材料・中間財などの輸入増加構造を作り出した。この経常収支赤字を国際短期資本で埋め合わせる過程で海外資本への依存を高めた結果，実物経済の脆弱性を無視した突発的な短期資本の流入とその後の流出が，流動性危機を引き起こした。こうした発展戦略は一つの構造的な歪みをもたらしたのであり，東アジア発展モデルの修正要因となっている。すなわち，韓国とタイのタイプは外資依存型，大企業中心の輸出主導型産業経済構造をもち，台湾とマレーシアのタイプは直接投資依存型，中小企業中心の輸出主導型産業経済構造であって，その相違は通貨危機の程度の差異と明らかに対応している。この意味で，途上国における国際金融の枠組みの研究は，産業構造論と開発経済学の中でより深く研究されるべき問題である。

(2) 企業の成長構造と通貨危機

しかし疑問は依然として残る。また，輸出の急減にともなう経常収支赤字や対外債務累積は，すでに1960，70，80年代にも懸念されていた問題であって，今日に始まったものではない。なぜ今日に至ってこの問題が表面化したのか。輸出の減少はこれまでも度々生じたのに，なぜ特に90年代半ばからの減少が問題となったのか。

韓国と台湾は1950年代末以後，米国の援助が削減されることによって，それまでの輸入代替型工業化からの転換を余儀なくされた。国内貯蓄で投資財源を十分に確保できない低開発経済の状況では，外資に頼らざるをえ

ない。外資が借款であれば元利金を返済せねばならず，そのための外貨は輸出で稼がねばならない。直接投資であれば，先進国の資本が進出するための誘因が必要となる。しかし，流入した外資はなんらかの形態で経済主体に配分されなければならない。同じ外資主導，輸出指向型といっても，外資の配分，企業の成長構造の相違によって経済状況も異なることになる。

　東アジア経済は，経済発展の4要素のなかで，労働力を除き，資本・技術・市場をほとんど外国，特に米国と日本に大きく依存して成長してきた。その中で産業構造を軽工業から重化学工業化へ転換し，産業の高度化を図るというのが基本的な発展構造であった。ところが，こうした移行過程がすべて日本の発展過程と近似し，疑いなくやがて先進工業国になるだろうという思いは，いまや薄れてきた。日本経済との基本的な相違が存在しているからである。たとえば資本だけみても，日本の場合には国内で賄われたことが多い。また同じ外資導入といっても，台湾は直接投資中心，中小企業中心の産業構造であるのに対し，韓国は借款中心，大企業中心の産業構造である。日本は，大企業と中小企業群の上下複合型の構造を形成している。これは効率的な産業連関効果を作り出し，中小企業における技術力の向上と高い雇用創出をもたらした。

　技術の問題においても非常に異なる。経済開発の初期段階では，技術は開発よりも導入に依存したのであるが，韓国の場合は技術導入の単価が台湾やマレーシアのそれより大きく，また技術集約度も高いことが多い。日本と韓国・台湾の決定的な違いの一つは，科学技術面と組織面におけるイノベーションの領域にある。アリス・アムスデンは，韓国と台湾の工業化が，技術革新によってではなく，主に「学習」によってもたされた点で，19世紀末から20世紀初頭にかけての工業化と異質なものだと指摘した。「韓国・台湾を筆頭にする後発工業国は，低賃金以上に競争力の優位をもたないにもかかわらず，それを武器に世界輸出市場に浸透しようとした最初の例である」と述べている。対照的に日本は，1950年代に世界市場へ劇的な広がりと速度で進出していく以前に，すでに土着の強力な技術革新の基盤を蓄積していた。

　市場の問題でも，韓国は借款中心の大企業構造で国際企業間の取引が多

いことから，市場の環境や構造，そして技術の問題に敏感に反応せざるを得ない。台湾の場合には外資の導入構造が直接投資中心であり，しかも中小企業中心の産業であって，市場と技術の問題はほとんど投資国企業の戦略に従うので，企業内国際分業構造の中で短期的には問題が表面化しないという特徴を持っている。

　問題は，技術蓄積がまだ完成されないうちに大企業の投資が借款によって行われた場合（韓国）と，直接投資中心・中小企業中心の経済（台湾）とはいかに異なるのかということである。一般に伝統的な軽工業では生産量の増大は機械台数の増大によって実現でき，逆に生産の縮小は機械台数の縮小によって行われうる。この場合，生産量を拡大しても単位当たり生産費が低下することはほとんどなく，逆に縮小する場合も単位費用が増大することはほとんどない。だが，主導産業が大企業による重化学工業に変わると，生産量の増大が同規模の機械設備によってではなく，機械設備そのものの大型化によって行われるようになる。こうして固定資本が大型化すると，生産量の増大につれて単位費用は低下するが，逆に生産量が減少した場合には固定資本は縮小しえないため単位費用は上昇する。生産費の固定的性格が強まり，単位当たり生産費は著しく変動するようになる。負債が大きい場合，このことは過重な経済的負担となる。

　東アジア地域の通貨危機，特に韓国のケースには，こうしたミクロ分野での構造的な矛盾が存在していた。国際環境は「開放と自由化」という名のもとに急激に変わりつつあるのに，東アジア地域の経済構造はさほど変わらなかった。国際資本は新たな資本蓄積の再構築を図ろうとし，東アジア諸国企業は構造的な矛盾を修正しようとするどころか，むしろ新たな資本の吸引を狙った。外資導入と配分は，国民経済の形成という基本的経済構造の構築ではなく，無分別な事業拡張と進出，経済力集中の加速化を進めようとした。これは東アジア諸国，特に韓国において産業設備の過剰をもたらし，進めようとしていた産業構造調整を阻害する新たな要因となったのである。企業の成長がすぐさま経済発展へと繋がるという古典的な見方，国家主導の無分別かつ無基準な拡大が，問題であった。

　韓国と台湾を簡単に比較してみよう。表6でみると，韓国の自己資本比

表6　各国製造業の自己資本比率

(単位：％)

韓国（1996）	台湾（1995）	米国（1995）	日本（1995）
24.1	53.9	38.5	32.6

(注)　自己資本比率＝自己資本／資産
(資料)　韓国銀行『企業経営分析』1997年，台湾研究所
　　　　『台湾総覧』1998年。

表7　30大企業集団の債務保証

(単位：兆ウォン，％)

年度	自己資本(A)	債務保証金額		自己資本対比	
		総額(B)	制限対象(C)	B／A	C／A
1993.4	35.2	165.5	120.6	470.2	342.6
1996.4	62.9	67.5	35.2	107.3	56.1
1997.4	70.5	64.4	33.1	91.3	47.1

(資料)　韓国銀行『企業経営分析』2000年。

率は24.1％で，台湾の53.9％，日本の32.6％よりかなり低い。韓国製造業の自己資本比率がいかに低く，金融市場にいかに大きく依存しているのかがわかる。表7は，韓国の大企業がどのくらい債務保証によって借り入れを行っていたかを示す。1993年で大企業の自己資本は35.2兆ウォンであるのに対して，債務保証金額は165.5兆ウォンである。対自己資本比（B/A）は470.2％である。日本や米国の200％台に比べ，かなり高い。1997年になると，自己資本（A）が70.5兆ウォンと急速に増大し，対自己資本比が91.3％にまで下がっている。しかしその中身を見ると，政府の負債縮小政策に従って企業が負債額を減少させたのではなく，資産再評価や増資などの自己資本増によるものであり，むしろ負債の絶対額は増加している。さらに，この上位30大企業の資産総額の中で，上位5大企業の比重が65.8％と，金融危機後に前年比3.1％ポイントほどむしろ増加した。つまり，危機後に大企業による経済力集中はむしろ深化しつつあるといえる。

　韓国企業の資本調達方式を表8でみると，台湾や日本とは異なり，経済

表8 企業の外部資金調達と直接金融比率

(単位：%)

	外部資金調達			直接金融		
	1990	1993	1995	1990	1993	1995
韓国	68.7	48.6	55.8	42.4	52.9	51.1
台湾	79.1	74.2＊	80.8＃	52.5	49.7＊	49.1″
日本	58.9	17.3	19.3	13.8	13.7	14.2
米国	31.0	22.5	27.8	50.9	58.6	62.4

（注）＊は1992年，＃は93年，″は94年を意味する。
（資料）韓国銀行『企業経営分析』各年版。

　開発初期には内部留保資金の不足により主に間接金融によって調達された。1980年代初めに70％であった外部資金比率は，80年代後半の景気回復により内部留保資金が増加するにつれて90年代には68.7％に下がり，1995年には55.8％となった。一方，台湾は，直接金融からの資金調達を減らし，外部資金調達を増やしている。直接金融調達が1990年の52.5％から1995年には49.1％に減り，外部資金は同期間に79.1％から80.8％へとわずかに増加した。日本の場合には，外部資金調達は1990年の58.9％から1995年の19.3％へと急速に減少した。[注16] 90年代のバブル経済の崩壊の影響であろう。韓国は，1990年以後の資本自由化にともない，米国ほどではないが証券市場の発達につれて企業の資金調達が直接金融依存を増していることがわかる。これは韓国企業の自己資本比率が低いことと無縁ではない。通貨危機以前に中心的に行われた巨大な借り入れに対する元利金の返済という金融負担の圧迫から逃れるため，直接金融部門への依存を高めてきたからである。

　韓国製造業の収益構造をみると（表9），1995年の売上高営業利益率は8.3％で，台湾の製造業の7.3％より少し高いほどである。ところが売上高経常利益率は，韓国が3.6％であるのに対して台湾のそれは5.1％であり，非常に高い。それは，韓国の金融費用が台湾の2.2％より高い5.6％を占めているからである。なお日本の両利益率は3.3％と2.9％である。韓国企業

の金融費用は日本や台湾より高い。それだけ金融部門への依存が大きいといえる。

表9　日本・韓国・台湾における製造業の収益構造分析

(単位：％)

年度	韓国			台湾		
	売上高営業利益率	金融費用比率	売上高経常利益率	売上高営業利益率	金融費用比率	売上高経常利益率
1991	6.6	5.7	1.8	6.4	2.4	4.1
1992	6.6	6.3	1.5	5.7	2.3	3.4
1993	7.1	5.9	1.7	5.1	2.2	2.9
1994	7.7	5.6	2.7	6.6	1.7	4.9
1995	8.3	5.6	3.6	7.3	2.2	5.1

年度	日本		
	売上高営業利益率	金融費用比率	売上高経常利益率
1991	4.2	2.2	3.4
1992	3.3	2.1	2.6
1993	2.5	1.8	1.9
1994	2.9	1.6	2.4
1995	3.3	1.3	2.9

(資料) 呉正根〔2001〕, p.114。
日本大蔵省『財政金融統計月報』。

　金融部門からの巨大な借り入れは，国家基幹産業として短期間に成長し，世界市場でのシェアを高めることができる一方，金融費用が高いことから企業の経常利益率を低く抑え，内需および輸出の急激な減少が起きると，経営不振と共に，巨大な負債が残される可能性が高くなることを意味する。自己資本比率が低い財閥企業は，経営不振から外資の元利金の返済の脱却とのため，新たな産業への進出や研究開発のためにまた金融部門から新た

な借り入れを行わなければならない。そのとき、財閥の場合には企業間の相互支払保証によって新規融資が可能となるが、これは負債企業間の相互支払保証であるから、一つの企業が倒産すれば支払保証企業も連続的に倒産に追い込まれる。したがって韓国企業の持続的な輸出力強化維持のためには、政府は絶えず支払保証を行わなければならない。また銀行も不健全化する。つまり国全体が負債化されるのである。倒産企業の負債比率（1995年）をみると、ほとんどが1000％以上の企業ばかりであり、実に驚くべきものである。

　金融負担の増加は、時間の経過と共に、資本収益率の低下と企業経営への圧迫となり、長期的には競争力強化の阻害要因として働いた。実際、1975～90年の製造業における産出資本係数は、日本が0.47、台湾は0.65であるのに対して、韓国のそれは0.34でしかない。(注17)つまり投資の効率性が台湾・日本に比べてかなり低く、資本が非効率的な部門に過剰投資されたことを意味している。このメカニズムによって1997年の通貨危機は始まったが、それは単に金融構造の改善では済まない、経済発展過程の中で生じたより構造的な問題であるといえよう。

3　途上国の経済発展構造と東アジア経済

　東アジアの経済状況について、1997年秋までの主要な国際的・国内的機関の一般的な見方は、1996年から輸出の停滞感が強まっているにしても、経済成長は手堅く続くだろうというものであった。東アジアの危機は別のところからやってきた。東アジア経済が今後も世界経済成長のセンターであり続けるとする見解は、いまやかつてほどではない。しかし、問題は経済発展の初期構造から始まっているのである。本章ではこの問題を検討してみる。

(1)　東アジアの経済発展モデルの特徴

　今回の東アジア危機を契機に、次のような問題提起をすることができる。

第3章 東アジアの経済発展と危機の構造

すなわち、東アジア型発展モデルが内包する構造的問題というものは存在するか。1982年メキシコの債務不履行表明に端を発したラテンアメリカ債務危機は、過度の輸入代替型発展モデルが内包した構造的問題によると指摘されている。輸出指向型発展モデルも非常に類似した危機を招いた。それを説明するために、東アジア的発展モデルの構造を検討する必要がある。

一般に東アジア的発展モデルの構造的特徴は、市場の対外依存と資金調達の対外依存との相互補完であり、いいかえれば外資中心の輸出主導である。しかも輸出は付加価値の低い加工製品、輸入は付加価値の高い資本財と中間財であるような加工輸出型の特質を持っている。

このモデルは3つの構造的問題を内包している。第1に、このモデルは需要と供給の両サイドを先進国に依存することを前提とし、従属性を内包している。輸出入市場と資金調達の主要先は米国と日本である。そのため資本財や中間財の輸入（供給）サイドが制限されると、加工産業の産出は伸び悩み、成長も鈍る。輸出（需要）サイドが伸び悩むと、経済成長が減速し、景気が低迷する。(注18) 第2に、高付加価値資本財・中間財の輸入依存と低付加価値輸出依存の加工貿易では、経常収支均衡点が経済規模の拡大に従って絶えず上方にシフトしていくため、経常収支が赤字構造になりがちである。ただし、主にどの主体・部門が拡大の中心であるかによって、その性格が規定づけられよう。第3に、同じ外資導入・輸出主導型でも、大企業中心の産業構造であるか、中小企業中心の産業構造であるかによって、経済構造はかなり異なってくる。すでに見たように、韓国・タイと台湾・マレーシアの両グループがその例である。そのうち第1・第2の問題は先行研究によってかなり究明されたと思われるので、ここでは第3の大企業・中小企業群の問題を中心に扱う。

まず韓国とタイは、外資（商業借款）依存型であり、同時に大企業中心の輸出主導型工業化戦略を採っている。対照的に台湾とマレーシアは直接投資型であり、中小企業中心の工業化戦略を採っている。これに対応するように、韓国とタイはIMFの管理下に置かれ、台湾とマレーシアは自らの経済的主権を守った。この差はいったい何であろうか。この相違の端的な例は韓国と台湾であろう。そこで、この二国の共通点と相違点を探り、

今日の東アジア経済危機と関連付けて考察してみる。

　東アジアとラテンアメリカとは非常に本質的な差を含んでいる。ともに高い外資依存型経済構造であることは共通しているが、発展形式を異にする。東アジア地域、とりわけ韓国と台湾は、ラテンアメリカ等に比較して、第1次・第2次輸入代替過程が深く進まないうちに輸出指向の過程が始まり、持続的な経済成長の軌道に乗っていった。これを複線型成長と呼ぶこともある。(注19)こうした輸入代替から国内生産を経て輸出指向生産に転じる産業発展過程は、純粋な雁行形態的な変化ととらえることはできない。ラテンアメリカは、過度の輸入代替化政策を展開したために、経済活動の非効率性がより広い範囲に拡大し、それ以降の発展の力を抑えることになった。それに対し東アジアでは、輸入代替政策による輸入依存度の低下がある段階で止まり、非効率性が広く広がる前に、自由化政策によって輸出指向型の発展に転換した。

　経済発展の過程で貿易の役割は大きく変化していく。当初は輸入代替が進んで貿易依存度が低下していくが、輸入代替の限界から輸出指向生産に転換してくると貿易依存度は反転して徐々に上昇する。すなわち、経済発展と共に輸入依存度はいったん低下して新興工業国が最も低い水準になり、再び転換して上昇方向に向かう。また、一般に一国の経済規模が大きいほど、他の条件を一定とすれば、輸入依存度は小さくなる。第1次輸入代替が成長に最も貢献した時期は、台湾では1955～60年、韓国では1960～66年であり、製造業輸出が急速に伸びる前の時期であった。輸出拡大に先立つ強力な輸入代替により製造業が成長する傾向は、韓国と台湾のどの産業分野でも見受けられる。そして1955年～71年の台湾と1955年～73年の韓国では、韓国より台湾の方が軽工業・重工業・機械分野の輸入代替が進んでいた。台湾の方が韓国より直接投資による輸入代替を早期に進めたのである。

　重化学工業化過程において第2次輸入代替と輸出が進行する。これは、輸入代替により中間財・資本財の総供給のうち輸入分が減少し、国内生産分の割合が増えていることと関係が深い。第1次輸入代替とは対照的に、第2次輸入代替（重化学工業化）は韓国の方が台湾より早く1971年～75年に開始された。これは、韓国の1960年代の輸入代替レベルが台湾より低く、

それゆえ総供給に占める輸入中間財・資本財の割合を減らしやすかったという事実を反映している[20]。

この重化学工業化戦略は，伝統的な開発論や貿易理論からは常識的に無理とされ，きわめて批判的に見られた。労働力の豊富な国が資本集約的かつ技術集約的な産業を形成するのは，リカードの比較優位論や新古典派成長理論に正面から反するためである。にもかかわらず，このように早い段階で，第1次輸入代替から第2次輸入代替・輸出指向工業化へと，軽工業中心から重化学工業中心の産業構造へと転換を急いだのはなぜであろうか。

その背景の第1は，米国援助の削減という国際環境の変化への対応を余儀なくされたことである。韓国と台湾では，1950年代末以後，米国援助が削減されることによって，それまでの輸入代替型工業化からの転換を余儀なくされた。インフラの整備，機械設備や原材料などの購入のために，国内貯蓄では投資財源を十分確保できない状況下では，援助が削減されれば外資に頼らざるをえない[21]。外資が借款であれば元利金を返済せねばならず，そのための外貨は輸出で稼がねばならない。

ラテンアメリカでは，一次産品輸出によって輸入に必要な外貨が（十分とはいえないまでも）確保できたため，輸入代替工業化が十分達成されないまま輸出指向型工業化へと転換するのは，むしろ非論理的であったかもしれない[22]。したがって長期にわたり輸入代替型工業化がそのまま進められたといえる。一方，直接投資中心の台湾の場合は，先進国の資本が進出するための誘因が必要であり，それは低賃金利用の生産・輸出加工基地を提供することであった。これは，先進国による国際下請け生産化，企業内工程間分業に巻き込まれることを意味する。この場合，インフラの整備が遅れるほど重化学工業化への転換は遅れるであろう。

第2は，国内外の政治経済環境が急変したことである。台湾の場合，輸出型のためのインフラ整備は韓国よりかなり遅れた。それは，国民党政権が近いうちに「大陸反攻」するため，台湾への投資を怠ってきたからであるという[23]。ところが1970年代中期から，インフラ整備が重化学工業化政策と相まって行われるようになった。それは，台湾では1971年の国連脱退，72年の日台断交など一連の国際的孤立から「大陸反攻」が遠ざかると思わ

れ，韓国ではこの時期ニクソン・ドクトリンと共に米軍撤退が現実になりつつあるという危機感が強かったこと，そして1973年～74年の石油危機，に起因するであろう。前者の国際的な危機感に対応して，早く重化学工業化により機械工業の自立化を図ることが両国とも切実であったが，問題はその実行のための資本と技術であった。古典的な重化学工業の特徴は生産技術の多くが機械に体化されていることである。輸入代替工業化も十分でないまま，こうした資本・技術集約的な産業の構築が可能であるかが問題であった。しかし一面で，この産業はプラント輸入によって比較的容易に技術を獲得できるという特徴をもっている。

　第1次石油危機は韓国と台湾に対して有利に作用した。1970年代に入り，韓国や台湾で鉄鋼や造船，石油化学などの重化学工業育成のための強力な取り組みが始められたが，これは第1次石油危機に続く世界的な産業構造転換の中で容易に遂行されたのである。石油価格の急騰を背景とする世界的不況のもとで，先進国のエネルギー多消費型の古典的重化学工業は比較優位を失い，その産業構造をいわゆる重厚長大型から軽薄短小型へと転換させた。プラント輸出は，そうした産業の生き残り戦略として重要であったうえ，先進各国政府による支援も強化された。(注24)

　第3に，韓国・台湾ともに軍事政権という政治的負担を抱えており，経済発展という物的な繁栄の方向に意識を転換させる必要があった。低開発国における軍事政権は，政治的基盤強化のために経済開発を必要とした。韓国・台湾・マレーシアはそのよい例である。

　石油価格の急騰によって韓国と台湾は経常収支が巨大な赤字になるなど経済危機に見舞われたが，他方ではオイル・マネーがユーロ・マネー市場の発達をもたらし，それが重化学工業化のための資金調達の主要な源泉となった。(注25)途上国の当初の経済発展は米国の援助に大きく依存したが，その後しだいに中心が移り，世界銀行などの国際開発機関と先進国の金融機関に中心が移り，それらの戦略によって制限されたが，ユーロ市場の急激な成長と共に，同市場からの資本が韓国や台湾などの新興工業国の国家戦略に従って容易に導入できるようになった。それこそが今日の輸出指向型重化学工業化を可能にしたといえる。

このような移行過程において，海外資本という生産要素がどの主体に対して，どのように，誰によって配分されたのかが非常に重要な意味を持つ。歪められた経済資源の配分は当然歪められた経済構造をもたらし，今日のような経済危機をもたらす要因になりかねないからである。

　前述したように，韓国と台湾はほぼ共通の理由で，1970年代半ばに輸入代替型工業化から輸出指向・重化学工業化への転換を余儀なくされた。このとき，国内貯蓄では投資財源に不足する状況下では，外資に頼らざるをえない。外資導入と輸出指向型重化学工業化への転換は大同小異でありながら，なぜ韓国は大企業中心の構造を，また台湾は中小企業中心の構造を形成したのか。それは両政府が好んだためではない。すなわち，外資導入をめぐる国内の政治経済環境の相違が，韓国と台湾の産業構造の相違をもたらした重要な原因の一つであった。外資導入には二つの方法がある。一つは借款であるが，それは元利金を返済せねばならず，そのための外貨を輸出で早期に稼がねばならない弱点を持っている。もう一つは直接投資の誘致であり，この場合は資本誘引のために低賃金利用の生産・輸出加工基地の提供を必要とし，先進国による国際下請け生産化，企業内工程分業に巻き込まれることを意味する。元利金の返済義務はないものの，そのかわり国家主導の戦略的な産業構造の形成にはかなり時間がかかるという問題を内包している。

(2) 経済発展と大企業・中小企業構造の形成

　実物経済の脆弱性を無視して金融自由化のもとで過度に導入された外資が，今日の経済危機の原因であったと述べた。しかし外資の導入はすでに1960年代後半から始まっており，韓国はこれによって借款経済体制を構築し，財閥企業の生成をもたらした。韓国は借款による経済開発政策を採り，国家主導で限られた外資を集中配分することによって，優先工業部門を中心とする産業構造を形成したのである。また韓国の輸出構造はフルセット型の完成品を主とし，台湾のように国際的下請けによる企業内分業でなく，国際企業間の分業によって構成された。このような両国における発展構造

の転換は，米国援助の削減という国際政治経済環境の変化と，それぞれがとった外資導入方式とが結びついた結果であった。

　なぜ韓国は借款による大企業中心の産業の構築を，台湾は直接投資型・中小企業中心構造の構築を図ったのか。1970年代に韓国政府は，日本の「系列」・企業集団を模倣して巨大なコングロマリット（財閥）の成長を促進した。このような施策の根拠は，技術や組織能力をはじめとする資源を能力のある投資家に集中させ，規模の経済を実現することにあった。韓国の貯蓄率は常に台湾より低い。高い投資率に比べて低い貯蓄率は，常に経済成長の足枷になり，技術導入よりも資本導入の問題が優先された。これは韓国が海外から多くの借り入れをし優先分野へ資金を入れるため，非優先分野を締め付けたことを意味する。台湾と違って韓国のマクロ経済政策は常に需要超過を生み出す傾向にあり，したがって指定部門へ資金を誘導するには大きなインセンティブが必要であった。ある意味で韓国の部門別産業政策は，過剰な総需要の悪影響から重要産業を保護するように立案されていたのである。これは日本の産業政策と類似している。

　対照的に台湾政府は，公営企業に対しては直接に優先的な資源（特に国内資本）配分を行ったが，民間産業部門にはむしろインフラ整備や外資導入緩和などの間接的なインセンティブを与えた（当初はさほど明確には進まなかったとされるが）[注26]。最近の例では，半導体，ソフトウェア，自動車，バイオテクノロジーなどの新分野を公営企業や公営研究所を使って推進した。1985年の情報産業における研究開発支出の約70％以上が公営機関によるものであった（韓国はわずか45％）。もちろん韓国でも公営企業の役割は大きく，それを無視するのは正しくないが。韓国政府のこうした巨額の援助があったため，財閥は高いリスクを犯し，日米企業との輸出競争戦略を展開した。このような行動は，リスクを回避しニッチ市場を指向する台湾企業とは対照的である。

　戦後初期の台湾の経済政策は，韓国のような財閥育成へは向かわず，私的部門（民業）を極力抑制して公営企業部門（官業）に重点的に投資・育成した。戦後，国民党軍は台湾に上陸し，主要な日本企業を接収した。具体的には860単位の企業体を接収したが，そのうち85単位では台湾人資本

が過半を占めていた。これは原則として民間に払い下げられた。旧日本企業のうち金融，保険，石油，電力，アルミニウム，製糖，化学肥料，造船，機械，セメント，製紙などの大規模重点産業（大企業）399単位が公営企業とされた。一方，多数の中小農林業と鉱工業などの中小企業は，1953年の土地改革（「耕者有其田」）により，その株券が土地債券と共に土地代金として台湾人旧地主らに支払われた。土地改革により土地を奪われた旧地主が，土地債券の売却代金や親族や友人などから得た資金を元手に企業経営に乗り出した。これが中小企業形成の母胎であった。(注27)

韓国の戦後過程はこれとの類似点と相違点とをもつ。「耕者有其田」の原則により1948年に土地改革を実施する一方，米軍によって主要な日本企業を接収した。接収した企業数は台湾よりはるかに多い。(注28)日本の植民地時代，台湾の産業は主として一次産品を加工する軽工業中心に構築され，朝鮮では重化学工業中心の工業化政策がとられたという相違があり，これもその後に影響を与えた。(注29)これらも原則として民間に払い下げられたが，旧日本企業のうち大規模重点産業（大企業）は国有・公営とし，一方多数の中小産業は民間に払い下げられた（その後，大規模重点産業も民間に払い下げられた）。台湾では旧日産大企業の払下げは外省（大陸）人に，中小企業は主に台湾人旧地主らに対して行われた。韓国の場合には戦前の巨大地主や商人資本家に払い下げられる場合が多く，その基準は経営能力であった。すなわち戦前の官僚や銀行員，企業家などに多く払い下げられ，それが大企業の母胎になったとされる。(注30)零細旧地主・商人は中小企業への転換を余儀なくされたと思われる（この点はより深い研究が必要である）。

韓国の場合，土地改革の成果については異論が多い。それは基本的に未完成で終わってしまった。1945年末で，政府によって小作農に分配されるべき農地は84万7千haであったが，最終的に分配されたのは60万5千haであり，28.8％が何らかの理由で除外されたままの土地改革であった。(注31)統計上は土地改革は90％近く実施されたことになっているが，内容をみると，改革実施前に地主が小作農に売却する，仮名を用いて保有を維持するなど，多様な方法で実施を逃れた場合が多かったという。

また表10をみると，旧植民地資産の払下げ先は，植民地末の地主と企業

表10 韓国における旧日本植民地資産の払下げ先区分（1945～60年）

区分	商業及び他業体	鉱工業払下げ
植民地末の企業家	2	94
植民地末の企業家・地主	3	14
植民地末の企業家・技術者	1	1
植民地末の企業家・管理人	4	53
植民地末の企業家・米軍政期の企業家	2 1	21
植民地末の企業家・地主及び管理人		3
植民地末の企業家・地主及び米軍政期の企業家		1
技術者		4
技術者及び管理人	1	2
地主	2	21
地主及び管理人		10
地主及び米軍政期の企業家		3
管理人	12	358
米軍政期の企業家	9	96
合計	42	681

（出所）＊李憲昶〔1999〕, P.399。

家，そして管理人が多かった。特に米軍と関係のある管理人が非常に多い。当時の商人と技術者たちは，戦後鉱工業部門への参加がめざましく，産業資本家への転換が無理なく行われたが，純粋な地主階級の産業資本家への転換は相対的に少なかった。1950年代末における大資本家23名に対する調査によれば，旧植民地資産の払下げが大産業資本家への成長にあたって決定的であったのは13名で，旧商人・貿易業者・自営業者が多かった。[注32]

　その後これが社会経済的な矛盾の源泉となったという点では両国は類似しているが，矛盾の形態は異なる。すなわち台湾の場合には，外省人と内省（台湾）人の間での優遇と疎外（差別）の問題であり，韓国においては，

既得権階級の優遇と被支配階級の疎外の問題となった。このようにして設立された民間中小企業と、旧日産接収による大規模近代産業の公営企業（韓国の場合は大企業）は対照をなし、台湾・韓国における二重構造形成の源泉になった。

　台湾の場合、1950～1960年代前半の輸入代替工業化は、公営企業、党営企業、および国共内戦敗北により中国（上海）から逃げてきた繊維産業を中心とする外省人資本の保護育成の政策であって、在来台湾人資本の保護育成ではなかった。また公営企業は内需向け中心であったが、それは国内貯蓄を公営企業に優先的に配分したためであると思われる。韓国の大企業のように対外借款に大きく依存すると、元利金の返済のため必然的に海外市場を開拓しなければならないが、台湾の公営企業の場合には国内資本に依存しているので無理に海外市場に進出する必要がなかったであろう。その結果、公営企業が国内市場を独占し、民間中小企業は資本不足を抱えると共に、狭小な国内市場だけに依存できなかった。1960年前後から米国の多国籍企業が台湾に対して市場開放を要求し、国際政治情勢のもとで台湾は外資導入規制を緩和するようになった。これがもたらした経済政策の転換は、輸入代替型工業化から輸出指向型工業化への転換を意味した。

　台湾の経済政策が外省人中心であったとすれば、外国借款を導入する場合、政府がそのときの支払い保証を台湾系企業（零細中小企業）に対して行う必要はさほどなかったであろう。台湾系企業の成長は、おそらく外省人主導の政府に対して将来的に政治的圧力要因として作用するであろうからである。そのような背景があったためか、規模別企業の資金源をみると、大・中・小型企業の外国借款比率は、それぞれ5.10％、0.15％、0.00％であった。中小企業に対する借款はあまりにも少ない（石田（1999）、P.111）。しかも、台湾経済が中小企業中心の構造である点からは意外なことに、中小企業に対して専門的に金融支援を行う中小企業銀行の設立は1976年になってからであり、大企業中心の韓国で1961年に中小企業銀行が設立されたことと比べるとかなり遅い。また台湾経済部に中小企業庁が設立されたのも1981年であり、これからみても、政府が台湾経済の牽引車である中小企業の育成を考えるようになったのはかなりのちのことである。初期におけ

る外省人主導の政治経済構造の中では，これも当然かもしれない。したがって韓国と異なり，台湾では比較的に中小企業を中心とする政府保証のない直接投資や合弁などを進めざるをえなかったといえる。

　一方，韓国では，主に戦後から朝鮮戦争時の物資不足に起因して貿易業が企業の初期の資本蓄積の源泉となった。そのためには米ドルの入手が不可欠であったが，日本と同様，韓国政府も主要産業部門に対してドルを優先的に割り当てた。このドル入手の優先権から貿易業主要企業は独占的な地位をもつことになり，同時に米国からの無償援助物資の入手や加工も政府によってこれら企業に配分されたので，この2つの特権が資本蓄積を促し，大企業としての姿を整える源泉となった。この過程から除外された企業群は中小企業として残されることになる。配分の基準は輸入代替工業化部門優先とされたが，すでに見たようにそれらは戦前・戦後の官僚や巨大商人資本たち，すなわち政府とつながりのある者であり，それが腐敗の温床にもなった。したがって初期の企業構造は，主に戦前・戦後の商業資本家等が大企業群の接収をもとに産業資本家に変わり，零細地主や商人は中小企業群を形成して，二重構造の萌芽となった。ただし，それは台湾ほどではなかったと思われる。というのは，朝鮮戦争によって巨大なインフレが発生し，それが土地債券の価値を極端に低落させたからである。以上の意味で，形態は多少異なるものの，台湾と韓国における大企業・中小企業はかなり人為的・政治的に形成されたといえる。この点では類似している。

　残された問題は市場である。台湾では，外資導入規制の緩和により民間企業が輸出指向工業化の中で一気に海外市場に向かい，急速に成長した。外資導入は委託加工に始まり，技術提携，合弁，下請けといったもので，製品は国内市場ではなく多くは海外市場に向かい，その結果，台湾経済は貿易依存度が非常に高い構造となると共に，民間企業が成長を牽引することになった。石田（1999）の整理を借りれば，旧日産接収により設立された公営企業は，川上の素材産業＝重化学工業＝資本集約的産業＝大企業＝国内市場独占であり，さらに外省系資本である。一方，民間企業は，川中・川下の加工産業＝軽工業＝労働集約的工業＝中小企業＝外国市場依存＝台湾（内省）系資本という構図になる。[注34]

韓国の場合は多少異なる。1960年代に入ると，軍事政権の経済政策は，早期の発展のために，1950年代に巨大化した大企業を積極的に活用するものとなった。自由放任主義から国家主導型経済に転換し，その一環として政府が主要産業部門の大企業に対して金融と税制面の優遇を与えた。特に貯蓄不足の韓国においては，外資（借款）を積極的に利用するにあたり，大企業に対して政府が支払保証を行ったことが非常に重要な意味を持っている。1950年代における特定企業に対する優先的ドル割当が大企業になるための源泉であったとすれば，1960年代後半から政府保証を伴って行われた商業借款の導入許可は，新たに財閥として飛躍できる直接的な契機となった。政府支払保証の許可は，「経済企画院長官は，支払保証を申請されたときには，外資導入促進委員会の審議などを経て支払保証を承認し，その申請者は2か月以内に韓国産業銀行に担保を提供する」と規定されたが，「ただし，担保を十分に提供できない場合，企画院長官が承認した当該借款によって建設された工場を担保として差し出すことができる」として，いわゆる後取り担保制を採用したことが重要である。

この制度のもとでは，借款を申請し経済企画院長官の許可を受けることができれば，後取り担保制度によって，自己資金がほとんどない状態でも企業を創設あるいは拡張することが可能になった。実際，導入された借款は多くの企業を設立させ，その過程で新たに財閥が形成された[注35]。その後，不実企業問題も残されたが，韓国において借款経済は確かに大きな役割を果たした。雇用問題においては特にそうである。大企業中心の外資導入（借款）は国家主導の産業育成に重要な役割を果たすのみでなく，企業家にとっては借款を得られればその事業化のリスクはほとんど政府に負担させることができた。1970年代央の世界的な不況と不確実性の中でも，回収に長期を要し資本回転率も低い重化学工業分野へ，年率20〜40％の高い設備投資が物語るように恐れなしに大きな投資を振り向けていったのは，こうした背景があったからである。大企業の借款による企業運営方式は，1960年代央に始まり1997年に至るまで日常化・体質化された。無謀とも思える大企業のこうした投資行動が，1960年代初めに10％を超えていた失業率を短期間に解消するのに，大きく貢献したことも確かである。

借款に対する元利金の返済は絶対的となり，そのためには韓国政府は，絶えず支払保証および金融・税制面での優遇を提供しなければならない。大企業も元利金返済のために積極的に輸出に向かい，結果的に輸出指向型工業構造の中枢となるのである。一方その他の企業は，1950年代に続き，第2の疎外によって大企業への飛躍の機会が遠ざかることになった。優遇政策から取り残された企業は，外資を導入しておらず返済問題もないため，無理に海外市場を指向する必要もない。したがって中小企業は，不足しがちな国内資本のもとで国内市場に限られた企業活動を行うことになる。すなわち台湾と異なり，旧日本資産を接収して設立された企業は，貿易特権と借款導入特権を通じてさらに巨大化し，川上の素材産業＝重化学工業＝資本集約的産業＝大企業＝国内外市場独占という性格を帯びる。これらは戦前は親日的，戦後は政府密着型資本ということになる。一方，小規模企業は，川下の加工産業＝軽工業＝労働集約的工業＝中小企業＝国内市場依存＝非政府密着型民族資本という構図になる。

　ちなみに以上との関連でマレーシアをみよう。ここでは華僑系が人口の30％を占め，彼らが商業，金融業，中小企業等の経営によって経済の主導権を握ってきた。ところが1980年代以降マレーシア政府によって行われたブミプトラ（Bumiputera）政策は，それまで劣勢にあったマレー人に優先権を与え，新たな基幹産業の構築をはかる一方，華僑系を相対的に後退させた。(注36)これにより，やや図式化していえば，素材産業＝重化学工業＝資本集約的産業＝大企業＝マレー人中心＝外資（直接投資）＝国内外市場独占，これに対して加工産業＝軽工業＝労働集約的産業＝中小企業＝マレー人・華僑＝国内資本＝国内市場依存＝非政府密着型，という構図が描かれることになろう。

　台湾・韓国とも，大企業と中小企業が相互にリンクしておらず，関係が非常に希薄であり，垂直分業関係にない点で共通している。一方，韓国の大企業はむしろ外国の大企業との関連のもとで生産・輸出を行い，台湾の場合には中小企業が外国の大企業との関連のもとで生産・輸出を行う，という相違が存在する。

　発展途上国にとって，輸入代替型モデルであれ，輸出指向型モデルであ

れ，外国の技術と資本，そして市場を直接または間接的に受け入れることは共通の出発条件である。これは途上国の経済発展モデルが内包する構造的な課題である。すなわち技術と資本の対外依存的な体質では，発展過程のかなりの期間において常に経常収支赤字が危機をもたらす可能性がある。したがって途上国は，開発体制・開発戦略とは関係なく，自主的な技術形成能力を成長させない限り，また自立的な資本源泉を形成しない限り，経済体質の脆弱性を持ち続け，債務危機のような問題の出現の可能性を残していくことになる。

結　論

　東アジア経済がこれまで目覚ましい経済社会的なパフォーマンスを示してきただけに，1997年7月にタイから始まった通貨暴落と経済危機は，その分だけ衝撃的であった。1980年代の経済危機によりラテンアメリカの輸入代替型モデルが終わりを告げたのと同様に，東アジア輸出指向型モデルも構造的な問題から限界を表したことを意味しよう。それとも，東アジア危機は景気循環の一つの過程であり，短期的なマクロ経済政策上の失敗と金融パニックにすぎないのであろうか。

　これまでの考察からいえば次のようである。

　1）東アジア危機において，実物経済構造の脆弱性を超えた国際短期資本の過度な流入が問題であった。これは自国通貨の過大評価を通じて経常収支を悪化させる一方，信用拡大と資産インフレをもたらし，産業生産性の低下と新たな構造的な矛盾を抱えさせた。

　2）急速な経済発展と企業成長のなかで，望んでいたほどには金融・資本市場が十分に発達しておらず，企業および金融部門は長期的投資の資金調達を過度に短期債務に依存した。ただし台湾のような貯蓄超過の場合は，そうでない国に比べて，金融・資本市場の発達程度はさほど問題にならなかった。

　3）実物経済の脆弱性を無視して行き過ぎた金融自由化・国際化が問題であった。したがって金融改革という場合にも，先進国とは多少の差があ

るにせよ，途上国それぞれの発展段階や経済戦略に見合う金融構造を作り上げるべきである。

4）韓国の場合，国家主導型経済発展の速度に比べて金融・資本市場の発展は不十分にとどまった。資本回転率の低い重工業中心の大企業を優先する資本配分が行われる一方，短期資本の借り入れが行われて，両者間が乖離した。これが，政府が不実大企業に対して連続的な金融支援を行わなければならなくなる原因となった。

5）国家主導の経済発展戦略は華々しい経済発展を果たしたが，その前提は大企業の優先的成長であった。こうした大企業中心の資源配分の結果は東アジア危機の発端でもあった。

6）東アジアにおける大企業成長は，この地域各国の政治・経済・社会的な構造的な矛盾と関連をもちながら人為的・政策的に構築されたものである。

こうして今日の危機は，1970年代半ば以降の世界経済に生じている循環的危機と，「東アジア型発展モデル」が持つ構造的危機とが組み合わさった重層的な性格を帯びているといえる。

アジア地域の製造業は，一方で日本の技術革新の波に支えられ，他方では米国の広大な完成品輸出市場にはけ口を見いだして，生産のネットワークを形成した。赤松要の雁行形態論では，産業が国から国へ移転するにつれて，後発国の経済発展は先進国のそれを反復していくとされていた。それに従えば，韓国と台湾の産業構造はかつて日本が辿ったと同じ段階のそれに近似していくと見られる。しかし「日本モデル」が東アジアで一般化し，広まっていくというこのビジョンはそれほど簡単ではない。巨大な国際資本移動の中で構築される生産構造と，各国それぞれの政治・社会・経済構造との複合によって，多様な経済のあり方が実現した。

韓国は大企業中心の構造で，完成品の生産のためには中小企業部門からの部品供給が必要であり，台湾は中小企業中心の構造で，完成品を輸入し部品を輸出する傾向が強い。韓国と台湾の産業構造は，両者を合わせると日本の産業構造に近似するような相互補完的な性格をもっている。両国の相互補完的構造とは，日本経済における大企業・中小企業の有機的関連が，

前者にあたる韓国産業と後者にあたる台湾産業とが結びついてはじめて可能になるようなものである。この点からは，韓国と台湾はそれぞれ日本との対比で部分的な産業のみを有するということができ，それはある意味で構造的問題を内包している。これら諸国の産業発展のパターン，すなわち外国企業への圧倒的依存，輸入代替の基礎を十分に備えないままの輸出指向型工業化，自国部品供給との結びつきの欠落などの特徴を示すパターンは，日本が経験した工業化と著しく異なる。したがって，日本経済，韓国経済，台湾経済というように各国経済を独立的に取り上げて，一面的にパフォーマンスを対比するのではなく，より有機的な結合の可能性をもつものとしての産業構造の観点から，掘り下げた経済分析が必要であるように思われる。そして，少なくともたとえば韓国のような経済においては，産業構造を有機的なものにするような再編成が，早期に必要であろう。

注
（1） Krugman [1999], pp.79-86。
（2） 張源昌［2000］, p.2。
（3） 金基興［1998］, pp.81-83。
（4） 寺西［1995］, p.84。
（5） 滝井・福島［1998］, pp.45-46。
（6） 東アジア通貨危機は基本的にはメキシコ危機と類似している。メキシコ危機は，経済改革の進展と1994年から始まったNAFTA（北米自由貿易協定）により経済成長が見込まれた同国に，海外から巨大な資金が流入したことに起因している。
（7） 以前から韓国では，政府投資よりも民間投資が大であり，特に外国借款のほとんどが大企業に配分された。
（8） 対米貿易黒字の減少は，増大する対日赤字を相殺するための代替市場を十分に持っていない韓国のような国にとって，特に深刻であった。World Bank [2000], p.49。
（9） タイ・バーツの場合，主要貿易相手国とのインフレ率格差を考慮して算出される実質実効為替レートの動きを見ると，1997年6月時点で10%程度バーツの過大評価であった。青木・馬田［2000］, p.47。
（10） 開発途上国において外資導入が大企業中心に配分される場合，投資規模に対する収益性と回収期間，市場と技術導入などに関わる問題から，国際経済環境の変化に脆弱だからである。
（11） さくら総合研究所環太平洋研究センター［1999］, pp.70-80。

(12) 周知のように，タイは97年7月2日に米ドル固定的な複数通貨バスケット制度から管理変動相場制への移行を決定，インドネシアは同年8月14日に，韓国は90年以来上下2.25％に制限した管理変動相場制であったが97年12月にその幅を10％まで広げ，事実上完全変動相場制に変わった。
(13) 滝井・福島［1998］，p.1.
(14) 西口・西澤［2000］，p.41。
(15) 西口・西澤［2000］，p.83。
(16) バブル経済崩壊以後，日本では設備投資の急減とともに間接金融も急激に減少した。1980年代に増加した中小企業向け融資も停滞を続けた。下平尾［1995］。
(17) 呉正根［2001］，p.123.
(18) 韓国では1980年代後半から所得水準の上昇につれて徐々に内需の役割も大きくなったが，やはり輸出依存度の高さには変わりがない（1997年で韓国28％，台湾42％，統計庁『国際統計年鑑』2001年）。
(19) ラテン・アメリカの金融危機は，石油などの一次産品価格の上昇による収入増加を見込んだ第2次輸入代替政策を伴う経済拡大計画が，その後の一次産品価格下落と米国高金利政策によって破綻したことから始まった。高懸［1999］，p.123。複線型成長理論については今岡他［1985］，参照。
(20) 問題は，韓国と台湾がラテン・アメリカと異なり，第1次輸入代替が十分に達成されないうちに，また石油価格が急騰するこの時期に，無理とも思える重化学工業化政策をとったことにある。
(21) 韓国は1953〜58年に米国からの経済および軍事援助を27億ドル受け取り，GNPの約15％を占めた。台湾は同じく年平均で約100億ドル受け取った。両国への援助は他と比べて非常に多かった。Deyo［1987］。
(22) 寺西［1995］によると，工業開発のための資源移転は農業から行われ，為替水準操作，関税による工業保護，主要農産物の価格規制などが行われた一方，大地主に対しては政治的な見地から減税，補助金，政策金融などが与えられた（pp.59-68）。
(23) 石田［1999］，p.41。
(24) 寺西［1995］，pp.91-93。
(25) 寺西［1995］は，東アジアにとってオイル・マネーは，ユーロ資金市場でそれほど重要ではなかったという（pp.97-101）。しかし，1970年代に世界的に投資機会が顕著に減少する中で，OPECの巨大な銀行預金の流入は限られた国際資金を増加させ，東アジア諸国の重化学工業化に伴う新たな投資機会にとって，その役割はやはり無視できない。
(26) 石田［1999］，p.201。
(27) 石田［1999］，pp.105-106。一方，安忠栄［2001］は，溝口敏行教授の研究にもとづき，韓国では植民地時代から日本人民間資本によって大企業

中心の構造であり，台湾では台湾人による一次産品加工中小企業が中心であって，これが戦後の両国の産業の相違につながるとしている（p.95）。しかし戦後の構造については別の説明が不可欠であろう。
(28) 工場と鉱産だけで2690件，店舗は9096件であったという（リ・ハンク [1999], p.50）。
(29) 安忠栄 [2001], p.95。
(30) リ・ハンク [1999], pp.51-56。
(31) チェ・ベコン他 [1997], p.204。他の説では，土地改革は1949年6月から進められ，公式に終了したのは1966年末であるという。その結果を1949年6月と比較してみると，土地改革の実施率は66.1％のみになる（リ・チョンウォン [2002], pp.91-92）。
(32) 李憲昶 [1999], pp.401-402。韓国の地主の産業資本家への転換が台湾ほど容易かつ大量でなかったのは，①土地が当時の価格の60％で払い下げられたこと，②朝鮮戦争以前に受け取った中規模地主らの賠償金が高率のインフレで極端に減価したこと，③鉱工業大企業に当たる旧植民地資産の払い下げは赤字財政穴埋めのためほとんど朝鮮戦争以後に行われたこと，による（同, pp.398-399）。
(33) 台湾の土地改革は，90％以上，強力かつ持続的に実施され，この過程で台湾系の既得益階層（大地主など）は没落しつつ，産業資本への転換がみられた。一方，韓国ではこうした層の特権が維持発展されたという点で，政府の政治的基盤条件が根本的に異なっていた。Deyo [1987]。こうして，台湾のような地主階級の没落と産業資本転換という現象は韓国ではそれほど生じていないという（呉明鍋 [1999], pp.111-113）。しかし，この点は今でも論争の対象である。
(34) 石田 [1999], p.85。
(35) 借款導入は1964年から本格化したが，特に1966年の日韓国交正常化を契機に借款供与国も多様化した。1965年末には21か所の工場が借款によって建設され，その主役は大企業群であった（リ・ハンク [1999], pp.128-129）。
(36) 安忠栄 [2001], p.121。一方，タイの華僑は約10％であるが，他の諸国においてとは異なり，中国人的特徴がきわめて薄く，タイに溶け込んでいるといわれる。そのため，他の東アジア諸国で起きている社会経済的なコンフリクトはさほど生じていないとされる。

参考文献

（＊は韓国語文献・資料，タイトルは日本語訳したもの）
朝元照雄 [1999]，『現代台湾経済分析』勁草書房。
青木健・馬田啓一 [2000]，『ポスト通貨危機の経済学——アジアの新しい経済秩

序』勁草書房。
＊安忠栄［2001］,『現代韓国・東アジア経済論』博英社。
＊張源昌［2000］,『資本統制が金融変数に与える影響―タイ・マレーシア事例研究―』韓国金融研究院。
＊趙潤済・金鍾ソップ［1998］,『韓国とメキシコの通貨危機の示唆点と構造調整の課題』対外経済政策研究院。
＊チェ・ベコン他［1997］,『韓国経済の理解』法文社。
Deyo, Frederic C. [1987], *The Political Economy of the New Asian Industrialism*, Cornell University Press.
Eatwell, John and Lance Taylor. [2000], *Global Finance at Risk*, New Press, New York（岩本武和・伊豆久訳『金融グローバル化危機』岩波書店，2001年）。
服部民夫・佐藤幸人編［1996］,『韓国・台湾の発展メカニズム』アジア経済研究所。
平川均・朴一編［1994］,『アジアNIEs―転換期の韓国・台湾・香港・シンガポール』世界思想社。
今岡日出紀他編［1985］,『中進国の工業発展―複線型成長の理論と実証―』アジア経済研究所。
石田浩［1999］,『台湾経済の構造と展開―台湾は「開発独裁」モデルか―』大月書店。
＊ジョン・ドンヒョン他［1999］,『東アジア経済発展論』世宗出版社。
＊カン・ミョンホン［1996］,『財閥と韓国経済』ナナム出版社。
＊韓国比較経済学会［1999］,『アジア的経済発展は可能か』博英社。
＊金基興［1998］,「東アジア地域の通貨危機のメカニズムと対応方案」京畿大学・韓国産業経済研究所『産業研究』，12月。
＊Kim Kiheung [1999], "The Impact of Asian Financial Crisis on Trade Pattern and Capital Movement of the East Asian Economies" 京畿大学・韓国産業経済研究所『産業研究』，7月。
Krugman, Paul [1999], *The Return of Depression Economics*, Hayakawa Publishing, Inc., （三上義訳『世界大不況への警告』早川書房，1999年）。
＊権泰栄編［2001］,『東アジア経済論―東アジア経済の21世紀に向かう進路―』ソウル大学出版部。
上川孝夫他編［2000］,『通貨危機の政治経済学』日本経済評論社。
小林伸夫［1995］,『台湾経済入門』日本評論社。
梶原宏和［1999］,『アジア発展の構図』日本経済評論社。
＊Lee Yong Sae and Yong Seung Jung [2000], *Financial Crisis and Industrial Policy in Korea*, Institute for Global Economics.
＊李鎮勉［1997］,『ウォン貨の実質実効為替レートに対する再検討』韓国開発研究院。

＊リ・ハンク［1999］,『韓国の財閥形成史』比峰出版社。
＊李鍾和［2000］,『金融部門の非効率性と金融危機』韓国金融研究院。
＊李憲昶［1999］,『韓国経済通史』法文社。
＊李チョンウォン［2002］,『韓国経済論』粟谷出版社。
西口清勝・西澤信善［2000］,『東アジア経済と日本』ミネルヴァ書房。
＊呉正根［2001］,『金融危機と金融通貨政策』茶山出版社。
＊呉明鍋［1999］,『韓国現代政治史の理解』オルム図書出版社。
さくら総合研究所環太平洋研究センター［1999］,『アジアの経済発展と中小企業』日本評論社。
進藤栄一［1999］,『アジア経済危機を読み解く』日本経済評論社。
宋立水［1999］,『アジアNIEsの工業化過程―資本と技術の形成―』日本経済評論社。
＊宋丙楽［1999］,『韓国経済論』博英社。
下平尾勲［1995］,『円高と金融自由化の経済学』新評論。
末廣昭［2000］,『キャッチアップ型工業論』名古屋大学出版会。
隅谷三喜男他［1992］,『台湾の経済―典型NIEsの光と影―』東京大学出版会。
滝井光夫・福島光丘編［1998］,『アジア通貨危機―東アジアの動向と展望―』日本貿易振興会。
田中拓男［2000］,『アジア経済の発展経路―計量的分析―』文眞堂。
高懸雄治［1999］,『ドル体制とNAFTA』青木書店。
寺西重郎［1995］,『経済発展と途上国負債』東京大学出版会。
トゥ・ツァウェン［1995］,『台湾からアジアのすべてが見える』時事通信社。
Wade, Robert [1990], *Governing the Market: Economic Theory and the Role of Goverment in East Asian Industrialization*, Princeton University Press,（長尾伸一他訳『東アジア資本主義の政治経済学』同文館, 2000年）。
The World Bank [2000], *East Asia: Recovery and Beyond*.

第4章 日本の民間対外投融資の動向とその規定要因
―― 通貨・経済危機後のアジア向け投融資を中心に ――

中井浩之

はじめに

　経常収支の黒字累積の結果，日本が対外純債権国となって既に久しく，現在では世界最大の純債権国としての地位を有している。また，フローベースでも，絶対額としては依然世界最大の経常収支黒字を計上している。このため，日本から他国への資金環流が適切に行われるかどうかは，世界の資金フローの安定，さらには世界経済の安定の上で重要性が高い。図表1に1980年からの日本の居住者による対外投資の状況の長期的な傾向を示したが，例えば，1980年代半ばには，経常収支の赤字にも関わらず米国が「強いドル」を維持するための手段として，日本からの投資，特に生命保険会社による米国国債投資が大きく注目された。

　しかし，その後の「失われた10年」である1990年代を経た今日，現在の日本の海外投融資行動が，世界最大の純債権国として世界やアジア地域の経済の安定に貢献しているかどうかについては疑問が残る。特に1997年以降のアジア通貨・経済危機の際の日本の金融機関の行動に対してはアジア諸国からの批判が大きい。銀行貸出を例に取ると，1990年代前半には日本の金融機関によるアジア諸国への融資が急増した一方で，1997年末のアジア通貨・経済危機以降，日本の金融機関による資金の集中的な引き上げが大きな悪影響を与えたとして，一部アジア諸国から日本の金融機関の行動に対し強い批判が浴びせられた。また，アジア危機に先立つ1992―1994年頃には，「アジア株」ブームで多額の資金が日本からアジア諸国の株式市場に投資されたが，危機以降，日本からのアジア向け株式投資は大きく縮

図表1　日本の居住者による海外への資金の投融資（国際収支ベース）

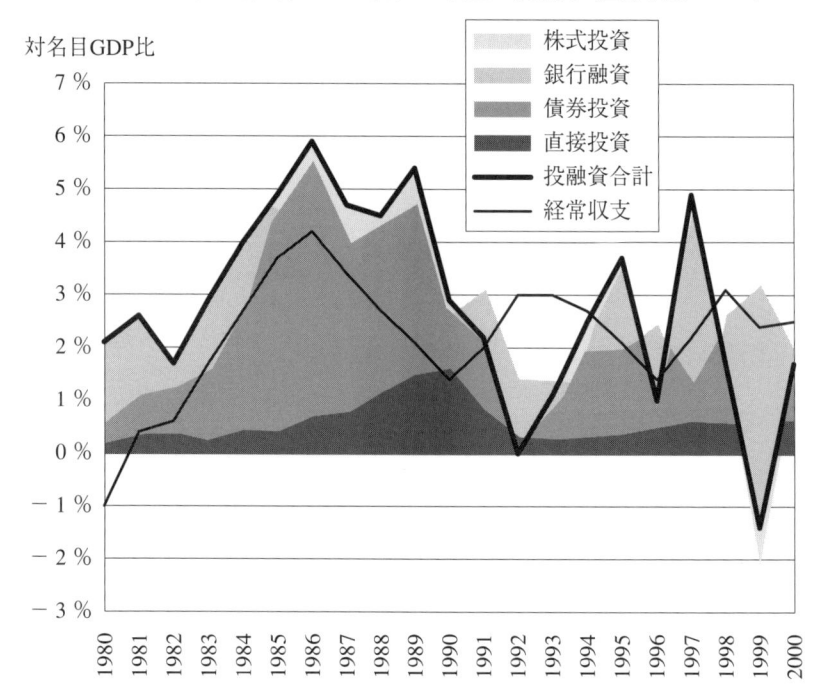

凡例：株式投資／銀行融資／債券投資／直接投資／投融資合計／経常収支

（注）投融資の主体は日本の居住者ベース（外国籍銀行の在日支店などを含む）なお，1985—1990の間，銀行融資のデータは欠落。また，本グラフは旧ベースの統計に基づくものであり，現行統計とは一致しない。
（出所）財務省統計

小している。

　このような日本の海外投融資行動の変調については，日本は世界最大の債権国であるにも関わらず，その通貨である円が，全世界的には勿論，アジア域内でも基軸通貨としての地位を確立しておらず，日本自身や域内他国の貿易・資本取引における米ドル依存度が高いことに規定されている面が大きいとの説明が一般的である。しかし，円が基軸通貨では無い状況でも1990年代半ばまではアジア向け投融資が拡大していたことを考えると，アジア通貨・経済危機の以降の日本の民間金融機関・企業の投融資行動を，円が基軸通貨である・ないという点のみで説明するのには無理があると考

えられる。

　以下，本小論においては，上記のような問題意識の下，アジア通貨・経済危機の前後における日本の民間対外直接投融資行動の変化について概観した後，項目別にそれぞれの投融資の変動の背景について簡単に分析を行うこととしたい。なお，円の基軸通貨制に関する議論については，本小論の趣旨に鑑み割愛した。

1　日本の民間対外投融資の動向

　まず，日本のアジア向けの民間対外投融資の動向が，アジア通貨・経済危機の前後でどのように変化したかについて概観することとしたい。ここでは，民間による海外投融資を，民間銀行融資，証券投資，直接投資の3つに区分し，通貨・経済危機前の1994—1997年と，1998—2002年に分けて考慮した。

　データとしては，①民間銀行融資についてはBISによるクロスボーダー・外貨建て与信残高（以下国際与信）統計の純増減を，②証券投資・直接投資については，大蔵省（財務省）の対外証券投資（ネットベース）・対外直接投資統計をそれぞれ用いたが，データの関係から，①先進国向けの民間融資データについては，1994—1997年の間は欠落，②アジア諸国向けの証券投資データについては，一部の国しかカバーされて居らず，かつ，1996年以前が欠落，との制約がある。また，BISによる国際与信統計については，日本の国際収支統計上非居住者とされる邦銀の海外支店に記帳された与信が含まれるため，その動向は国際収支統計上の貸出の増減とは一致しない。しかし，邦銀による与信行動を考えるに当たって，その記帳地により区分することには特段意味がないと考えられるため，今回はBISの国際与信統計の数値を使用した。また，有価証券投資についても，アイルランド，ルクセンブルグ，香港，シンガポールといったタックス・ヘブンに設置される多国籍型の投資信託への投資は，それぞれの設置国向けの投資として計上されており，必ずしも実際の投資額とは一致しない。

第4章 日本の民間対外投融資の動向とその規定要因

図表2 アジア通貨・経済危機の前後における、日本の民間金融機関・企業による海外向け投融資の変化

(年あたり平均、単位:百万US$)

国名	1994—1997平均 投融資計	1994—1997平均 (貸付)	1994—1997平均 (直接投資)	1994—1997平均 (有価証券)	1998—2002平均 投融資計	1998—2002平均 (貸付)	1998—2002平均 (直接投資)	1998—2002平均 (有価証券)
ドイツ	3,910		654	3,256	20,983	8,247	470	12,266
オランダ	5,164		1,747	3,417	7,212	697	4,566	1,949
フランス	−2,269		1,074	−3,343	13,530	3,613	1,401	8,516
イギリス	23,106		3,320	19,787	9,294	−2,908	9,527	2,674
米国	47,602		20,880	26,722	57,509	23,469	11,462	22,578
先進5カ国小計	77,513		27,675	49,838	108,528	33,119	27,426	47,984
香港	−11,373	−11,810	1,128		−14,298	−15,057	763	−4
中国	4,585	1,667	2,918		−1,433	−2,957	1,524	
シンガポール	−6,306	−7,581	1,308		−10,423	−11,474	895	156
インドネシア	3,491	1,404	2,087		−3,265	−4,047	782	
韓国	2,685	2,060	432		−1,912	−2,548	819	−183
マレーシア	1,507	843	678		−552	−881	405	−76
台湾	290	−140	430		105	−401	407	99
タイ	5,655	4,273	1,316		−5,799	−6,889	1,141	−52
フィリピン	1,044	423	622		542	−64	605	
アジア9カ国小計	−8,861		11,190		−37,036	−44,317	7,342	−61
合計(上記以外の国を含む)	49,096			66,561	162,706	13,752	55,383	90,133

(注) 直接投資のみ年度、他は暦年ベース
(出所) 財務省統計

さて，以上のような制約を踏まえつつ，日本の民間金融機関・企業による対外投融資の動向を概観すると図表2のようになる。

　まず指摘できるのは，通貨危機の前と後とでは，先進国向けの投融資にはほとんど変化が見られないことである。先進国として，ここでは日本からの投融資残高が多いドイツ・オランダ・スペイン・イギリス・米国の5カ国を挙げたが，各国ごとの内訳にはかなりの変動があるとは言え，これら諸国向けの直接投資・有価証券投資の合計は，1994―97年平均と1998―2002年平均の間でさほど変動はなく，これは直接投資，有価証券ともに同じである。また，これら諸国向けの邦銀からの貸付については1994―1997年間のデータが存在しないが，1998―2002年の間，これら諸国向けの日系銀行からの貸付は概ね順調に増加している。このため，アジア通貨・経済危機や，それと期を同じくして起きた日本の金融危機（1997年秋の北海道拓殖銀行・山一証券の破綻など）は，危機当時はとにかく，2002年までの5年間で見る限り，日本から先進国への資金フローについてはさほど大きな影響を与えなかったものと評価できよう。

　一方，アジア諸国向けの資金フローについては，通貨・経済危機の前と後とでは明確な差異が認められる。通貨危機前の1994―1997年においては，日本の金融機関の格付低下などを受けて香港・シンガポールの2大オフショア金融市場向けの貸付残高は減少傾向にあったが，それ以外のアジア諸国に対する貸し付けは大幅な増加傾向にあった。有価証券投資についてはデータの制約により詳細は不明だが，アジア向けの直接投資の規模はかなり大きく，期間平均で日本の対外直接投資の約1／4をアジア向けが占めていた。

　しかし，アジア通貨・経済危機以降，日本の民間企業・金融機関によるアジア向けの投融資は急減少している。特に金融機関による貸付については，フィリピンを除き全域でマイナスとなっており，貸し付けの資金の急速な引き上げがアジア全域で進行したものと評価される。また，直接投資の減少も顕著であり，危機前の約半分の水準にまで落ち込んでいる。これは，通貨・経済危機の後，日本からの先進国向け対外直接投資の額はむしろ増加しているのと好対照をなしている。

以上より考えて，1997年末のアジア通貨・経済危機は，日本の金融危機と同時に起こった事象ではあるが，総論として，日本から先進国への資金の流れには大きな影響は無く，影響は日本から他のアジア諸国への資金の流れに集中して現れたものと考えられる。別の言い方をすれば，日本の金融危機の影響とアジアの通貨・経済危機の影響が相乗効果としてアジア向け投融資の減少という形で現れた一方で，先進国向けの資金フローについては，金融危機によって大きな影響を被ったはずの民間金融機関による貸付も含めて，アジア向けに比べると影響は短期間のうちに収束したということになる。では，なぜアジア向けに影響が集中して現れ，かつ，その影響が現在に至るまで残っているのであろうか。以下，銀行融資，直接投資，有価証券投資の3分野のそれぞれについて検討したい。

2　日本の民間銀行によるアジア向け融資の動向

次に，日本の民間銀行によるアジア向け融資の動向について，先進国向けと比較しつつ分析したい（図表3）。今回，基礎数値としてBISによる国際与信残高統計を使用したが，この統計は，日本の銀行の日本国内の営業店・海外支店・海外現地法人による，外貨建，もしくは拠点の存在しない国への与信（本支店間除く）を合計したものである。このため，図表1に示した日本の国際収支統計とは符合しないものの，日本の民間銀行による実際の与信行動，例えば，シンガポールの支店からインドネシア企業への与信や，タイ国内のIBF（オフショア支店）からタイ国内企業への外貨建貸付などを比較的良く反映しているものと考えられる。なお，統計の定義上，各国に所在する支店からの現地通貨建の貸付（例：マレーシア国内の支店からのマレーシア居住者向けのリンギ建て貸し付け）は含まれないが，インドネシアを除き，通貨・経済危機以前の段階で，アジア諸国の邦銀支店で現地通貨建て業務を許可されていたのは1国あたり2行程度に限られており，邦銀全体の与信残高というレベルでは大きな影響は無いものと見られる。

先進国向けの与信残高については1997年以降の統計しか存在しないが，

図表3　日本の民間金融機関による海外向け貸付残高の変化

単位：百万US$

	93年末	97年末	国際与信残高 2002/12末			97→2002/12 差異
				ウェイト		
				97年末	2002/12末	
ドイツ	—	32,350	73,585	3.6%	7.6%	41,235
オランダ	—	18,856	22,342	2.1%	2.3%	3,486
フランス	—	26,786	44,853	3.0%	4.7%	18,067
イギリス	—	92,285	77,745	10.3%	8.1%	−14,540
米国	—	260,423	377,768	29.1%	39.2%	117,345
先進5カ国小計	—	430,700	596,293	48.1%	61.9%	165,593
香港	123,510	76,272	16,043	8.5%	1.7%	−60,229
中国	12,921	19,589	7,760	2.2%	0.8%	−11,829
シンガポール	88,974	58,649	12,753	6.6%	1.3%	−45,896
インドネシア	16,401	22,018	5,831	2.5%	0.6%	−16,187
韓国	12,039	20,278	10,085	2.3%	1.0%	−10,193
マレーシア	5,179	8,551	5,027	1.0%	0.5%	−3,524
台湾	4,075	3,516	1,914	0.4%	0.2%	−1,602
タイ	16,089	33,180	5,626	3.7%	0.6%	−27,554
フィリピン	934	2,624	2,370	0.3%	0.2%	−254
アジア9カ国小計	280,122	244,677	67,409	27.3%	7.0%	−177,268
合計（上記以外の国を含む）	—	895,124	963,884	100.0%	100.0%	68,760
香港・シンガポールを除くアジア	67,638	109,756	38,613	12.3%	4.0%	−71,143

(出所) BIS統計

1997年から2001年までの変化を見ると，邦銀の海外拠点縮小の動きにも係わらず，先進国向け与信は増加しているのが注目される。特に，ドイツやオランダといったユーロ諸国については増加が顕著である。また，金額の大きい先進国向け与信が増加していることから，邦銀全体の国際与信も増加している。この点，海外拠点の統廃合に伴うテクニカルな要因の影響は考えられるものの(注2)，基本的に，邦銀は先進国での貸出業務については維持・拡大の方向で動いているものと考えられる。

　一方，アジア諸国向けの邦銀の与信は1993年以降縮小傾向にある。邦銀のアジア諸国向け与信の大半は香港・シンガポール向けが占めているが，この両国はオフショア金融市場であり，両国向け与信の大半はインターバンク市場での与信が占めている。このため，90年代に入り，邦銀の格付けが低下する中で収益性が悪化したことなどから，通貨・経済危機以前からこの両国向けの与信は縮小傾向にあった。しかし，この両国を除く他のアジア諸国向けについては，93年から97年にかけてほぼ倍増（93年：676億ドル→97年：1098億ドル）し，その後1／3に減少（2002年末：386億ドル）するというかなり極端な変動を示している。

　1993年から97年にかけての邦銀のアジア向け与信の増加については，日本国内で不良債権問題などから収益が悪化する中，当時経済が好調で高い収益が期待されたアジア諸国での業務を拡大させようと言う意図が強く働いたものと考えられる。その典型的とも言えるのがタイのケースである。タイにおいては，邦銀は長らく2行（旧三井→さくら，旧東京→東京三菱）しか支店の開設を認められず，現地に進出した日系企業を主な顧客に，利幅の大きいバーツ資金取り扱い業務でこの2行のバンコク支店は大きな収益を挙げていた。しかし，タイ政府は1992年末にIBF（International Banking Facility）という，タイ居住者に対しても外貨建て貸し付け業務を行うことのできるオフショア金融市場を創設し，その後，このオフショア市場での業務実績をもとに，IBF支店をバーツの取り扱いが可能な国内支店に昇格させる意向を明らかにした。このため，さくら，東京三菱以外の2行は，IBF支店の昇格を狙って積極的にタイ国内向けの外貨建て貸し付けを

図表4　ジャパン・プレミアムの推移（1997—2002）

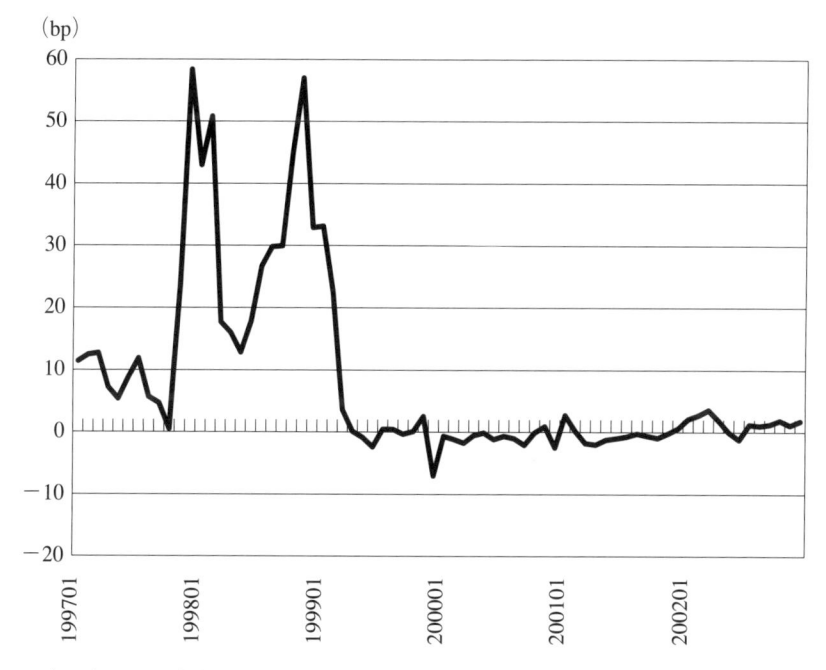

（出所）野村證券金融経済研究所

増加させた。この他，インドネシアなどでも，融資スプレッドが大きく収益性が高いことから，日系企業の参画する大型プロジェクトなどを含め，邦銀は積極的に融資を拡大させた。

　その後，1997年の通貨・経済危機を受け，邦銀のアジア向け与信（香港・シンガポール向けを除く）は大幅な縮小を見せている。通貨・経済危機による債務国側の与信状況の急速な悪化がその最大の理由であるにせよ，邦銀関係者から同時に指摘されるのは，アジア通貨・経済危機と同時並行的に発生した日本の金融危機の影響である。これは，ジャパン・プレミアム(注4)の上昇や邦銀向けの取引枠の縮小という形で，各邦銀の資金調達に大きな影響を与えた。1997年11月の三洋証券・北海道拓殖銀行・山一証券の破綻の結果，ジャパン・プレミアムは月中平均で70bpにまで上昇し（図表

4），同時に与信枠も大幅に縮小されたものと見られる。このため，実質上，邦銀はロンドンやNYなどのインターバンク市場での米ドル調達から閉め出されたに近い状況にあった。邦銀の場合，アジア向け与信のほぼ全額が米ドルであり，その調達は主にインターバンク市場に依存していたことから，資金調達の困難に伴いアジア向けの与信を絞らざるを得なくなったというのが一般的な説明である。

しかし，ジャパン・プレミアムは金融再生法に基づく邦銀への資本注入（1999年3月）以降，ほぼ消滅している。加えて，同様に資金調達の困難に直面しているはずの邦銀の先進国向け与信は，前述の通り維持・拡大傾向にある。また，アジア諸国の経済も，少なくとも経済成長率で見る限りは回復傾向にある。このような点を考えると，アジア通貨・経済危機以降の邦銀によるアジア向け与信の減少については，通貨・経済危機による経済状況の悪化や同時に発生したジャパン・プレミアム問題が与信の減少につながったことは間違いないにせよ，危機発生後5年余りが経過した今日に至るまでアジア向け与信が回復していない理由を，危機の後遺症やジャパン・プレミアムに求めるのは無理があろう。この点，別個の理由が働いている結果，邦銀によるアジア向け与信は減少した後再度増加せず，低迷を続けていると考えた方が自然であると思われる。

邦銀によるアジア向け与信の再増加を妨げている要因として，日本側の事由として考えられるのは，金融機関のリスク管理体制強化の影響である。日本国内では，金融監督庁（現，金融庁）による「預金等受入金融機関に係る検査マニュアル」（1999年7月発効）に基づく資産の自己査定制度が「貸し渋り」を誘発しているとの批判が強いが，この検査マニュアルの基本趣旨は，債務者の格付制度と債務者の区分（正常先・要注意先・破綻懸念先・実質破綻先・破綻先）を関係つける様に規定しているvことからも判る通り，債務者の信用度をより細かく区分することにより，金融機関の保有する資産の信用リスクを厳密に測定しようという点にある。

金融機関の保有する資産の信用リスクについては，BISによる現行の自己資本規制（1998年発効）の中にも，資産に関するリスク・ウェイトとして規定されている（図表5上段）。この規制は，資産の種類別にリスク・

図表5　現行BIS基準によるリスク・ウェイトと格付別累積デフォルト率

現在のBIS基準のリスクウェイト

	自国政府・中銀向け	自国政府機関など	国際機関（世銀など）	海外ソブリン	金融機関向け(*)	住宅ローン	一般企業向け
現行基準	0%	0, 10, 20, 50%	20%	0%（OECD等）	20%（OECD内）	50%	100%
				100%（その他）	100%（その他）		

なお，この他，トレーディングなどのオフ・バランス取引にかかるエクスポージャもリスク資産に算入される
＊OECD外の銀行でも1年未満の与信は20％

格付別の累積デフォルト率（1920-1999平均，Moody'sによる）

	Aaa	Aa	A	Baa	投資適格平均	Ba	B
1年	0.00%	0.08%	0.08%	0.30%	0.16%	1.43%	4.48%
3年	0.02%	0.41%	0.60%	1.73%	0.93%	5.57%	13.73%
5年	0.20%	0.97%	1.37%	3.51%	1.97%	10.04%	20.89%

（出所）BIS, Moody's社資料より筆者作成

ウェイトを定め，住宅ローンなど安全性が高いと見なされる資産などについてはリスク・ウェイトを軽減する一方，リスクが比較的大きいと見られる民間一般企業向け融資についてはリスク・ウェイトを100％としている。この結果，銀行が民間企業向け融資を行うに当たっては，住宅ローンを行うよりは多い自己資本が必要になることになり，銀行経営の安全性が保たれるという趣旨である。

　しかし，このBISのリスク・ウェイト規制については，資産をカテゴリー別に分けたに過ぎず，信用面での区分が荒すぎるという問題がある。例えば，同じ民間企業であれば，AA格を持つ日本の優良企業でも，Ba格を持つタイの民間企業でも，リスク・ウェイト上は同じ取り扱いを受けることになる。通貨・経済危機以前に邦銀がアジア向け与信を拡大させたのも

この点を利用したものであるが(注6)，そもそも，民間企業の信用度を同一に取り扱うことの妥当性には疑問が残る。

このため，アジア通貨・経済危機の前後から，より債務者のリスクを反映した形で資産の信用リスクを評価すべきであるとの批判が強く，米国を中心に，Moody'sやS&Pといった格付会社の格付や各金融機関の過去の貸倒実績をもとにした計量モデルにより，資産の信用リスクを評価・管理しようという動きが強まった(注7)。この動きはBISによる自己資本規制見直しの重要なテーマとして取り上げられ，1999年に発表された第1次協議案にその趣旨が盛り込まれた。同年に発効した日本の金融機関検査マニュアルもこの趣旨を反映しており，大手主要行は1998年―99年にかけて信用格付制度を本格的に導入し，国内外すべての債務者に対して内部で信用格付を付与してリスク管理を行うようになっている。

これらの信用格付に基づくと，債務者のリスクは基本的にそのデフォルト率（倒産確率）で表されることになる。図表5の下段にMoody'sによる格付別の累積デフォルト率を示すが，期間3年の与信の場合，日本の優良企業の属するAa格の累積デフォルト率が0.41％であるのに対し，タイの民間企業の属するBa格のそれは5.57％となっており，タイの民間企業への与信は日本の優良企業への与信に比べて約13.5倍のリスクを持つと基本的に評価される(注8)。したがって，リスク量を厳密に評価した場合には，タイの民間企業への与信を縮小させるか，タイの民間企業向けにはより多額の自己資本をリスク吸収用に割り当てざるを回さざるを得なくなるが，日本国内の不良債権問題が依然深刻な中，後者の選択は現実的には取り得無い。

つまり，アジア・通貨経済危機以降の邦銀によるアジア向け貸出については，ジャパン・プレミアムの縮小などで融資能力が回復した後も，債務者であるアジア諸国の信用度が相対的に低いため，不良債権の償却などで自己資本が落ち込んでいる状況ではアジア向け与信を再度増加させる訳にはいかないというのが邦銀の現状であると考えられる(注9)。反面，先進国向けについては，相対的に信用格付の高い債務者が多く，自己資本が落ち込んでいる状況下でもそれなりに貸付が拡大する余地があるものと思量される。

図表6　アジア諸国の経常収支の推移

	経常収支（億米ドル）					
	97	98	99	00	01	02
北東アジア	116	664	614	462	540	683
韓　　国	－82	404	245	122	82	61
台　　湾	78	34	84	89	179	257
香　　港	－62	29	120	91	117	177
	182	197	165	159	161	187
アセアン5	－178	292	382	317	217	255
インドネシア	－50	41	58	80	69	63
マレーシア	－54	96	126	85	73	73
フィリピン	－43	13	74	59	13	42
シンガポール	－31	143	125	93	62	76
タ　　イ	297	293	157	205	174	354
中　　国	235	1,250	1,153	983	931	1,291
合　　計	－62	957	996	778	757	937
（参考）						
NIEs＋ASEAN4	235	1250	1153	983	931	1,291
NIEs	85	807	739	555	602	759
ASEAN4	150	443	414	428	329	533

（出所）各国政府統計

　また，邦銀によるアジア向け与信が回復しない理由としては，アジア諸国側にもいくつかの要因が考えられる。まず挙げられるのは，実体経済は1999・2000年に外需主導でそれなりの回復を見せたとは言え，依然不良債権問題が残っている。例えばタイの場合，不良債権比率は低下しているものの，その減少分の大半は不良債権を返済繰り延べなどにより正常化させたことによるものであると見られる。これは，アジア諸国の場合，不良債権処理はその債務者（経営不振の民間企業）の再建問題に直結しているものの，経営不振企業の再建が難航しているためである。この点，邦銀によるアジア向け融資のうち，地場向けはそのほとんどが民間企業向けであることから，与信を行おうにも貸せる先がさほど多くはないというのが現状であると考えられる。

図表7　米国・タイ・マレーシアの3ヶ月物金利の推移

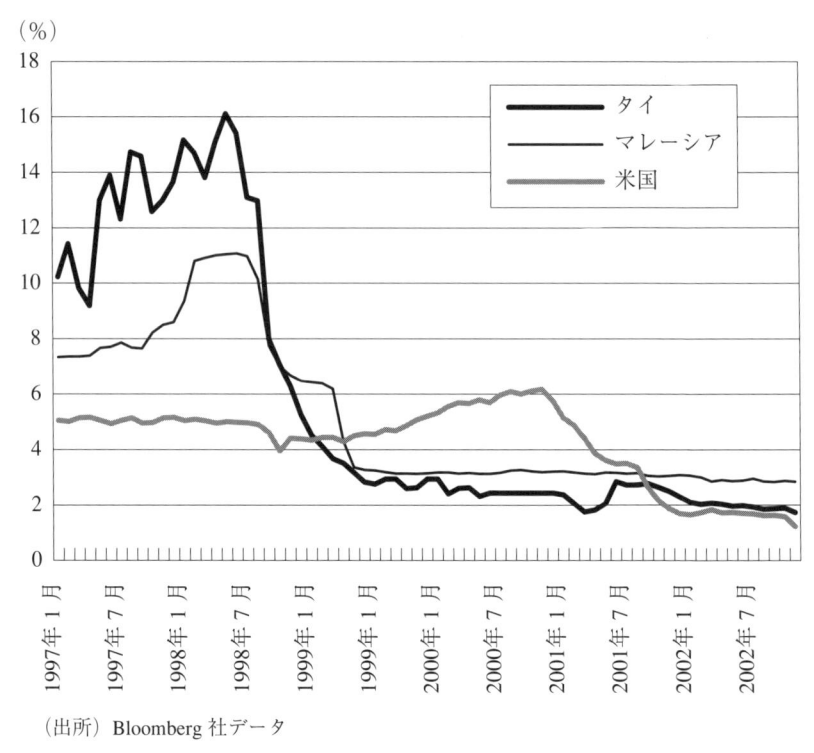

（出所）Bloomberg社データ

　もう一つの要因としては，通貨・経済危機の後，韓国，インドネシア，マレーシア，フィリピン，タイと言った，従来経常収支の赤字を記録してきたアジア諸国の多くで経常収支が黒字に転換したことが挙げられる。このため，マクロ的には，融資の回収やポートフォリオ投資資金の引き上げにより資本勘定部分で資金が流出しても，経常収支の黒字でそれをカバーできる結果，外貨資金へのニーズは低下している。

　経常収支が黒字に転換する一方，危機後に通貨のドル＝ペッグ制を放棄したこともあって，金融政策の裁量余地が拡大したことの影響も大きいと考えられる。特に，タイとマレーシアにおいては，1999年半ば以降，2001年秋に米国がテロ事件の影響で金利を大きく引き下げるまでは現地通貨の方が米ドルよりも金利が低い状況が続いていた（図表7）。このため，外

国の金融機関から資金調達が可能なほどの信用力がある各国の民間企業に取っては，外貨で借りるよりも国内で調達した方がコストが安いことになる。邦銀によるアジア諸国向け貸出が急速に増加した90年代前半においては，通貨がドル＝ペッグしていたにも係わらず現地通貨金利よりも米ドル金利の方が低かったことから，民間企業の多くが米ドルによる借り入れを選好したが，現在は香港・中国を除いて通貨のドル＝ペッグも放棄されている。このような通貨制度の変更や金利環境の変化も点も外貨建て資金需要の低下につながっているものと考えられる。

3　日本からの直接投資の動向

　日本からの直接投資についても，銀行貸出と同様，先進国向けはさほど減少していない一方で，アジア諸国向けの減少が顕著である（図表8）。先進国向けを見ると，イギリス向けを中心に直接投資が順調に増加しているのに対し，アジア向けについては，1997年の122億ドルから1998年には58億ドルと半減し，それ以降低迷を続けている。個別国で見ると，通貨・経済危機の影響を最も強く受けたインドネシア向けの落ち込みがもっとも激しい。また，タイ向けについては，危機直後の98年には現地法人の救援のための出資が相次いだ結果ほとんど落ち込まなかったものの，99年以降相当な落ち込みを見せている。一方，唯一の例外となっているのが韓国向けで，危機後の規制緩和を受けて，99年以降，日本からの直接投資は増加傾向にある。また，中国については，中国投資ブームが喧伝されているにもかかわらず，日本からの直接投資（届出ベース）金額はさほど回復していない。

　このように日本からのアジア向け直接投資が落ち込んでいる理由としては，以下の4点が考えられる。第1には，通貨・経済危機による内需の減少である。日系企業の進出については，輸出目的と現地市場目的の双方が考えられるが，前者の場合，1985年のプラザ合意以降急速に進出が行われた結果，90年代前半には既に工場が安定操業段階に至っており，さほど追加投資は必要でない例が多いものと考えられる。一方，後者の場合，90年

第4章　日本の民間対外投融資の動向とその規定要因

図表8　日本の民間企業による海外向け直接投資（届出ベース、フロー）の変化

単位：百万US$

<table>
<tr><th></th><th colspan="9">対外直接投資</th></tr>
<tr><th></th><th>94年度</th><th>95年度</th><th>96年度</th><th>97年度</th><th>98年度</th><th>99年度</th><th>2000年度</th><th>2001年度</th><th>2002年度</th></tr>
<tr><td>ドイツ</td><td>765</td><td>549</td><td>571</td><td>732</td><td>553</td><td>649</td><td>319</td><td>418</td><td>411</td></tr>
<tr><td>オランダ</td><td>1,105</td><td>1,492</td><td>1,098</td><td>3,293</td><td>2,118</td><td>10,356</td><td>2,755</td><td>4,507</td><td>3,094</td></tr>
<tr><td>フランス</td><td>441</td><td>1,618</td><td>502</td><td>1,735</td><td>520</td><td>1,126</td><td>326</td><td>308</td><td>4,723</td></tr>
<tr><td>イギリス</td><td>2,272</td><td>3,453</td><td>3,437</td><td>4,117</td><td>9,781</td><td>11,713</td><td>19,131</td><td>3,960</td><td>3,052</td></tr>
<tr><td>米国</td><td>18,119</td><td>22,643</td><td>21,998</td><td>20,761</td><td>10,316</td><td>22,285</td><td>12,130</td><td>6,369</td><td>6,209</td></tr>
<tr><td>先進5カ国小計</td><td>22,701</td><td>29,755</td><td>27,605</td><td>30,638</td><td>23,288</td><td>46,129</td><td>34,661</td><td>15,562</td><td>17,490</td></tr>
<tr><td>香港</td><td>1,186</td><td>1,146</td><td>1,486</td><td>695</td><td>601</td><td>971</td><td>935</td><td>296</td><td>248</td></tr>
<tr><td>中国</td><td>2,698</td><td>4,477</td><td>2,509</td><td>1,986</td><td>1,065</td><td>751</td><td>994</td><td>1,440</td><td>1,848</td></tr>
<tr><td>シンガポール</td><td>1,107</td><td>1,185</td><td>1,115</td><td>1,823</td><td>637</td><td>962</td><td>423</td><td>977</td><td>579</td></tr>
<tr><td>インドネシア</td><td>1,818</td><td>1,605</td><td>2,413</td><td>2,513</td><td>1,076</td><td>918</td><td>413</td><td>460</td><td>261</td></tr>
<tr><td>韓国</td><td>423</td><td>449</td><td>416</td><td>442</td><td>302</td><td>979</td><td>813</td><td>543</td><td>640</td></tr>
<tr><td>マレーシア</td><td>776</td><td>575</td><td>571</td><td>791</td><td>514</td><td>525</td><td>232</td><td>256</td><td>93</td></tr>
<tr><td>台湾</td><td>294</td><td>455</td><td>521</td><td>450</td><td>224</td><td>285</td><td>509</td><td>319</td><td>292</td></tr>
<tr><td>タイ</td><td>754</td><td>1,239</td><td>1,403</td><td>1,866</td><td>1,371</td><td>815</td><td>931</td><td>881</td><td>568</td></tr>
<tr><td>フィリピン</td><td>687</td><td>717</td><td>559</td><td>523</td><td>379</td><td>617</td><td>458</td><td>756</td><td>212</td></tr>
<tr><td>アジア9カ国小計</td><td>9,744</td><td>11,849</td><td>10,993</td><td>12,176</td><td>5,790</td><td>6,206</td><td>5,250</td><td>5,172</td><td>4,529</td></tr>
<tr><td>合計（上記以外の国を含む）</td><td>43,054</td><td>51,376</td><td>48,002</td><td>53,950</td><td>40,749</td><td>66,664</td><td>48,553</td><td>31,606</td><td>33,961</td></tr>
</table>

（注）予算年度（4月～翌年3月）ベース、2002年度は上期実績を2倍
（出所）財務省統計

代前半に日本市場が停滞したのを受け，比較的好調であったアジア諸国への進出を図ろうとした例が多いものと見られるが，通貨・経済危機による内需低迷の結果，投資を削減・中止した例が多いものと見られる。

　国別の動向を見ると，国内市場が小さく（人口2千万人強），日系企業の大半が第3国への輸出目的で進出しているマレーシアについては，1994―1997年の間，直接投資の金額はさほど伸びていない。一方，比較的大きな国内市場を持つタイ（人口6千万人強）やインドネシア（同2億人強）については同期間に日本からの直接投資は大きく増加しており，後の2国については，この時期の日本からの直接投資の相当部分が国内需要を目的としたものであった可能性が示唆されよう。(注10)

　第2には，生産拠点見直しの影響が考えられる。前述のようにアジア諸国へ輸出拠点を急速に展開した結果，90年代後半になって，日本の内需低迷による国内工場の稼働率低下を受け，日本とアジアの工場との間でどのように生産を分担するか，更には，アジアの拠点内でどのように分担するかが問題になる例が増えているものと見られる。(注11)このような体制の見直しに伴い，日本からの直接投資が停滞している可能性が考えられる。

　第3には，通貨・経済危機による社会的混乱の影響が考えられる。特にインドネシアの場合，通貨・経済危機によるスハルト大統領の失脚以降社会情勢が急速に悪化しており，日系企業でも労働争議が多発している。このような社会環境の悪化も，日本からの直接投資を抑制する要因になっているものと考えられる。

　また，中国向けの直接投資の伸び悩みについては，統計上の定義の差による可能性も考えられる。中国政府は，自国向けの直接投資が急増していると宣伝しているが，その数値は投資契約ベースに基づく物であり，契約後のキャンセルなどにより，実際の投資額は契約額を定常的に下回っている（図表9）。(注12)一方，今回の分析で使用した大蔵省の統計は外国為替管理法に基づく届出ベースであり，実際の投資金額とは若干相違するものの，届け出額と実際の投資額の差はさほど大きくない物と考えられる。

　第4には，特にASEANの場合，日系企業の進出の歴史が古く，日本か

図表9 中国向け直接投資の推移

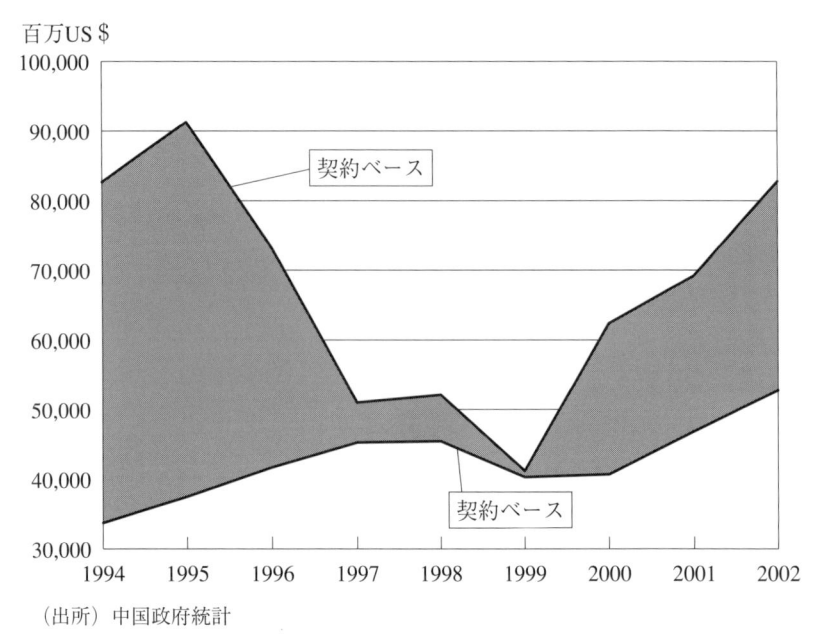

百万US$

(出所) 中国政府統計

ら資金を持ち込まなくても，現地法人のキャッシュ・フローで十分に設備投資をまかなえる段階に来ていることである。特に最近では，移転価格に関する各国の監視の目が厳しくなる一方で日本の景気が長期低迷を続けていることから，ASEANなどの現地法人の方が相対的に資金的に余裕があるケースも出てきている模様である。

4　日本からの証券投資の動向

最後に日本からの有価証券投資の動向であるが，今回使用した大蔵省による対外証券投資動向統計（ネットベース）においては，アジア向け有価証券投資については，一部の国を除き1996年以降しかカバーされていない。また，第3国に設立された投資信託を経由したアジア諸国やその他の諸国向けの投資（例：アイルランドに設立された私募投信を利用した日系金融

機関によるアジア向け投資）については，統計上設立国向けの証券投資として取り扱われている。

　しかしながら，このようなデータの制約を考慮しても，日本からのアジア向け有価証券投資は，先進国向けと比べて極めて少なく，不活発であると評価せざるを得ない（図表10）。株式市場の場合，アジア株投資ブームは統計が無い1994年までの段階で起こっており，1996年以降はブーム後の資金の回収期に入っていることを考慮しても，先進国向けと比較してアジア諸国向けの有価証券投資額は極めて少ない。一方，銀行貸付や直接投資と同様，先進国向けの投資は堅調に推移している。

　このようにアジア向けの有価証券投資の不活発な理由として，以下の2点が考えられる。第1には，アジア諸国向けの有価証券投資は株式投資が主であるのに対し，伝統的に日本の対外有価証券投資は債券投資が主流であることである（図表1）。最近の動向を見ても，1999・2000の両年については，米国・英国向けを中心に株式投資が増加したとは言え，ドイツ向けについては債券が大きく買い越される一方で株式は売却超過になっている。このため，日本の対外有価証券に占める株式の割合は概ね30％以下に留まっている。(注13)

　生保など日本の機関投資家のリスク許容度が低下している現状を考えると，価格・為替の双方でリスクをヘッジしやすく，(注14)相対的にリスクの小さい債券投資の方が選好されやすい状況が当面続くと考えられる。しかし，アジア諸国の場合，債券市場が未整備である上，為替リスクのヘッジ・コストも先進国と比べて高く，これがアジア向けの証券投資を抑制する原因の一つになっているものと考えられる。

　実際，為替リスクの無いサムライ債（非居住者が日本国内で発行する円建債）については，アジア諸国の居住者の発行する物であっても堅調に消化されており，少なくとも国レベルについては，発行体の格付の低さが消化の課題になっている状況ではない。このため，現地通貨建て債券市場の規模の小ささとリスク・ヘッジ手段の少なさが主な投資の障害になっている可能性が高いと見られる。また，日本からの対外債券投資は基本的に高

第4章 日本の民間対外投融資の動向とその規定要因

図表10 日本の居住者による海外向け証券投資(ネットベース)の推移

単位:百万US$

対外有価証券投資(ネット)合計

	94年	95年	96年	97年	98年	99年	2000年	2001年	2002年
ドイツ	-8,350	12,962	4,669	3,742	31,044	19,559	11,253	-428	-9,875
オランダ	254	2,277	7,040	4,095	873	7,972	-237	1,139	-89
フランス	-7,584	-4,747	-893	-149	12,869	57	3,768	1,333	1,045
イギリス	26,715	29,860	11,840	10,732	7,571	6,188	-122	-249	-1,632
米国	29,941	14,004	48,038	14,904	29,338	12,494	22,015	48,507	53,803
先進5カ国小計	40,977	54,356	70,695	33,325	81,695	46,271	36,676	50,301	43,254
香港			-1,048	-1,719	-1,159	565	937	-362	374
中国									
シンガポール			4	-134	-654	1,370	301	-392	-104
インドネシア									
韓国			698	72	-157	-672	68	29	22
マレーシア			231	-289	-209	19	-103	-11	-188
台湾						74	73	146	216
タイ			178	88	130	-19	-296	-21	-215
フィリピン									
アジア9カ国小計			63	-1,982	-2,049	1,336	980	-610	105
合計(上記以外の国を含む)	67,949	82,734	85,244	30,316	86,387	107,335	69,198	96,583	102,832

(出所)財務省統計

図表11 MSCIによる株式投資インデックスnウェイト（日本除き）と，その他の指標で見たウェイトの比較

	MSCI指数ウェイト (2002／12)		日本の貿易相手ウェイト (2002)	邦銀与信ウェイト (2002／12)	名目GDPウェイト (2001)
	KOKUSAI	WORLD			
ドイツ	3.3%	3.0%	3.5%	7.6%	10.5%
オランダ	2.5%	2.3%	1.6%	2.3%	2.2%
フランス	5.1%	4.8%	1.7%	4.7%	7.4%
米国	58.1%	53.6%	23.4%	39.2%	57.2%
先進5ヵ国小計	80.4%	74.2%	32.6%	61.9%	85.5%
香港	1.3%	1.2%	3.6%	1.7%	0.9%
中国		0.6%	13.5%	0.8%	6.8%
シンガポール	0.6%	0.5%	2.5%	1.3%	0.5%
インドネシア		0.1%	2.7%	0.6%	0.8%
韓国		1.2%	5.8%	1.0%	2.4%
マレーシア		0.6%	2.9%	0.5%	0.5%
台湾		1.2%	5.3%	0.2%	1.5%
タイ		0.2%	3.1%	0.6%	0.7%
フィリピン		0.1%	2.0%	0.2%	0.4%
アジア9国・地域小計	1.8%	5.7%	41.5%	7.0%	14.5%
合計（上記のみ）	82.2%	79.9%	74.1%	68.9%	100%
合計（その他含む）	100%	100%	100%	100%	―

（出所）MSCI社資料，各国政府統計

金利による収益の獲得を目指しているが，一部アジア諸国については，米ドルよりも金利が低くなっている（図表7参照）ことも，アジア向けの債券投資が不活発な一因となっている。

 第2には，日本からの対外株式投資についての制度上の問題がある。現在対外株式投資の主役となっている機関投資家のほとんどはインデックス運用を行っているが，厚生年金基金連合会が標準として採用していることからMSCI KOKUSAIインデックスが実質的な基準となっている。しかし，

MSCI KOKUSAIの場合，アジア諸国の中で含まれているのは香港，シンガポールの2市場のみである上，そのウェイトはGDPや日本との貿易額（輸出入平均）でみたウェイトと比べて極めて小さい（図表11）。これは，MSCIインデックスのウェイトは時価総額を基準にしていることから，時価総額の大きい先進国のウェイトが高くならざるを得ないのが一因である。株式市場というストックと，GDPや貿易額というフローを単純に比較することは妥当とは言えないが，貿易に見られるような実体経済面と株式投資の面に置いては，日本とアジア諸国との間の関係の深さには大きなギャップがあることは事実である。また，国別の構成を見ても，MSCIの場合，全市場をカバーするWORLDインデックスベースでは韓国，台湾が比較的大きなウェイトを占めているが，これらの2市場は現在のところKOKUSAIインデックスには入っておらず，市場規模の割には日本の機関投資家の関心はさほど高くない。(注15)

この点，インデックスに基づいたパッシブ運用が主体である日本の機関投資家によるアジアへの株式投資を再度活性化させるためには，よりアジア株の組み入れ比率の高い他のインデックスの採用を認めたり，柔軟な運用を認めるなどの対応を考慮する必要もあろう。

おわりに

以上，民間銀行・企業による日本からのアジア向け投融資の状況について，先進国向けと比較しつつ簡単な分析を行った。アジア向けの投融資の減少要因について全体を通じて要約すると，アジア通貨・経済危機を経て，アジア諸国の状況は大きく変化し，従来までの投融資形態に基づく資金需要が低下しているにもかかわらず，それに代わる新しい投融資の形態を日本側が見つけられないでいる結果，日本からのアジア向け投融資が減少しているものと評価できよう。

銀行融資を例に取ると，企業向け融資のニーズは低下しているのを受け，地場銀行はもとより，欧米諸国の銀行も個人向け業務（クレジットカード

など)をアジア諸国での積極的に拡大しているが，日本の銀行はその種の新規業務に参入する余裕は無く，結果としてアジア諸国での業務を縮小させている。また，直接投資についても同様で，日本企業の直接投資はスタートアップ型(新規に事業を開始する)が主であるが，通貨・経済危機以降，バルチャー・ファンドなどは不良債権の購入など新たな形での直接投資を拡大させている。バルチャー・ファンドによる投資については，その名前の通り投資先国で決して歓迎されない投資行動を行うことも多いが，過去，投資先国で雇用の拡大や産業の発展に貢献してきた日系企業による直接投資は様相をかなり異にするとは言え，その種の投資機会がアジア諸国に多数存在することも事実である。

このため，今後，日本のアジア向け投融資がどの程度活性化されるかは，アジア諸国の経済の回復に加え，通貨・経済危機後のアジア諸国の実態にあわせた新たな投融資の形態を日本の民間銀行や企業が開発・実施できるかにもかかっているものと考えられる。

なお，この問題は，単に金融面の問題には留まらない。本小論のように主に統計資料に依拠した分析では見落とされやすい論点であるが，海外向けの投融資は単なる資金の流れではない。直接投資の場合において特に顕著であるが，通常，資金の投資とともに各種の技術移転や人材交流が行われるため，それによる経済的な影響も大きい。

このような視点に立てば，最近の日本からのアジア向け投融資の停滞は，単なる資金の流れの停滞というよりは，日本からアジアに向けた経済的な影響力が低下していることを示していると言える。別の言い方をすれば，アジア諸国の実態にあわせた，新たな日本からの投融資のあり方を考えるという作業は，アジア諸国との経済関係を今後どう発展させていくのかという基本的な考え方の再構築の作業でもある，ということになろう。

参考文献

Basel Committee on Banking Supervision, "*Consultative Document The New Capital Accord*", Bank for International Settlements, 2003

大蔵省(外国為替等審議会アジア金融・資本市場部会),「アジア通貨危機に学

ぶ—短期資金移動のリスクと21世紀型通貨危機」, 1998年
金融庁,「金融検査マニュアル(預金など受入機関に係る検査マニュアル)」,
　1999年
関志雄,「円と元から見るアジア通貨危機」, 岩波書店, 1998年
米田敬智,「タイ・フルブランチへの道」, 中公新書, 1999年

注
(1)　この点については, 日本国内では官民ともに一致した傾向が見られる。大蔵省(1998年), 関(1998年)など
(2)　統計の定義上, 米国内の拠点を廃止してその支店の米国居住者向けの米ドル建て貸出を東京の本店に付け替えた場合, 支店廃止前は支店開設国内の現地通貨建与信として国際与信には計上されなかったものが, 支店廃止後は新たに国際与信として計上される。
(3)　タイにおける邦銀のIBF業務拡大の経緯については, 米田(1999年)に詳しい。米田氏は元日本興業銀行バンコクIBF支店長。なお, 最終的に, 1997年から日本興業銀行, 第一勧業銀行, 住友銀行(いずれも当時)の3行がIBFから国内支店に昇格し, 邦銀のタイ国内支店は一時5支店に増加した。
(4)　邦銀がインターバンクでの資金調達に際し余分に金利を払わなければならない状態を指す。通常, 米ドルのLIBOR(ロンドン銀行間取引オファーレート)で,「邦銀の平均提示レート—邦銀以外の銀行の提示レート」を計算してジャパン・プレミアムと呼ぶ。
(5)　金融庁(1999年)の「信用リスク検査用マニュアル」別表1.(2)参照
(6)　BIS規制により貸付額の増加に限界がある場合, 同じリスク・ウェイトならば, 信用度が高い分利回りの低いトヨタ自動車向け債権よりは, 信用度が低い分利回りの高いタイの民間企業向けの債権を増やした方が銀行としての収益性は向上する。
(7)　この種のモデルの嚆矢としてKMV社によるPortfolio Manager(1993)があり, BISによる市場リスク規制(通称BIS2次規制)の導入などに合わせ, 米国や日本・欧州の主要銀行の間で検討が開始された。1997年には, JP Morgan の Credit Metrics, Credit Suisse の CreditRisk Plus, 日本興業銀行(会社名はいずれも当時)の信用リスク評価モデルなどが相次いで発表され, より細分化された信用リスク評価を求めるコンセンサスが確立した。
(8)　この説明はあくまでも簡略化したものであり, 実際にBa格の債務者への与信枠がAA格の1/13.5になる訳ではない。
(9)　BISで現在検討中の新しい自己資本規制(通称BaselⅡ)においてもこの考え方が導入されていることから, BIS3次規制の導入に伴い, 先進国から発展途上国への貸付がストックベースで急減するのではないかと懸念

する向きもある。しかし，実際には，日本を含めたほとんどの先進国の銀行では1999年頃までに信用格付制度が導入済であり，BIS 3次規制の導入により新規の貸付増加が妨げられることにはなっても，既存の貸付を大きく減少させる可能性は大きく無い。Basel Ⅱの影響については，むしろ，海外に支店を持つ（＝BISの規制対象となる）発展途上国の銀行への影響が今後懸念される。Basel Committee on Banking Supervision (2003) 参照。

(10) 現在問題になっているインドネシアでの大型プロジェクト（丸紅によるチャンドラ・アスリ石油化学プロジェクトや三井物産が組成したパイトン火力発電所など）の殆どは，インドネシアの国内需要を対象にしたものであった。

(11) 例えば，ソニーや松下などは1999年から2000年にかけて現地法人の管理体制の見直しを行い，シンガポールなどに所在する域内統括本社の機能を強化している。

(12) このような例は中国に特有のものでは無く，インドネシアなどでも見られる。

(13) 1997年については，ジャパン・プレミアム問題の影響で邦銀が外貨調達のために手持ちの外貨建債券（特に米国債）を売った結果，債券のネット投資額が縮小し，株式投資額のウェイトが例外的に高くなったものと考えられる。

(14) 株式投資においても為替リスクはヘッジ可能だが，外貨建ての投資金額の変動が大きいことから，ヘッジのカバー率の決定が困難である。このため，債券と違って外貨建て株式投資はヘッジなしで行われるケースが多くなる。

(15) KOKUSAI指数については，外国人の投資が原則として自由であることが要件となっている模様である。このため，外国人の株式投資については事前許可が必要である台湾は除外されている。また，韓国・マレーシアについては，投資規制は既に撤廃されているものの，現在のところKOKUSAI指数には含まれていない。

＊本稿は執筆者である中井浩之の個人的見解に基づくものであり，野村證券金融経済研究所，その他機関の見解を代表するものではない。

第5章　タイの通貨危機とその後の経済状況

箕輪徳二

はじめに

　タイ国における1997年のバーツ危機は，瞬時に東アジアの順調に成長していた他の諸国に伝播し，韓国，マレーシア，インドネシア等の東アジアの経済を不安に落とし入れてしまったのである。すなわち，アメリカの短期投機資金の大量巨額なバーツ売り攻撃は，タイの経済，金融，貿易等の矛盾を見すかした通貨投機であり，タイ政府はその戦争に防戦したが，外貨が底をつき敗北した。タイの通貨当局は管理通貨制へ転換，バーツの大幅に切り下げを余儀なくされ，実物経済に大きな影響を与えることになった。この通貨不安は他の東アジア諸国の経済を不安に陥り入れ，アジア諸国の通貨の安定，管理のあり方に大きな影響を与えるものになったのである。

　アジアの経済の発展には，各国の通貨の安定が必要不可欠であり，時の日本の大蔵大臣宮澤喜一氏による，日本提案という形で，300億ドルの支援と，2000年5月に，ASEAN＋3国（日本，中国，韓国）の大蔵大臣の間に2国間のスワップおよびレポ取決めのネットワークを軸とする緊急融資枠組み，いわゆる「チェンマイ・イニシアティブ」に関して合意したのである（トラン・ヴァン・トゥ，原田泰，関志雄著『最新・アジア経済と日本』日本評論社2001年7月20日　P.128）。

　本章では，タイ国の通貨危機の原因，その金融的・経済的背景を解明し，タイ国の通貨危機の内容とそれに対しての対策・IMF支援を明らかにするとともに，1979年の通貨危機後のタイ国の経済，金融，貿易等の動向を明

第5章 タイの通貨危機とその後の経済状況

らかにする。

　本章での内容の多くは，さくら銀行バンコック支店でのヒアリング，資料を頂いたことによっている。記して感謝を申し上げたい。

1　タイの通貨危機の原因

　アジア危機は，タイの通貨危機として1997年5月のバーツに対する投機からはじまった[注1]。そして，同年7月2日，米ドルに固定的な複数通貨バスケット制から管理変動相場制に移行し，バーツの対米ドルレートは14%下落したのである。タイでは外貨準備の減少と通貨下落が続き，信用が不足するという通貨危機を発生させた。

　タイの通貨危機は，通貨防衛のための高金利政策をとり，金融資本市場の開放を進めていたタイに，巨額な資金が海外から流入したことに起因していると考えられている[注2]。巨額な資金流入は，投資収益率の低い事業の投資まで促し，供給過剰をもたらしたほか，不動産や株式投資にも資金が向かいバブルをもたらした。すなわち，'90年代当初から経常収支赤字が続き，危機前の'95年，'96年のいずれも経常収支赤字がGDP比8%に達していたのである。円安ドル高と'94年の中国元の実質的な切り下げが，実質実効為替相場を上昇させ，巨額の経常収支赤字が堆積するなかで，タイの通貨バーツは，実質的にドル・ペッグ制を採用し，外貨導入を目的とした急激な資本自由化と固定相場制を背景に，巨額の民間資本が流入し，バブルが発生するなか，固定相場のサスティナビリティに疑念が持たれ，タイでヘッジ・ファンド等が為替空売りを仕掛け，当局は介入でしのいだが，自ずと限界があり，固定相場制維持が困難となり管理変動相場制に移行したのである[注3]。タイの民間企業・銀行の債務の多くはドル建てであったため，為替相場の急落は債務のインフレを招来させることになり，支払不能の状況が出現したのである。

　以下，簡単にタイの通貨危機にいたる状況をみておくことにする[注4]。

(1) 高金利政策と金融市場の自由化

　タイの経済は，'97の通貨危機までは順調に推移していた。タイの実質経済成長は，'92年7.6％，'93年8.2％，'94年8.8％，'95年8.6％，'96年5.9％，'97年―1.7％，'98年―10.2％，'99年2.9％であったのである(注5)。

　'90年代中頃までの順調な経済成長は，外国からの直接投資と'93年3月に創設されたBIBF（Bangkok International Banking Facility：バンコクのオフショア市場）での資金流入によっていたのである。BIBFの創設目的は，バンコクをインドシナ地域の金融センターにし，将来的にバーツ経済圏を形成する目的で「外―外」取引を中心とするオフショア市場形成を狙ったものであったのである。ところが，この目論見は，実際には「外―内」が主要取引であり，タイの経常収支赤字をファイナンスするものとして機能していたのであった(注6)。

　タイへの資金流入の実態をみると，'88年の民間資本流入が38億ドル（主要な内訳は外国からの直接投資11億ドル，非居住者バーツ預金9億ドル）が，'89年に59億ドル（主要内訳，外国直接投資18億ドル，直接融資18億ドル，株式投資14億ドル，非居住者バーツ11億ドル）と前年比1.55倍に増加し，以後'90年109億ドル，'91年103億ドル，'92年93億ドル，'93年103億ドル，'94年120億ドル，'95年208億ドル，'96年182億ドル（主要内訳，外国直接投資23億ドル，直接融資54億ドル，株式投資11億ドル，債券投資24億ドル，非居住者バーツ預金29億ドル）へと急激な民間資本流入があったのである（表1参照）。

　ところが，'97年の1―6月には，一転して民間資本流入が―14億ドル（主要内訳に直接投資―3億ドル，直接融資―12億ドル，非居住者バーツ預金―54億ドル等）となり，急激な資本流出が起こっていることがわかる(注7)。

　ところで，'96年までの急激な民間資本の流入の要因は，タイバーツが米ドルとペック制をとっている条件のもとで，高金利政策がとられたことによるものである。国際金融市場の金利が'90年代に入って急速に低下し，たとえば，米国財務省債券金利は'91年に5.4％'93年には3.0％まで低下するなかで，タイの金利との金利格差が拡大するものとなり，民間資本流入を

第5章 タイの通貨危機とその後の経済状況

表1 タイの民間資本流入（10億ドル）

	1980	1981	1982	1983	1984	1985	1986	1987	1988	1989	1990	1991	1992	1993	1994	1995	1996	1997 (1–6)	1997 Q1	2002 Q2
民間資本流入合計	0.8	0.6	0.4	1.5	1.9	0.2	−0.4	0.9	3.8	5.9	10.9	10.3	9.3	10.3	12.0	20.8	18.2	−1.4	1.7	−3.1
銀行	−0.5	−0.4	−0.3	0.7	0.1	−0.5	−0.8	0.2	0.8	−0.3	1.6	−0.3	1.9	3.6	13.9	11.2	5.0	2.4	2.4	−0.1
市中銀行	−0.5	0.4	−0.3	0.7	0.1	−0.5	−0.8	0.2	0.8	−0.3	1.6	−0.3	1.9	−4.0	3.8	3.1	0.4	1.8	1.8	0.0
BIBF	0.0	0.0	0.0	0.0	0.	0.0	0.0	0.0	0.0	0.0	0.0	0.0	0.0	7.6	10.1	8.1	4.6	0.6	0.7	−0.1
民間非銀行部門	1.2	1.0	0.8	0.8	1.8	0.7	0.5	0.6	2.9	6.2	9.3	10.5	7.4	6.7	−1.9	9.6	13.2	−3.8	−0.8	−3.0
直接投資	0.2	0.3	0.2	0.4	0.4	0.2	0.3	0.2	1.1	1.7	2.4	1.8	2.0	1.4	0.9	1.2	1.5	1.0	0.5	0.5
外国	0.2	0.3	0.2	0.4	0.4	0.2	0.3	0.4	1.1	1.8	2.5	2.0	2.1	1.7	1.3	2.0	2.3	1.3	0.6	0.7
タイ	0.0	0.0	0.0	0.0	0.0	0.0	0.0	−0.2	0.0	−0.1	−0.1	−0.2	−0.1	−0.3	−0.4	−0.8	−0.8	−0.3	−0.1	−0.2
直接融資（ネット）	0.6	0.8	0.4	0.2	1.0	0.1	−0.1	−0.6	0.2	1.8	4.5	5.6	2.7	−2.4	−5.8	1.5	5.4	−1.2	−0.3	−0.9
証券投資	0.1	0.0	0.0	0.0	0.0	0.1	0.1	0.5	0.4	1.4	0.4	0.2	0.6	4.8	1.1	3.3	3.5	1.5	0.5	1.0
株式投資	0.1	0.0	0.0	0.0	0.0	0.1	0.1	0.5	0.4	1.4	0.4	0.0	0.5	2.7	−0.4	2.1	1.1	1.3	0.4	0.9
債権	0.0	0.0	0.0	0.0	0.0	0.0	0.0	0.0	0.0	0.0	0.0	0.1	0.1	2.2	1.5	1.2	2.4	0.3	0.1	0.2
非居住者バーツ預	0.1	0.1	0.2	0.2	0.4	0.4	0.4	0.4	0.9	1.1	1.3	2.1	1.8	2.7	2.0	3.4	2.9	−5.4	−1.8	−3.6
貿易信用	0.3	−0.3	0.0	0.0	0.0	−0.1	−0.1	0.1	0.3	0.1	0.6	0.7	0.3	0.5	0.5	0.3	−0.1	0.2	0.2	−0.1
その他	0.0	0.0	0.0	0.0	0.0	0.0	0.0	0.0	0.0	0.1	0.1	0.1	0.1	−0.4	−0.6	−0.1	0.0	0.0	0.0	0.0

(出所) タイ中央銀行。但し、原データはバーツ表示のため、対米為替レート（期間平均）によりドル換算。
引用；第1図に同じ。

図1 タイと米国の金利差

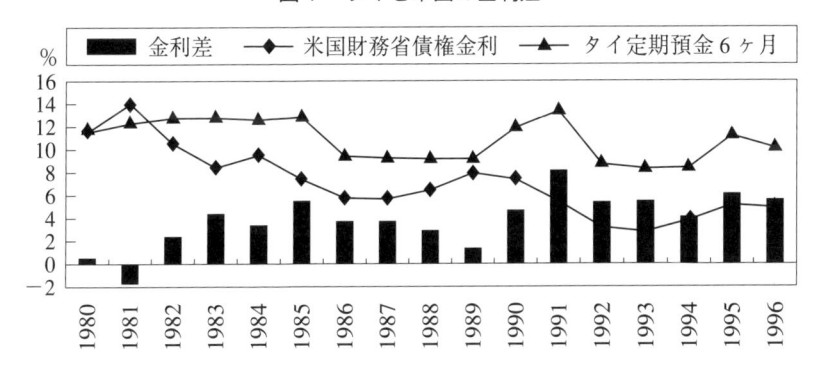

（出所）IMF, International Financial Statistics, CD-ROM より作成。
引用；平塚大祐稿「タイ通貨危機の原因と早期回復の条件」アジ研『97年アジア通貨危機』1997年12月19日，33頁，図1より

急速に加速したものとなったのである。

'94年8月に米国のフェデラルファンド・レートが引き上げられると，タイ中央銀行は翌9月に公定歩合9％から9.5％に引き上げたのである。さらに「'94年12月から'95年1月にかけてメキシコ通貨危機が発生し，タイを含めエマージング・マーケットに対する信頼が低下し，タイへの資本流入が減少すると，タイの中央銀行は，資本流入を促進し通貨を防衛する必要から，金利をさらに引き上げ，国際金融市場との金利格差を拡大させている」のである（図1，2参照）。[注9]

タイの民間資本流入を促進した要因の2つ目は，金融・資本市場の自由化のための諸改革であったのである。[注10]

その改革の一つが，預金業務を行えるフルブランチ銀行（総合銀行）は，バンコク首都圏以外に支店の増設を認めたことである。その二つが，'95年にBIBF（バンコクオフショア市場）ライセンスが47行に与えられたが，BIBFライセンスを積極的に外国銀行に与えたことである。その三つが，BIBF専門銀行のなかから5行を預金業務ができるフルブランチに昇格させたことである。その四つが，新たに生命保険及び損害保険の新免許を交付したことである。

この結果，金融市場の開放が，融資の行き過ぎ，過剰流動性を引き起こ

し，このことが危機の原因の1つと考えられている。[注11]

　この過剰流動性を抑制すべく，タイ中央銀行は'96年1月から市中銀行，BIBFライセンス銀行に対して，融資の伸び率を'95年末の21％に抑えるよう要請したのである。さらに同年7月から，融資の伸び率を19％に抑えるよう指導が強化された。しかし，民間企業やノンバンク金融機関は外国銀行からの直接融資を '95年の15億ドルから'96年に54億ドルへ増加させ，この結果，BIBF融資と外国銀行からの直接融資を合計した資本流入額は，'95年の96億ドルから'96年には100億ドルへと増加し，民間資本への流入抑制策は失敗し，過剰流動性，バブル現象を呈することになった。[注12]

(2) 海外資金の流入，流出の急激な変化

　タイ経済は，経常収支赤字を大幅に上回る民間資本が流入することで，外貨準備は急増を続け，通貨の安定を維持してきたのである。[注13]

　経常収支赤字は，1992年（会計年度10～9月）－6億45百万米ドル，'93年－65億20百万米ドル，'94年－84億97百万米ドル，'95年－131億27百万米ドル，'96年－144億米ドル，'97年－30億24百万米ドルと，年を追うごとに大幅な赤字が続いたのである。

　外貨準備高は，'92年211億82百万米ドル，'93年254億39百万米ドル，'94年302億79百万米ドル，'95年370億27百万米ドル，'96年387億米ドル，'97年269億68百万米ドルに達していたのである。[注14]

　しかし，タイの実体経済が，'95年の実質経済成長等が8.6％から，'96年－5.9％，'97年－1.7％へ減少するなかで，海外資金によって急増した銀行・金融会社（以下ノンバンクと呼ぶ）貸付の不良債権化とノンバンクの経営難が指摘されるようになる。[注16]こうした状況で，'97年に入り民間資本の流入が細り，'97年第1四半期の民間資本流入は17億ドルにとどまり，第2四半期には31億ドルの流入となり（表1参照），民間資本の流れは大きく変化したのである。[注17]

　この流入は，非居住者バーツ預金が流出したことが主因で，非居住者預金は，'96年7月及び9月，'97年1月，5月などバーツが投機対象となっ

図2　タイと米国の金利差

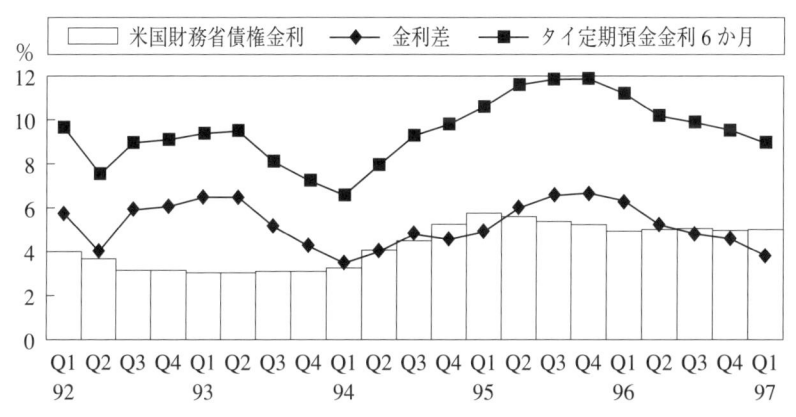

（凡例）米国財務省債権金利　　金利差　　タイ定期預金金利6か月

（出所）IMF, International Financial Statistics, CD-ROM より作成。
引用；図1に同じ，34頁より

たときに大規模に流出しており，逃げ足の早い資金であったのでる。非居住者バーツ預金の流出は，'97年上半期だけで54億ドルに達した。

タイの市中銀行は'96年末で預金の36％に相当する488億ドルを海外に依存しており，'97年上半期の54億ドルに登る非居住者預金の流出は，タイの金融システムに大きな影響を与えたのである。さらに，外国銀行による国境を越えたローンも急激に減少したのである。[注18]

この非居住者預金の流出が，タイバーツに対する危機の主要な原因であったのである。

(3) 通貨危機の発生の経済的背景とその問題

平塚大祐氏は，通貨危機発生の経済的背景には，巨額の資金が流入し，以下のような問題があったことを指摘している。[注19]

第1に，製造業が低金利な外貨融資を利用し積極的な設備投資を行い，投資収益率の低い分野にまで進出し，全体的に製造業の収益率は低下していたことを指摘している。BIBF融資は'93年の開設から'96年までの4年間に合計310億ドルに達しており，このうち5割は製造業向けに融資され

図3　ノンバンク融資残高

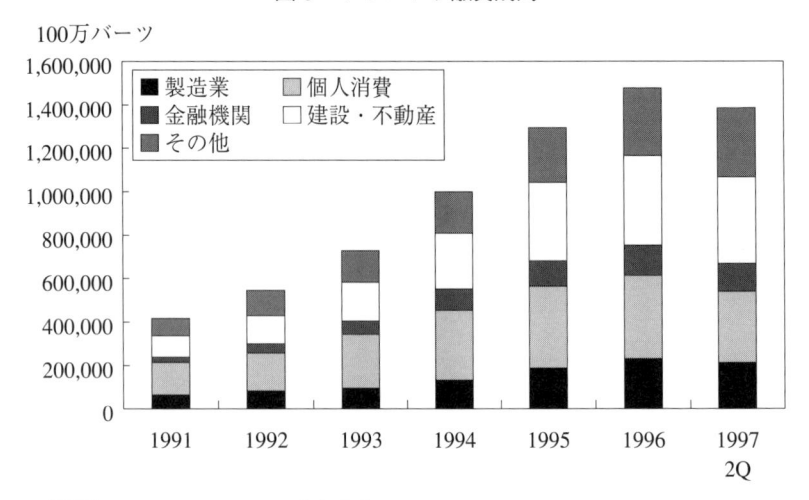

100万バーツ

凡例：
- 製造業
- 金融機関
- その他
- 個人消費
- 建設・不動産

（引用）The Bank of Thailand より作成。
引用；図1に同じ

ていたとされる。

　第2に，小売業やサービス業も低金利な外貨融資を利用し積極的な投資を行った結果，過当競争を招き，収益率が低下していたことを指摘している。

　第3に，海外からの巨頭な資金流入が不動産投機や株式投機などのバブルをもたらしたことを指摘している。BIBF融資のうち不動産向け融資はBIBF融資の4.9％（'96年）に過ぎないが，ノンバンクに多額の融資が行われ（'95年にはBIBF融資の19％，'96年は15％がノンバンク向け），ノンバンクは融資の24％を不動産に融資しており，かなりのBIBF資金がノンバンクを通して不動産に流れていたことを指摘している（図3を参照）。

　第4に，BIBFによるノンバンクに対する融資が急増し融資リスクが上昇し，BIBF専門銀行がノンバンクへの融資を切り始めたことを指摘している。'95年12月期の資金残高，融資残高に応じて，BIBF専門銀行20行のなかから5行を預金業務ができるフルブランチへの格上げすることが決まっていた。そこでBIBF専門銀行は融資を増加させるため特にノンバンク

表2　BIBFライセンス銀行融資残高

(単位:100万バーツ)

	1993	1994	1995	1996	1997
タイ商業銀行	126,307	189,826	254,570	330,091	334,809
製造業	46,361	67,922	96,516	141,227	149,916
ノンバンク	10,033	15,674	29,005	29,890	26,420
不動産	13,850	19,574	15,535	15,490	15,063
外国銀行支店	50,260	102,249	152,403	222,795	374,996
製造業	23,165	43,583	74,588	124,438	206,176
ノンバンク	3,294	13,767	27,368	26,464	56,945
不動産	1,057	2,967	3,754	2,227	6,236
新規ライセンス外国銀行	19,180	164,568	273,805	264,565	137,397
製造業	11,723	63,714	121,058	124,875	65,563
ノンバンク	1,167	642,241	72,604	63,267	38,778
不動産	498	1,881	6,129	6,026	1,679
BIBFライセンス全47行	195,746	456,643	680,778	807,452	847,201
製造業	81,249	175,219	292,162	390,539	421,658
ノンバンク	14,494	71,683	129,477	119,621	122,142
不動産	15,404	24,422	25,418	23,743	22,978

(出所) The Bank of Thailand
引用;図1に同じ

への融資を増加させたが，これがノンバンクへの融資偏重を招いたとされている。このためのBIBF専門銀行の一部はノンバンク融資の行き過ぎを懸念し，ノンバンクへの融資のカットを始めたのである（表2参照）。ノンバンクは短期で資金を調達し，不動産融資やリースなど長期融資を行っていることから，BIBF融資が切られた結果，ノンバンクの資金繰りが悪化し，タイの金融システムの健全性が問われ始めていたなか，ノンバンク16行が'97年6月に営業停止に追い込まれ，変動相場制移行後の8月には42行が営業停止させられている[注20]。

　第5に，民間対外債務が短期間に急増し，タイの債務支払能力が問題となっていたことを指摘している。国境を越えた外国銀行融資残高は，'96年末816億ドルプラス債券債務残高124億ドルの合計940億ドル（同前比

表3 タイの対外債務

(百万ドル)

	1990	1991	1992	1993	1994	1995	1996
銀行債務残高(注1)	14,551	20,959	24,607	32,579	52,374	74,365	81,616
公共部門	2,336	2,750	2,528	2,839	2,763	2,277	2,276
民間部門	12,215	18,209	22,079	29,740	49,611	72,088	79,340
債券債務残高					5,900	7,300	12,400
対外債務残高合計	14,551	20,959	24,607	32,579	58,274	81,665	94,016
対GDP比(注2) (%)	16.2	20.4	21.5	25.5	40.0	49.1	51.1

（注1）国境を越え外国銀行融資残高のなかには，シンガポールや香港のオフショア金融市場から調達された資金が含まれるが，二国間援助や国際金融機関による政府に対する援助資金は含まれない。また，ここでは未実行部分と現地通貨建て債務は除外した。
（注2）GDPについては，95年まではNESDB，96年はアジア経済研究所推計を用いた。
（出所）Bank for International Settlement, Monetary and Economic Department, International Banking and Financial Market Developments.
引用；図1に同じ

51.1％）へと2.5倍に増加したのである（表3参照）。このうち，外国銀行融資残高の6割に相当する570億ドルが6ヶ月の短期債務であり，毎月短期債務だけで100億ドル近い融資の期限が到来し，これら国境を超えた外国銀行による融資が延長されることで，タイの金融システムが機能していたのである。[21]

2　タイの通貨危機とIMF支援

(1) タイの通貨危機

タイの危機は金融センターから始まった。'97年3月タイ政府は，経営の悪化していた20のノンバンクと3つの銀行を公的管理においてその名前を公表したのである。[22] これにより金融システムへの信認が急速に崩れ，システミックな問題となり，預金者は，より安全な銀行へと資産が移動し，多くの金融機関で流動性不足が発生した。これに対して，中央銀行は，

FIDF（Financial Institution Development Fund：金融機関育成基金）という監督下にある機関使って，流動性を供給したのである。'96年末には800億バーツであったFIDFの信用供与残高は，'97年末までに1.1兆バーツ（GNP比20％）へと著増したのである。

　FIDFは，このような巨額な資金を信用力の弱い金融機関に行うため，マネー・マーケットから大量に高い市場金利で借り入れた。このため，健全な銀行は，民間企業に貸し出すよりも，リスクのないFIDFへ，市場金利で融資する方を選択したのである。この結果，民間企業セクターの流動性は枯渇状態になったのである。[注23]

　こうした状況で，'95年まで海外資金流入が銀行部門で2,796億73百万バーツ（'95年）と順調であったものが，'96年に1,267億71百万バーツと前年の45.3％へ著減した。[注24] そして，'97年に入ると数回にわたり通貨への投機が起こったのである。これに対し，中央銀行は為替先物市場への介入で対抗した。'95年5月タイバーツに対する大規模な投機が始まり，その最初の戦いは，5月15日，投機筋とタイ政府の戦いでは，投機側が完全なる敗退を喫したのである。

　その過程は，ドルペックの下でのバーツは，1ドル24.5バーツから25.5バーツ前後を10年間維持してきたが，投機攻撃を受けてじりじり下げ，'97年5月14日には1ドル26.60バーツまでになる。翌15日，中央銀行が反撃に出た。まず，翌日物短期金利を一気に25％に引き上げ，続いて，タイとともに市場にみえる形で香港，シンガポール，マレーシアが介入を開始したのである。この共同介入は市場関係者に大きな衝撃を与えたのである。さらに，投機家に対し国内金融機関からバーツの供給を制限する措置をもとった。これにより，バーツの売持ちポジションにあった投機家は，為替先物取引実行日がくるとスポット・マーケットでドルを売ってバーツを調達しなくてはならなくなる。これはバーツの上昇圧力となり，投機家は自らの立場を悪くすることになる。また，バンコック・オフショア・マーケットでバーツを調達する非居住者に対しては，年利1,400％の金利を適用したのである。バーツ売りを実行する場合バーツ調達には1,400％の金利を支払わなければならないのである。

こうして，この日の戦いは，タイ政府側の圧勝に終わり，翌17日バーツは1ドル25.60バーツまで下落したのである。この結果，投機筋は，10から15億ドルの損失を出したといわれている。[注25]

しかし，タイ政府側の勝利はこの日が最後であった。為替市場におけるこの勝利は，多大なコストをタイに与えることになったのである。タイの通貨防衛策は，国内市場とオフショア市場とを切り離し，オフショア市場を徹底的にたたくことであった。この結果，投機筋とともに為替市場そのものに打撃を与えてしまい，国内の貿易活動や海外からの資本流入を阻害することになり，さらに，高金利政策はタイ国内の成長の足かせになったのである。このような投機抑制策は，海外投機家の意図をくじくには有効であったが，国内居住者からのドル買い圧力には有効ではなかった。また，オフショアとオンショアとの大きな金利差は，その間の裁定取引を招き，これらに対抗するため，当局は先物為替市場への介入を余儀なくされたのである。この結果，前年には380億ドルもあった外貨準備が，7月になると，ほとんど使い果たしてしまったのである。

それでも，アムヌアイ蔵相は固定為替をあきらめず，金利引き締めを継続翌日物短期金利500%前後，税率の引き上げなどで財政収支の改善を図ろうとしたのである。しかし，このときの改革は政治的反対に遭い，実現しなかった。チャワリット内閣は，'96年11月に経済再建を最優先課題とし発足した政権で，6党連立内閣で，与党第二党の国家開発党が，財界，金融界の支持を得るため，金利引下げを強く要請していたのである。このためアムヌアイ蔵相と国家開発党が対立することが多くなり，同蔵相は6月20日に辞職し，7月2日，バーツは管理フロート制に移行したのである。これは実質的にバーツの切り下げを意味していたのである。[注26]

(2) IMFの支援パケージ

タイバーツの管理フロート制の移行で通貨危機は，おさまらなかったのである。そこには「通貨危機と金融危機の連鎖」という別のメカニズムが働きはじめたのである。[注27]

結局，7月2日後もバーツ下落は止まらず，7月15日1ドル30バーツ台に突入したのである。これを受け，タイ政府は8月5日，IMFなどに金融支援を要請したのである。5月～6月の為替介入が大量の為替予約により行われていたため，この時期に外貨準備が危機的水準に達していたことが直接の原因である。しかし，より根本的なものは，為替市場の信任の回復がタイ政府だけでは図れなかったことがあるのである。

　この要請を受けて8月11日，支援総額172億ドルのパッケージが合意されたのである。内訳は開発銀行12億ドル，日本40億ドルとなっていたのである。このパッケージの形成に日本が中心的な役割を果たした。IMFと同額で他の2国間支援額各10億ドルを支援したオーストラリア，香港，マレーシア，シンガポール（欧米はコミットなし）と比べて突出していたのである。

　「IMFはアメリカが増資に応じないために財務上の限界があり，世界銀行に至ってはこうしたパッケージ参加することさえためらいがあった。危機に対応するため金融セクターの改革が必要不可欠であることは明らかであったが，世界銀行がこのパッケージ作成にほとんど関与できなかったし，金融セクター改革のノウハウも不足していた」(注28)といわれている。

　このパッケージは，タイ支援に必要な140億ドルを大幅に上回り，十分なものであった。その支援のコンディショナリティは，均衡財政達成による財政安定維持（付加価値税引き上げなど），金融引締め維持と変動為替制度の維持，金融セクターの改革である。この金融改革によって，8月5日，タイ政府はノンバンク42社に営業停止を命じたのである。(注29)

(3) 金融セクターの改革(注30)

　タイの中央銀行は，'97年6月フィンワンを含む16のノンバンクに営業停止命令を出し，8月5日に42社のノンバンクに対して過小資本状態を理由として当面の営業停止と再建策策定が命じられた。これらの措置の結果，58社のスキームを明示する必要性が生じ，10月14日に包括的金融システム再建が発表されたのである。このなかで金融機関の合併，増資を指導する

「金融再建庁（FRA：Financial Sector Restructuring Authority）」が設立され，対象のノンバンクの資産を引き継ぎ，満喫することになったのである。この時，競売において買い手のつかなかった資産を「資産管理会社（AMC：Asset management corporation）」が買い取ることになったのである。金融機関への外資出資制限の10年間の時限的撤廃も示されたのであった。

'97年11日チャワリット政権が倒れ，チュアン政権が誕生した。危機対策の要衡である大蔵大臣には，スタンフォード大学でMBAを取得し，タイアム・コマーシャル銀行のCEOを勤めていたタリン氏が就任した。タリン蔵相は営業停止にあった58のノンバンクの処理にまず取り組んだのである。FRAは，12月8日に58社のうち2社を除く56社を閉鎖すると発表したのである。

このスキームを検討するにあたっては，債権者にどの程度保護するかも重要な論点であった。もし債権者の保護を行うなら不良債権の損失に公的資金の投入が必要となる。しかし，タイ政府は8月IMFとの間で合意したパッケージの結果，厳しい財政支出削減の実行を迫られていた。すなわち，名目GDP比の財政ターゲットは，'97年8月1.0％，'97年11月1.0％，'98年2月－2.0％，'98年5月－3.0％，'98年12月3.0％であった。

結局，12月8日に示されたタイ財政の姿勢は預金者にすでに対外的に約束していた42社に対する一般債権は政府が保証するが，それ以外の債権と株主は保護しないというものであったのである。こうした政府の措置に対して市場関係者はこれまでの金融機関への対応と異なった厳しい決断を評価したのである。

さらに，'98年1月には債務超過となった四つの銀行をFIDFが接収し，その処理は，資本は100％減資し，経営者は交代した上で，政府より一時的に資本注入され，その後民営化するというものであった。一時的に国有化された銀行には，かえって預金が集まったのであった。

タリン氏蔵相となった時，FIDFから経営の悪化した民間金機関への信用供与は1.1兆バーツ（GNP比20％）の巨頭であった。タリン氏は，このうち返済見込みのない損失額を大蔵省の所管に移し，財政負担とするという国民に不人気な政策を断行した。これによりFIDFが国民の目に見えな

いとことで将来の国民負担になるような信用供与に歯止めをかけたのである。このときの推計損失額は，56のノンバンクだけで5,000億バーツ（GNP比10％）にのぼったのである。閉鎖されたノンバンクの資産は，新たに設立されたFRA（金融再建庁）によって民間投資家に競売されることになり，競売が開始されたのである。

この結果，タイバーツは，'98年1月より安定し始め，金利も引き下げる余地が出てきた。こうしたなかで'98年2月以降IMFは支援パッケージにおけるコンディショナリティとして，ある程度の財政赤字を認めている。

この他の措置に加え，存続可能な金融機関の構造調整努力を支援するための対策が，'98年8月14日に発表されたのである。この内容は①金融機関の自己資本強化のために，3,000億バーツの国債の見返りに，金融機関の優先株や劣後債の引き受けによる増資支援，②新たに2銀行，5ノンバンクの国有化とこれまでの国有化された金融機関の処理，③金融機関による不良資産管理子会社設立の促進などが示されたのである。

3 タイ通貨危機後の経済の実態

(1) 通貨危機後の経済回復の状況

タイの通貨危機の'97年の実体経済成長率は，-1.8％，翌'98年のそれは-10.4％で，'99年には4.0％へとプラス成長に転換し，2000年には，4.5％（見込），2001年には4.0％～4.5％（国家社会経済庁予測）へと順調な回復が見込まれている（表4参照）。

すなわち，国家社会経済庁（NESDB）によると，2000年第3・四半期のGNP伸び率（前年同期比）は，2.6％となり，年間見込では当初予測の5％から4.5％に下方修正すると発表，第1・四半期の5.1％，第2・四半期の6.3％と順調に推移してきたタイの経済成長が年後半に入って，鈍化したことを裏付けた。この鈍化の主な原因は，1つには国内需要の弱さ，特に原油高，為替安に影響された民間消費の弱さ（表5参照），その二つには公共投資の減少である公共建設の減少，政府支出の削減（表5参照）

表4　中央銀行経済予測値

(2000年12月一部修正)

	実績			見込	＊予測
	1997	1998	1999	2000	2001
景気・物価動向　（前年比増減率，％）					
実質経済成長率	−1.8	−10.4	4.0	4.5	4.0〜4.5
消費	5.9	−12	4.4	4.8	4.0
投資	6.6	−38.1	3.4	4.0	5.6
インフレ率	5.9	8.1	0.3	1.7	2.6
貿易動向　（億ドル，前年増減率，％）					
輸出額	567	529	568	682	743〜757
（％）	(3.8)	(−6.8)	(7.4)	(20.0)	(9〜11)
輸入額	613	406	475	630	709〜725
（％）	(−13.4)	(−33.8)	(16.9)	(31.8)	(12.5〜15)
経常収支	−31	143	125	70	
（対GNP比，％）	(−2.0)	(12.8)	(10.0)	(6.7)	(4.0〜4.2)
外貨準備高	270	295	348	322	
財政収支（対GNP比，％）	2.2	−3.0	−5.5	−5.0	

＊2001年は，NESDB予測値
資料；さくら銀行バンコック支店

　が著しかったこと等である。一方，生産面では，輸出関連業種であるコンピューター，IC，宝石類の依存力強さを維持しているものの，生産部門の拡大を支えてきた自動車の生産か，年後半に落ち込んだためであった。[注31]

　NESDBでは，2001年のGDP伸び率が昨年を下回る4％〜4.5％と，輸出は9％〜11％の伸び（前年20％増）に止まるとの予測を発表している。電子工業部門の世界的減速により，輸出は減少するものの，国内需要がいまだ弱い為，景気高揚は輸出に依存する構造にならざるを得ないとしている。一方，さらなるGDPの下振れリスクとして，一つは，世界経済全体の減速，特に日本と米国により，輸出が一層落ち込むこと。二つには，政治的不安定が続くこと，その三つには，不良債権問題に進展がないことをあげている。先に実施された総選挙の結果，下院過半数を獲得したタイ愛国党は，

表5　主要経済指標

	97年実績	98年実績	99年実績	2000年 Q1	Q2	Q3p	9月	10月	11月p
景気・物価動向				(前年同期比増減，%)					
製造業生産指数	−0.5	−10.0	12.5	9.6	3.4	−0.5	1.6	0.7	−2.0
民間投資指数（資本財輸入伸び率）	−13.4	−39.7	3.7	22.9	24.1	25.8	14.5	23.8	4.1
民間消費（乗用車販売台数）	−23.9	−64.9	44.1	97.3	36.2	1.6	−15.4	14.3	10.2
財政収支（財政年度，億タイバーツ）	−312	−1.150	−1.343	−18.7	−12.7	−18.2	−12.0	−17.7	−24.1
消費者物価上昇率	5.6	8.1	0.3	0.9	1.6	2.2	2.3	1.7	1.7
対外収支動向				(単位：億ドル)					
輸出額	567	529	568	162	157	180	60	62	61
（前年同月比増減，%）	(3.8)	(−6.8)	(7.4)	(27.8)	(15.0)	(22.5)	(20.0)	(15.6)	(18.0)
輸入額	613	406	475	143	148	165	53	59	56
（前年同月比増減，%）	(−13.4)	(−33.8)	(16.9)	(42.7)	(28.0)	(33.8)	(24.4)	(36.6)	(18.8)
貿易収支	−46	122	93	19	10	15	6	3	5
経常収支	−31	143	125	32	16	22	6	5	9
資本収支	−43	−97	−79	−38	−27	−15	−6	−3	n.a.
内，民間部門	−76	−155	−138	−40	−23	−18	−5	−3	n.a.
総合収支	−106	17	46	−22	0	0	0	1	−1
外貨準備高	270	295	348	323	321	322	322	322	323
通貨統計動向				(前年同期比増減率，%)					
銀行預金伸び率	16.0	8.8	−0.5	−0.8	0.0	1.5	1.5	3.4	3.9
民間貸出伸び率（含むBIBF）	23.4	−9.7	−4.1	−4.8	−7.5	−11.9	−11.7	−10.6	−11.2
金利動向				(月末時点，%)					
MLR	15.25	12.00	8.50	8.50	8.50	8.25	8.25	8.25	8.25
1年定期預金	13.00	6.00	4.25	4.00	4.00	3.50	3.50	3.50	3.50
コールレート（月中平均）	21.73	2.63	1.23	2.63	2.19	1.86	1.86	1.89	1.80

（出所）タイ中央銀行　　　　　　　　　　　　　　　　p：暫定値
資料；表4と同じ

表6　下院選挙結果
(速報,主要政党獲得議席数)
(2001年1月8日現在)

政党名	小選挙区	比例代表	議席数計
タイ愛国党	207	48	255
民主党	97	31	128
新希望党	26	8	34
国家発展党	21	7	28
タイ国民党	33	6	39
自由正義党	11	0	11
社会行動党	1		1
	396	100	496*

＊一部,再投票の地区あり,合計500に満たない。
＊中央選挙管理委員会からの正式発表は,「投票後30日以内」にて,2月上旬の見込み。
資料；表5に同じ

農民の3年間負債返済モラトリアムを軸とした,農民対策を通じた内需拡大政策を表明しているが,本格的な景気回復に向けた新政権の内需拡大策の運営の効果が期待されている（表6参照）。

(2) 投資動向

　タイ投資委員会（BOI）によると,2000年11月までの外国からの投資促進申請は,件数684（前年同期比15％増）,金額2,280億バーツ（同83％増）と,引き続き好調な輸出企業,たとえば,電機,電子機器,自動車,同部品等の生産拡大を反映している。その申請の個別内訳をみると,日本は件数263件（同29％増）,金額879億バーツ（同169％増）,アメリカ,55件,金額291億バーツ,台湾85件,70億バーツ,シンガポール77件,400億バーツ,香港28件,42億バーツ,韓国13件,16億バーツ,イギリス32件,35億バーツである。日本のそれの申請件数,金額とも,外資の40％を占め,トップの座を維持している。(表7,表8参照)。

　BOIによると,2001年の外国からの投資は,昨年とほぼ同規模になると見込んでいるが,先の総選挙運動期間中に,一部の上院議員を中心として,外国人事業法等,経済関連法を修正する動きが発生,外国の投資意識を減退させるものとして,マイナス視されており,新政権は従来の外国投資奨

表7　BOI投資促進権取得状況（2000年1～11月）

(単位：百万バーツ)

	申請		申請許可		操業開始	
	件数	金額	件数	金額	件数	金額
全体投資合計（内・外）	1,024	314,500	1,055	273,200	564	279,900
外国投資合計	684	227,975	723	208,151	383	221,163
（内　訳）						
日　　本	263	87,910	273	107,102	164	88,698
アメリカ	55	29,157	71	37,644	34	9,496
台　　湾	85	7,065	114	16,735	40	15,341
シンガポール	77	40,086	75	19,023	33	25,747
香　　港	28	4,263	31	6,241	13	20,859
韓　　国	13	1,590	15	1,205	14	2,496
イギリス	32	3,554	37	5,693	15	20,635

（複数国からの投資は件数・金額ともに複数計上）
資料；表5に同じ

表8　外国からの投資推移（BOI投資促進権申請ベース）

(単位：百万バーツ)

	1997年		1998年		1999年		2000年(1-11月)	
	件数	金額	件数	金額	件数	金額	件数	金額
日　本	165	72,638	162	45,572	251	55,584	263	87,910
アメリカ	62	46,617	60	19,393	59	39,323	55	29,157
台　湾	56	23,604	81	9,005	129	14,351	85	7,065
シンガポール	47	12,998	42	11,075	80	14,700	77	40,086
その他	161	101,170	182	139,916	224	45,156	204	63,757
合　計	491	257,027	527	224,961	743	169,114	684	227,975

（注：複数国による投資案件は当該各国に重複して計上）
資料；表5に同じ

励を継続する方針を早く明確に打ち出すことが求められているとしている。

(3) 金融動向

　タイ中央銀行によると，2000年11月の銀行部門の不良債権（NPL）比率は，22.2％で，銀行別では，民間商業銀行20.1％，国有化銀行32.9％，外国銀行6.2％で前月比減少率が年初来最も少なかったのである。一方，大手地方銀行のなかには，NPL比率が逆に増加，国内景気減速の影響から，新規不良債権が発生，また，債務リストラ済みの債権が再び不良化（Reentry）する等，この傾向は暫く続くものと見られている。

　この不良債権処理について，政権党のタイ愛国党は，国家資産管理会社（TAMC）を創設し，地場民間銀行から不良債権を買い取り，銀行の負担を軽くし，銀行貸出を伸ばす環境をつくり出すとの政策を打ち出しているが，約2兆バーツとも言われている不良債権額の買い取り資産の財源，不良債権の買い取り価格の決定方法等不明で，景気高揚への重要課題である不良債権処理についての新政権の政策が注目されていた（さくら銀行，バンコク支店，ヒアリング）。

　ここにきて，ようやくタイ政権が設立したTAMCが，2001年10月上旬から機能することになった。当初，TAMCは，7月に金融機関から不良債権を買取る予定であったが，不動産の評価方法を巡り議論が長引いていたが，ここにきて，ようやく議会が法案を可決し，不良債権処理が動き出すことになったのである。

　タイの国内金融機関が抱える不良債権（延滞3ヶ月）は，7月末現在，一部行が自前に設立した資産管理会社（AMC）分も含め，合計約1兆バーツ（2兆7千億円，1バーツ＝約2.7円）に上ると言われる[注32]。

　TAMCは，10月8日から年末までの間に，額の多い案件から順に3段階に分けて1兆バーツ分を買い取る計画である。問題となった購入額の算定には，当初内務省土地局の公定価格ではなく，銀行側に有利なタイ中央銀行の時価評価を使うことで今回決着したのである。

　購入財源については，金融機関がTAMCに売却した額に見合う，独自

に発行した10年物のTAMCの債権を銀行に渡すこととしている。TAMCは, 引き取った債権を売却したり, 債権カットによる事業支援などで資金の回収を進め, 10年間で不良債権処理を終え解散することとしている。

米国の同時テロ事件の影響で対米輸出が低迷し, 同国の成長率は落ち込むとみられているが, 政府は今回の措置で不良債権処理の道筋がつき, 経済の活性化に結びつくことを期待している。ただ一部には買取が強制措置でないため, それで処理が一気に加速するかは不透明との見方も出ている。タイ国では, 1997年の通貨危機以降, 金融機関の不良債権問題が深刻になったが, 法律の未整備や問題の先送りの姿勢などが目立ち, 処理はあまり進まなかったのである。このため, 2001年2月に成立したタクシン政権は, 早期処理による金融安定化を重点政策に掲げ, 6月不良債権買取を専門にするTAMCを設立したのである。(注33)

(4) 金利為替動向

＜金利動向＞

2000年12月のオーバーナイト金利（レポ）1日物は, 1.375％で始まり, 月中1～2％のレンジにて推移し, 1％で越月している。一方, インターバンクコールの12月は, 2.5％で始まり, 1.375～9％で推移し, 2.25％で越月をしたのである（表5参照）。当地規制に絡んで以前から年末越え金利は高止まっており, 年末越えとなる28日朝の金利は9％を示したが, 午後には2％台に低下, 2.25％で越月したのである。

2001年1月の金利は, インターバンクは2％台前半でレポオーバナイト物は1％台前半で始まったのである。1月も低金利政策が継続されており, 総選挙の新政権でも急速な政策変更が無いと考えられてきており, 短期金利は, 引続き低位安定すると考えられてきている。

＜為替動向＞

2000年12月におけるドル／バーツ相場は, 43.80バーツで始まり, 初旬は休日が多く, 43バーツ台ミドルから後半のレンジで揉み合ったが, 中旬には流れが一変, 11月以降割れなかった43.30バーツを切り, ストップロ

表9 主要産品別輸出動向

(単位：百万米ドル)

	1996	1997	1998	1999	2000 (1～9月)
農産物	9,145 (16%)	8,352 (14%)	7,348 (14%)	7,044 (12%)	5,375 (11%)
工業物	39,405 (71%)	41,331 (71%)	39,432 (72%)	43,077 (74%)	38,790 (76%)
水産物	5,633 (10%)	5,576 (10%)	4,894 (9%)	5,409 (9%)	4,229 (8%)
鉱業品	1,119 (2%)	1,597 (3%)	1,063 (2%)	1,265 (2%)	1,615 (3%)
その他	639 (1%)	1,473 (2%)	1,753 (3%)	1,668 (3%)	1,373 (3%)
合計	55,941 (100)	58,329 (100)	54,490 (100)	58,463 (100)	51,382 (100)

(出所：商業省経済局)
資料；表4に同じ

スを巻き込みながら，19日42バーツ台，22日には41.90バーツを示したのである。12月26日に汚職防止委員会がタクシン氏に対する資産隠し問題でクロと判定，再び反落し，43.30バーツで越月したのである。

　2001年1月のドル1バーツ相場は，米景気に対する懸念からアジア株軟調と，アジア通貨全面安となり，初旬からバーツも43バーツ台後半を示したのである。8日，総選挙でタイ愛国党が議会過半数を確保との見込から，予想された政局混乱の懸念が薄らぎ42バーツ台に反落した。一方，値ごろ感からのドル買い需要もあり，43バーツ台前半を中心にした揉み合いが続くとみられている（さくら銀行，バンコク支店ヒアリングによる）。

(5) 輸出入動向

＜輸出動向＞
　タイの主要産品輸出は，2000年1月～9月までで，1位が工業物の387億9,000万米ドルで，全輸出品比率76％，2位が農産物の53億7,500万米ドルの同前比率11％，3位が水産物42億29百万米ドルの同前比率3％，その他13億7,300万ドルの同前比率3％となっている（表9参照）。
　この輸出品構成比は，'96年から2000年まで変わっておらず，工業物の輸出品構成が年々高まるものとなっている（表9参照）。

表10　輸出上位5品目

	1996	1997	1998	1999	2000（1～9月）
第1位	コンピュータ部品	コンピュータ部品	コンピュータ部品	コンピュータ部品	コンピュータ部品
第2位	衣類	衣類	衣類	IC基板	IC基板
第3位	ゴム	IC基板	IC基板	衣類	衣類
第4位	IC基板	米	米	車・同部品	車・同部品
第5位	宝石	ゴム	車・部品	米	プラスチック製品

（出所：商業省経済局）
資料；表4に同じ

表11　国別輸出動向

（単位：百万米ドル）

1996		1997		1998		1999		2000（1～9月）	
国名	金額	国名	金額	国名	金額	国名	金額	国名	金額
アメリカ	10,061 (18%)	アメリカ	11,341 (19%)	アメリカ	12,167 (22%)	アメリカ	12,654 (22%)	アメリカ	10,984 (21%)
日本	9,417 (17%)	日本	8,837 (15%)	日本	7,469 (14%)	日本	8,261 (14%)	日本	7,603 (15%)
シンガポール	6,781 (23%)	シンガポール	6,511 (11%)	シンガポール	4,698 (9%)	シンガポール	5,073 (9%)	シンガポール	4,357 (8%)
香港	3,256 (6%)	香港	3,465 (6%)	香港	2,783 (5%)	香港	2,981 (5%)	香港	2,627 (5%)
マレーシア	2,024 (4%)	マレーシア	2,524 (4%)	オランダ	2,180 (4%)	オランダ	2,199 (4%)	マレーシア	2,067 (4%)
その他	24,402 (43%)	その他	25,651 (45%)	その他	25,193 (46%)	その他	27,321 (46%)	その他	23,744 (47%)
合計	55,941	合計	58,329	合計	54,490	合計	58,489	合計	51,382

（出所：商業省経済局）
資料；表4に同じ

　次に，輸出品目の上位5位までをみることにする。2000年1月～9月までの輸出品の1位はコンピュータ部品で，2位がIC基板で，3位が衣類，4位が車・同部品，5位がプラスチック製品となっている（表10参照）。

　'96年から1位はコンピュータ部品で，'99年から，2位にIC基板が入り，近年，工業製品が輸出品目の上位を占めていることがわかる。

表12　主要産品別輸入動向

(単位：百万米ドル)

	1996	1997	1998	1999	2000（1～9月）
資本財	32,803 (45%)	30,200 (48%)	21,145 (50%)	23,630 (47%)	20,566 (45%)
原材料	20,900 (29%)	18,185 (29%)	12,855 (30%)	15,025 (30%)	13,637 (30%)
石油類	6,328 (9%)	5,792 (9%)	3,415 (8%)	4,774 (10%)	5,434 (12%)
消費財	5,954 (8%)	5,290 (8%)	3,691 (9%)	4,181 (8%)	3,639 (8%)
その他	6,263 (9%)	3,714 (6%)	1,329 (3%)	2,304 (5%)	2,012 (5%)
合計	72,248 (100)	63,181 (100)	42,434 (100)	49,914 (100)	45,288 (100)

（出所：商業省経済局）
資料；表4に同じ

次に，国別輸出額をみることにしよう。

2000年1月～9月までの国別輸出は，1位がアメリカで109億8,400万米ドルの国別輸出構成比21％である。それの2位は，日本で76億300万米ドルの同前比15％，3位がシンガポールの43億5,700万米ドルの同前比8％，4位が香港26億2,700万米ドルの同前比5％，5位がマレーシアの20億6,700万米ドルの同前比4％，そして，その他の諸国合計237億4,400万米ドルの同前日47％となっている（表11参照）。

この序列上位4カ国は，不動の輸出国になっていることから，2001年以降のアメリカの景気停滞と，日本の景気のさらなる悪化が，タイの輸出貿易に大きく影響をするものと考えられる。

ところで，タイの輸出額は，タイ通貨危機の'98年には約545億米ドルの前年比―7.6％，'99年約585億米ドルの前年比7.3％増に急回復し，貿易収支も，'98年に122億米ドル，'99年99億米ドルの黒字を計上し順調な回復をみせている（表5，表11参照）。

＜輸入動向＞

まず，2000年1月～9月までの重要産品輸入についてみると，1位が資本財で205億6,600万米ドルの主要産品別輸入構成比45％を占め，2位が原材料の136億3,700万米ドルの同前比30％，3位が石油額の54億3,400万米ドルの同前比12％，4位が消費財の36億3,900万米ドルの同前比8％，そし

表13　輸入上位5品目

	1996	1996	1988	1999	2000 (1～9月)
第1位	工業用機械	工業用機械	電気機械・部品	電気機械・部品	電気機械・部品
第2位	電気機械・部品	電気機械・部品	工業用機械	IC基板	IC基板
第3位	化学製品	化学製品	化学製品	工業用機械	原油
第4位	原油	原油	IC基板	化学製品	工業用機械
第5位	鉄鋼	鉄鋼	原油	原油	化学製品

（出所：商業省経済局）
資料；表4に同じ

て，その他品目合計20億1,200万米ドルの同前比5％である。

　タイ国の主要産品輸入の70％以上が，1位の資本財と2位の原材料の合計で占められており，それに石油額を加えると，ほぼ輸入産品の80％以上を占めるものとなっており，工業部門の産品が占めていることがわかる（表12参照）。

　次に，輸入上位5品目についてみることにしよう。

　2000年1月～9月までの輸入品目の1位は，電気機械・部品，2位がIC基板，3位が原油，4位が工業用機械，5位が化学製品である（表13参照）。輸入品目の上位の入れ替わりが，'98年に起こっており，電気機械・部品が1位となり，'99から2位にIC基板が上昇し，電算機・情報機器関係が上位を占めるようになってきており，化学製品，工業用機械が下位に入れ替わっているのが特徴である（表13参照）。

　次に，国別輸入についてみることにしよう。

　2000年1月9月までの国別輸入額は，1位が日本からで114億200万米ドルで，全輸入額比5％，2位がアメリカからで52億8,500万米ドルの同前比12％，3位がシンガポールからで25億7,700万米ドルの同前比6％，4位が，中国からで25億2,100万米ドルの同前比6％，そしてその他の諸国から209億9,800万米ドルの同前比45％を占めている（表14参照）。

　国別輸入における1位から3位までの日本，アメリカ，シンガポールは'96から変動はなく，3国からの合計輸入国別構成比は，40％以上を占めているのが特徴である（表14参照）。

表14 国別輸入動向

(単位:百万米ドル)

1996		1997		1998		1999		2000 (1〜9月)	
国名	金額	国名	金額	国名	金額	国名	金額	国名	金額
日本	20,424 (28%)	日本	16,247 (26%)	日本	10,041 (24%)	日本	12,145 (24%)	日本	11,402 (25%)
アメリカ	9,026 (13%)	アメリカ	8,714 (14%)	アメリカ	5,963 (14%)	アメリカ	6,385 (13%)	アメリカ	5,285 (12%)
シンガポール	3,999 (6%)	シンガポール	3,164 (5%)	シンガポール	2,354 (6%)	シンガポール	2,953 (6%)	シンガポール	2,577 (6%)
ドイツ	3,651 (5%)	マレーシア	3,033 (5%)	台湾	2,213 (5%)	マレーシア	2,489 (5%)	中国	2,521 (6%)
マレーシア	3,602 (5%)	ドイツ	3,004 (5%)	マレーシア	2,173 (5%)	中国	2,472 (5%)	マレーシア	2,505 (6%)
その他	31,546 (43%)	その他	29,019 (45%)	その他	19,690 (46%)	その他	23,470 (47%)	その他	20,998 (45%)
合計	72,248	合計	63,181	合計	42,434	合計	49,914	合計	45,288

(出所:商業省経済局)
資料;表4に同じ

＜タイの輸出入品目・国別輸出入の特徴＞

　タイの輸出入品目と国別輸出入とをみると，日本，アメリカ，シンガポールから，電気機器・部品，IC基板，工業用機械等を輸入し，タイ国内において加工・組立をやり，再び完製品として，コンピュータ部品，IC基板，車・同部品，衣類をアメリカ，日本，シンガポールに輸出するという構造になっているのである。

　したがって，タイの輸出入にかかわる経済部門の景況は，アメリカ，日本，シンガポール等の諸国の景気に大きく左右されることになり，近年のアメリカ経済の落込み，長引く日本の不況が，通貨危機後のタイ経済に大きな影響を与えるものと考えられるのである。

＜タイ国の国際収支動向＞

　タイ国の貿易収支は，'97年の通貨危機後の'98年には，122億ドルの黒字となり，以後'99年93億ドル，2000年1月〜11月で46億ドルの黒字とな

表15　国際収支動向

(単位：10億ドル)

	1995年	1996年	1997年	1998年	1999年	2000年(1~11)
輸　出	55.7	54.7	56.7	52.9	56.8	56.1
輸　入	70.4	70.8	61.3	40.6	47.5	51.5
貿易収支	－14.7	－16.1	－4.6	12.2	9.3	4.6
経常収支	－13.2	－14.1	－3.1	14.3	11.2	7.5
資本収支	21.9	19.5	－9.1	－9.7	－7.9	－8.1
総合収支	7.2	2.2	－10.6	1.7	4.6	－2.1

(出所：タイ中央銀行)
資料；表4に同じ

り，急回復をみせている（表15参照）。

同様に，経常収支は，'98年に143億ドルの黒字，'99年112億ドル，2000年1月～11月までで75億ドルの黒字となっている。

しかし，資本収支は，'97年に－91億ドル，'98年－79億ドル，2000年1月～11月で81億ドルの資本流入となっており，若干の不安を残している（表15参照）。

総合収支では，'97年に－106億ドルから，'98年に17億ドルの黒字，'99年46億ドルの黒字，2000年1月～11月で－21億ドルとなっており，'98，'99年と安定していた総合収支が，2000年に入り，赤字に転換してきているの気がかりである。これは，アメリカ，日本等，世界同時不況の影響を強く受けたものとなっているものと推察できるのである。

おわりに

1997年5月の通貨危機の原因は，急速な金融の自由化による民間外資の急激な流入（非居住者分を含め）と'97年の1月～6月での一転した民間資本の流出によるものであったのである。この民間資本の流出の原因は，タイバーツが米ドルとペッグ制をとっている条件のもとで，高金利政策がとられていたことによるものであったのである。

第5章 タイの通貨危機とその後の経済状況

　他方，民間外資の急激な流出の原因は，'94年以降巨額な経常収支の赤字が続き，タイ経済の成長率が，'95年8.6％が，'97年1.7％へ急減し，海外資金によって急増した銀行・金融会社（ノンバンク）貸付の不良債権化と一部金融会社の経営難が指摘されるようになり，民間資本の流れは流出へと向ったのであった。

　こうした通貨危機に対処すべく，最終的に管理フロートへの転換とIMF支援により通貨安定を目指したのである。

　タイ国の通貨危機後の経済は，通貨の安定と急速な経済回復を達成してきている。しかし，金融制度改革を積極的に進展させているが，巨額な金融機関の不良債権問題が，処理途中であり，タイ経済の構造が，アメリカ，日本の経済に大きく依存した構造になっていることから，両国の景気の行方によって大きく左右されるという大きな不安を抱えているのである。本章の後半でその実態の動向を分析提示したのである。

注
（1）　日下部元雄・堀本義雄著『アジアの金融危機は終わったか』日本評論者1999年7月30日　P.3
（2）　平塚大祐稿「タイ：通貨危機の原因と早期回復の条件」アジア経済研究所編『'97年アジア通貨危機―東アジア9カ国・地域における背景と影響を分析する―』1997年12月19日　P.29
（3）　柴田徳太郎・高英求・勝悦子稿「米経済の失速とアジア経済」岩波書店『世界』2001年4月号PP.84〜86
（4）　タイの通貨危機の概要は，平塚大祐稿前掲誌と日下部元雄・堀本義雄著前掲書によっている。
（5）　アジア経済研究所編『アジア動向年報』各年版により，タイの経済成長を提示した。
（6）　日下部元雄・堀本義雄著　前掲書　P.5参照
（7）　資本流入・流出のデータは，平塚大祐稿　前掲誌　P.32の表1によっている
（8）　平塚大祐稿　前掲誌　P.33
（9）　平塚大祐稿　前掲誌　PP.33〜34
（10）　金融・資本市場の自由化の改革のための施策は，「金融システム開発計画（1995―2000）」として発表された（平塚大祐稿　前掲誌　PP.34〜35を参照している）。

（11） 日下部元雄・堀本義雄著　前掲書　P.5参照
（12） 平塚大祐稿　前掲誌　PP.34～35参照。タイの消費者物価の推移は，対前年比'92年4.1％，'93年3.3％，'94年5.0％，'95年5.8％，'96年5.8％，'97年5.6％，'98年8.1％，'99年0.3％で，'94年以降，'98年まで高インフレを示した（アジア経済研究所編『アジア動向年報』各年版より）。
（13） 平塚大祐稿　前掲誌　P.35参照。三重野文晴稿「タイにおける企業金融構造と金融危機」国宗浩三編『金融と企業の再構築』アジア経済研究所2000年12月1日PP.113～115参照
（14） タイの経常収支，外貨準備高は，アジア経済研究所『アジア動向年報』各年版とTHE TOKAI BANK, LTD, SINGAPORE BRANCH "REGIONAI COUNTRY REVIEW" No.25　2000年8月29日　P.31によっている。
（15） タイの実質経済成長率は，THE TOKAI BANK, LTD, SINGAPORE BRANCH ibid, P.31
（16） 三重野文晴稿　前掲稿　P.113
（17） 平塚大祐稿　前掲誌　P.35
（18） 平塚大祐稿　前掲誌　P.37
（19） 平塚大祐稿　前掲誌　PP.37～40
（20） 平塚大祐稿　前掲誌　P.38
（21） 平塚大祐稿　前掲誌　P.40
（22） タイバーツの危機は，日下部元雄・堀元義雄著　前掲書　PP.8～11を参照した。
（23） 日下部元雄・堀本義雄著　前掲書　P.9による。
（24） 三重野文晴稿「タイにおける企業金融構造と金融危機」前掲書　P.114の第1表より。
（25） 5月15日のタイバーツの防衛については，日下部元雄・堀本義雄著　前掲書　PP.9～10によっている。
（26） アムヌアイ蔵相は，タイ最大の民間銀行であるバンコク銀行会長を歴任した。金融実務に精通していた人物であった。タイバーツの管理フロート制移行については，日下部元雄・堀本義雄著，掲書　PP.10～11を参考にしている。
（27） タイバーツの管理フロート制から「通貨危機と金融危機の連鎖」の内容は，日下部元雄・堀本義雄著　前掲書　PP.11～12によっている。
（28） 日下部元雄・堀本義雄著　前掲書　P.11
（29） 日下部元雄・堀本義雄著　前掲書　P.11～12によっている。
（30） 金融セクターの改革については，日下部元雄・堀本義雄著　前掲書　PP.12～14によっている。
（31） ここでの生産面での輸出関連データ，国内の産業状況については，さくら銀行，バンコク支店発表（2001年1月）のデータによっている。

(32) タイの金融機関の不良債権額は，前記のさくら銀行，バンコク支店の推計と違っているが，1兆バーツの不良債権額は，日本経済新聞　平成13年9月24日朝刊によっている。
(33) 日本経済新聞社『日本経済新聞』平成13年9月24日朝刊。

第6章　アジア通貨システムの展望
——アジア通貨の政治経済学——

奥山忠信

1　アジア通貨問題の台頭

　アジア通貨危機は国際金融史上に残る一大事件である。タイ・バーツの急激な暴落に象徴される激発性からしても，マレーシア，インドネシア，韓国をはじめアジアの全地域を巻き込んだ連鎖的な波及性からしても，アジア通貨危機は文字どおりの金融パニックであった。また，時を同じくしてロシアの経済混乱から通貨危機が発生してデフォルトに陥り，さらに危機は中南米にも飛び火した。そして一連の通貨・金融危機の中で先進国アメリカの金融機関の中枢LTCMが経営危機に陥った。最悪の事態は巨額の資金注入によって回避されたが，このことによって，金融不安はアジアに固有の問題ではなく，今日の金融システム全体の問題であることが明らかになった。

　しかし，日本のアジア通貨危機に対する反応は，どこか対岸の火事のようであった。日本はアジア通貨危機に巻き込まれて通貨が暴落することがなかった。これは，日本がこの問題に真剣さを欠いた原因のひとつである。

　とはいえ，通貨危機がわが国に波及しなかったことは，日本がアジア通貨危機の影響を受けなかったことを意味するわけではない。わが国は，バブル崩壊後1990年を境に長い不況に入った。しかし，アジア通貨危機が勃発する以前の2年間は，実質GDP成長率が1995年2.5％，1996年3.4％と，立ち直りの兆しを見せていたのである。日本経済にとって本当の不況はアジア通貨の勃発した1997年以降のことである。

　今日の日本経済はアジアとの関係を抜きには語れないほど密接なものに

なっている。日本の多くの企業は1985年のプラザ合意以降の急激な円高のため生産拠点を徐々にアジアにシフトし、いわゆる産業の空洞化を招いた。こうした中で1995年の後半を起点とする円高から円安への転換は、アジア通貨危機の主要因になった。アジア諸国の輸出条件が円安への転換によって一転して悪化したのである。このため、円高の時期にアジアに進出していた日系企業は、製造業を中心に通貨危機から逃げ遅れ、大きな痛手をこうむった。この点で、アジア通貨危機は立ち直りつつあった日本経済に最後の打撃を与える役割を果たした。

　今、事態は再現されようとしているのかもしれない。日本は国内のデフレーションとその下での価格競争のために再び生産拠点を中国を中心としたアジアにシフトしようとしている。先には円高、現在はデフレ下の低価格競争が要因である。こうした二度の経済苦境から、意図せざる結果として日本とアジアとの経済的なつながりはいっそう強化されてきている。

　しかし、アジア通貨危機以降、アジアの通貨金融システムに関しては、根本的な問題は何も解決していない。アジア通貨危機の再発を防ぐためには、金融システムの強化や危機管理システムの構築などとともに、安定したアジア通貨システムが模索されなければならない。欧州統合通貨ユーロの確立は、まとまりのないアジアと広域経済圏を確立したEUとの格差をいっそう際立たせている。

　わが国は財務省（旧大蔵省）を中心にこの問題にかかわってきている。アジア通貨危機直後にわが国から浮上したアジア通貨基金（AMF）構想は、アメリカとIMFの反対によって挫折したが、その後、いわゆる新宮沢構想（300億ドルのアジア援助）をバネに再びアジア通貨圏構想の議論が巻き起こり、チェンマイ合意（2000年）に基づく、通貨スワップ協定も結ばれつつある。

　しかし、通貨問題はポリティカルな問題である。貨幣は経済的な存在でありながら、政治的な抗争の対象なのである。したがって、アジア通貨圏を巡る問題は、多かれ少なかれアメリカ、日本、中国そしてユーロの政治経済学の対象となる。安定したアジア通貨システムを構想するという本来の課題と同時に、自国がより多くの主導権を握ること、他国による支配の

確立に反対すること，場合によっては邪魔をして何もさせないことなどの駆け引きが展開される。

現在，アジア通貨システムに関する方向性が確定しないなかで，事実上のアジアのドル化が進行し，これに対して日本と中国との主導権争いを抱えながら，新しいアジア通貨システムが模索されている。

アジア通貨問題，とりわけアジアの通貨統合の問題は，アジアの広域経済圏としての経済的な連携の強化を多かれ少なかれ含むものであり，その帰趨はアジアにとってはもとより日本にとってもきわめて重要である。

本章の課題は，国際通貨の変遷とアジア通貨危機の教訓を踏まえつつ，アジアの貨幣システムのあり方，とりわけ，アジアにより強固なドル・ペッグ制あるいはアジア・ダラライゼーションを求める議論を検討することにある。

2 アジア通貨圏構想の現状

(1) 通貨危機の深さ

1997年7月2日，タイがバーツを変動相場制に移行すると，タイ通貨は暴落し，通貨の暴落は，フィリピン，マレーシア，インドネシアに波及し，10月下旬には韓国ウォンが暴落した。97年6月末の時点で比較した最安値の下落率は，タイ・バーツ55.5％，インドネシア・ルピア85.39％，マレーシア・リンギ46.42％，韓国・ウォン54.91％，フィリピン・ペソ41.45％である。通貨の下落は，外国資本の流出を招いて国内経済に危機が波及するだけでなく，直接に対外債務の増大につながるので，実体経済はこれによって大きく悪化する。通貨危機を乗り切った香港や中国でも，経済は混乱し株価は暴落した。通貨の暴落とは違った形でアジア通貨危機に巻き込まれたのである[注1]。

アジア通貨危機は，世界的な金融のグローバリゼーションの進展の中で生じたため，危機の原因は入り組んでいる。アジアの金融システム，特に危機管理システムの立ち遅れ，外資に依存した急速な経済開発による背伸

びした急成長，タイにおける外資誘導のための高金利政策とその破綻，などが指摘される。

　しかし，他方では，危機以前のアジア経済が健全であり，少なくても財政赤字の問題は抱えていなかったのだから，問題は不安定な国際金融システムそのものにあったという指摘，そしてIMFのコンディショナリティがあまりにも緊縮的だったことが不況を一層深刻にしたという指摘，そしてマレーシアのマハティール前首相の主張するヘッジ・ファンド犯人説，なども説得力を持つ。

　この点では，しばしば言われてきたようにアジア経済の成長が生産性の向上を伴わなかった点や経済の後進性を指摘するいわゆる「クローニー・キャピタリズム論」は必ずしも妥当しない。少なくても，アジア経済の体質を指摘する構造論だけでは，今回の通貨危機の激発性と連鎖性は説明できない。

　アジア通貨危機の大きな要因は，円高から円安に転換したことで，アジア諸国の輸出が減少したことにある。96年度の経常収支は，対GDP比で，タイ－7.9％，インドネシア－3.4％，韓国－4.7％と赤字になっていた。問題は，日本とアメリカが変動相場制を採るなかでアジア諸国の通貨がドルとリンクしていたという，アジアをめぐる国際通貨のシステムそのものにあったのである。

　危機の深刻さは，別の面からも見て取れる。政権交代である。アジア通貨危機は，たんに経済の混乱をもたらしただけでなく，政治体制にも変化をもたらした。何よりも長期にわたる政治的独裁によって経済開発を担ってきたインドネシアのスハルト体制が崩壊した。劇的な政変劇であった。そして，インドネシアのスハルト政権の崩壊の印象が強すぎたせいで忘れられがちだが，実際には，アジア通貨危機の影響がもっとも強かったといわれる4カ国，すなわちインドネシア以外のタイ，フィリピン，韓国でも，アジア通貨危機の後すべての国で政権が交代しているのである。

　タイ愛国党のタクシン首相の予想外の地すべり的な勝利（2001年1月）は，チュアン前首相の導入したIMFの措置が不人気だったことが要因のひとつとされている。フィリピンもまたラモスからエストラーダ（1998

へ，そしてアロヨ（2001年1月）へと実質的に2度の政変劇を経験した。韓国は1998年2月，経済が混迷する中で，長く野党であった金大中が大統領に就任した。いずれも政治体制の大きな変化であった。アジア通貨危機の衝撃の強さを物語るものと考えられる。

そして，見方によっては，日本の橋本政権も，この中に含まれるのかもしれない。日本は，プラザ合意後の円高不況を回避すべく，国内の経済を空洞化させつつアジアに直接投資を行ってきた。多くの企業がタイ，インドネシアなどに進出していた。製造業など現場に根をおろした日系企業は逃げ足が遅く通貨危機の影響を直接に被った。金融中心の欧米，特に通貨危機によって巨額の利益を上げたと報じられるヘッジ・ファンドとは異なり，通貨危機によるダメージは，日本企業にとってはるかに深刻だったと考えられる。

1997年当初，日本は景気回復の基調に乗っていた。しかし，通貨危機が回復基調を頓挫させ，不況局面での消費税の値上げ，金融の自由化と続く経済政策が追い討ちをかけ，日本は1997年11月の拓殖銀行の破綻以降，出口の見えない本格的な不況に陥っていく。

(2) アジア通貨問題の台頭

通貨危機は，危機以前のアジアが経済開発の最優等生であったことから，一層強い衝撃を与えた。言うまでもなく，危機に見舞われた東南アジア・東アジア（以下「東アジア」と表記）は経済的離陸のきっかけを見出せないような低開発国ではない。通貨危機以前のアジアの成長は，世界銀行が認めたようにまさに「奇跡の成長」を続けていたのである。

アジアの成長は経済史上の奇跡でもあった。アジアの急成長の前では，経済の発展が国家間の貧富の差を拡大し続けるという先進国収奪論・両極分解論は，説得力を失う。また，危機に見舞われた諸国は，先進国の援助は受けていたもののそのことだけによって経済の成長軌道に乗ったわけではない。したがって，経済発展には大量の資金援助を必要とするというビッグプッシュ論も妥当しない。一国の経済的離陸に先進国の膨大な指導や

援助は必ずしも必要ないのである。また制度改革を含めた総合的なきめ細かな経済開発が必要であるとする考えも，必ずしもアジアには妥当しない。制度的な立ち遅れを抱えつつもアジアは急成長してきたからである。アジア諸国は，先進国の資金導入をバネに，国家の指導的な経済政策と市場経済機能の活用を通して自力で急成長したのである。

とはいえ，アジア経済に対しては，さまざまな疑問符がつけられていた。アジアの成長が生産性の向上を伴わない背伸びした経済成長であるという指摘や，アジア経済は政官民の癒着体質に基づくクローニー・キャピタリズム（馴れ合いによるえこひいき資本主義）であるという指摘などである。通貨危機は急ぎすぎた金融のグローバリゼーション，外資依存の経済成長，国内資本の未成熟，金融危機管理能力の欠如を強く印象付けた。

しかし，通貨金融危機はアジアだけにはとどまらなかった。通貨危機をアジアの遅れた体質のせいにしていた欧米の見方も，LTCMの経営危機によって反省を迫られることになる。先進国も金融危機に巻き込まれる可能性があることが否定できなくなり，アジア通貨危機のなかに金融のグローバリゼーションに伴う現在の国際金融システムそのものの脆弱さを認めざるを得なくなったのである。

同時に，財政問題や物価の安定などから見てアジアは優等生であり，アジアの成長の健全性も再確認されつつあった。危機前年，1996年のGDP成長率は，タイ5.5％，インドネシア7.8％，韓国7.1％である。それまで8％以上の高度成長を続けてきたので，やや停滞基調に入っていたが，それでも高い成長率であった。財政収支は，この3カ国ははいずれも健全であり，インフレ率もタイ5.9％，インドネシア7.9％，韓国5.0％であった。いずれもGDP成長率とほぼ同じである。

アジア通貨危機から1年半後，アジアに通貨危機の後遺症が残るのとは対照的に，1999年1月に欧州統一通貨ユーロは華々しく発足した。広域経済圏としてのアジアとヨーロッパの差が浮き彫りになった。日本は通貨問題には鈍感である。アジア通貨危機が起きた1997年まで時間を戻せば，日本のマスコミの論調もエコノミストの論調も，ユーロの設立にはほとんどが懐疑的であった。できるはずがないと冷ややかに見ていた。それは国内

の論調だけでなく，海外ニュースの報道についてもいえる。しかし，実際には，この時点でユーロの成立は既定路線であった。日本の理解がズレていたのである。

　もちろん，ユーロは多くの問題を抱えている。ユーロの導入に当たって参加各国は，財政赤字を減らし物価を安定させるために緊縮的な財政金融政策を採り続けた。失業問題もあえて辞さないとういう決意の下でのユーロの導入であった。ドイツ国民にとってはマルクよりもユーロの方が弱い通貨になる。この点ではユーロの導入は，経済的効果よりもむしろ統一通貨導入による欧州の恒久平和やアメリカに対する国際通貨をめぐるドイツの政治的野心の方が取りざたされていた。

　また，ユーロ地域はなお生産性の格差は少なくないし，言語の問題からみてもアメリカの州と州の間のようには労働力の移動は簡単ではない。つまり，ユーロはマンデルのいう最適通貨圏に合致しないのではないかという指摘もあった。さらに，国家という政治的枠組みを残しつつ通貨だけ統合することは各国の経済運営を難しくする。すなわち各国は金融政策という経済運営の手段をなくすだけでなく，ユーロ全体としても国家間の経済状況が異なる場合，国ごとの事情に応じた金融政策が立てられないという問題を抱えることになる。公定金利の引き上げは，景気が過熱している国には効果的だが経済が低迷している国には壊滅的な打撃を与える。ユーロ地域内で国家が存続している以上，この問題は避けられない。

　ユーロは大きな問題を抱えつつの船出であった。しかし，広域経済圏の確立は，EUの自己完結性・自立性を強める。EU広域経済圏が共通通貨ユーロによってその一体性を大きく進展させるのである。ドルや円との間でユーロが変動したとしても，EUという巨大経済圏が運命共同体として為替の変動に対応することになる。たとえその価値が激変したとしても，強大な通貨圏の成立によって，より多くの外貨準備を持つことになり，通貨の投機的な攻撃に対する抵抗力は強くなる。また，域内での取引はユーロによって為替相場の変動の損失を免れ，経済圏が広域化することで経済活動は安定する。広域通貨圏の確立によって通貨危機に翻弄される可能性は大幅に減ったのである。通貨問題を緩和させただけでもでも広域経済圏と

しては大きな成果である。

　そうなると，ドル圏，ユーロ圏に対して東アジアだけが経済の急成長にもかかわらず通貨の統一を見ないまま草刈場として放置されることになる。アジアだけが取り残された，という現状認識が，ユーロの実験がアジアにも可能ではないか，という問題を浮上させたといえる。アジア通貨危機とユーロの成立はそれだけ際立った対照をなした。アジア広域通貨圏構想は，欧州でユーロが成功していなければ生じていなかった問題といえる。

　とはいえ，通貨は経済的な存在であると同時に政治的な存在である。共通通貨問題が浮上すれば，すべての国がこれにかかわってくる。積極的に推進するかどうかは別として，話し合いのプロセスでリーダーシップを発揮するかどうかは，仮に本当にアジア共通通貨が成立した場合，その統一通貨の中心国になるかどうかの利害問題とかかわってくるのである。

　そもそも国家が貨幣を発行して，国民が貨幣を受け取れば，貨幣発行の費用と貨幣の購買力との差は，国家の利益になる。これが貨幣発行益（seigniorage）である。

　貨幣発行益はインフレ税と呼ばれることもあるが，実際には，インフレになるかどうかに関わらず国家は貨幣の発行によって貨幣量が増大すれば利益を得る。たとえば，1万円札の印刷の費用は，約20円である。1万円と20円との差額は日本銀行の経営のために使われ，残余は国庫に納入される。また，日本銀行が，自分の製造した紙幣で外国の国債を買えばその収支もまた貨幣発行益となる。

　これが，貨幣が貴金属であった時代でも，不換紙幣になっても，国家が貨幣発行権を手放さない最大の理由である。有史以来，国家が貨幣鋳造権を独占してきた最大の理由は，国民の経済活動の利便性や国民が国家による貨幣鋳造を信頼してきたからという理由よりも，本音としては国家による貨幣発行益の獲得である。

　国際通貨の場合もこの問題は看過できない。東アジアがドルにリンクすれば，アメリカにとって東アジアに対する為替リスクはなくなる。そのメリットは計り知れない。そして，国際的な通貨になることのメリットはこれだけではない。たとえば，ドルがアジアの国際通貨である限り，アジア

諸国のドル保有に伴う国際的な貨幣発行益はアメリカのものになる。

通貨は経済戦争にとっては直接的な武器である。たとえばアジアが円を使用すれば，アジアに対する経済的な影響力はもちろんのこと，円通貨導入時には，初発の利益として日本は莫大な貨幣発行益を得る。東アジアが米ドルを使用すれば，貨幣発行益はアメリカのものとなる。広域通貨システムのあり方は，経済的な支配をめぐる戦いとなる。また，アメリカ以外の国がアメリカの短期国債を購入すれば，これはアメリカに対する資金供与と同じであり，これを長期により高い利回りで運用することで，差額の分はアメリカに帰着する。貨幣発行益は，通貨問題の隠れた本質である。

また，各国が自国通貨の発行を放棄してドルを使用するいわゆるダラライゼーションが進展すれば，ドル導入当初の時点では，アメリカには巨額の貨幣発行益が入ることになる(注2)。ドル・ペッグ制によって各国のドル保有がふえても同様の効果がある。

国際通貨として使用されるかどうかは直接的な利害にかかわる問題なのである。したがって，円もまた国家の意志を背景にこの問題に対処しなければならないのである。

アジア通貨圏構想については，日本ではアカデミズムもマスコミも決して熱心ではない。これに対し，わが国のアジア通貨システムに関する動きはなによりも財務省（旧大蔵省）を中心にしたものであり，官界は意欲的である。また，この問題に関する政治家の発言も少なくない。アジア各国も，いったんこの問題がテーブルに乗ってしまえば，もはや避けて通るわけにはいかない問題である。この問題にかかわらないことは国家的な損失につながりかねないからである。

(3) 通貨圏構想の挫折と復活

1997年7月のアジア通貨危機の勃発に際して，日本政府の対応は実にすばやかった。日本経済の回復は本格的な軌道に乗らず，再度不況に陥る不安があったにもかかわらず，通貨危機に見舞われたアジア各国に対して巨額の資金援助を決めた。タイ（97年8月，40億ドル），インドネシア（97

年11月, 50億ドル), 韓国 (97年12月, 100億ドル)。この額は先進国援助の中でも突出したものであった。これは, 不況にあえぐ経済の状況から見て, 日本にこんな余力が残っているのかという不安が生じるほど過大な援助に思えた。

同時に, アジア通貨危機が進行する中でアジア通貨基金構想 (AMF) が浮上した。この構想には, アジアの差し迫った状況からマレーシアやタイからの強い支持があった。他のASEAN諸国そして韓国も程度の差はあってもこの構想を支持した。アジアの経済大国としての日本の責任を果たすという政治的な意図ももちろん否定できない。しかし, それよりもアジア通貨の安定は日本経済にとっても欠かすことのできない問題になっていた。日本企業のアジア進出は, 東アジアと日本との関係を不可分なものにしていた。

しかし, アメリカとIMFの強い反対にあってAMF構想は挫折した。AMFが, 緩い基準で資金援助を行えばかえってアジア各国にモラルハザードが起こること, AMFがIMFの存在と齟齬をきたすことが当時指摘された理由である。実際には日本の政治的・経済的野心と判断されたのかもしれない。中国もまたAMF構想には強く反対した。

AMF構想の挫折の後, 日本は, 98年10月新宮沢構想による300億ドルのアジア諸国支援の政策を打ち出す。新宮沢構想は, 日本と支援される国との2カ国の関係で協定が完結しており, この点ではIMFの存在と矛盾しない。岸本周平氏 (当時大蔵省アジア通貨室長) によれば, 「新宮沢構想とAMF構想の大きな違いは, バイとマルチという出発点の違いにある[注3]」。これによって, 当時の大蔵省はIMFとアメリカの批判を回避したものと思われる。

新宮沢構想はAMF構想と無関係ではない。「300億ドル」という支援額は, 実際には「ドル」ではなく「円」での支援であるし, 構想の文言には「将来的には, アジア諸国を中心とする新たな国際保証機構の設立が真剣に検討されることを期待する」と明記されている。また, アジア通貨基金構想は, 円通貨圏構想を含む可能性があるので, 日米関係にとってデリケートな問題である。

AMF構想とは別に，2000年5月には，ASEAN10カ国と日本・中国・韓国の間で，危機に際して通貨スワップを行う「チェンマイ・イニシアチブ」が合意されている。チェンマイ合意に基づき，日本は，韓国，タイ，マレーシア，フィリピンと2国間協定に合意している。この構想は2国間協定のネットワークであり，AMF構想のような国際機関の設立を意味するものではないため，IMFを補完するものとして位置づけられる。

　AMF構想の挫折の後で，新宮沢構想をバネに，アジアの通貨協力，さらにアジア通貨圏構想は復活したといえる。日本国内での関心をひいてはいないが，アジア通貨協力とアジア通貨圏構想は，現実の問題として動いている。いうまでもなく日本に関してはこの問題はホットな議論とはなっていない。しかし，アジア共通通貨をめぐる各国の反応はどうか。

　2001年9月5—6日にかけて，タイ・チュラロンコーン大学において同大学主催の「世界経済の統合化における東アジアの通貨の見通し」(注4)の国際会議が開催された。アジア通貨システムを正面から取り上げたアカデミックな国際会議である。

　ASEAN各国の参加した会議は，2日間で9本の報告を行う過密スケジュールの中で活発に行われた。ノーベル賞受賞者のマンデル教授やマッキノン教授の報告，日本からは，副財務官経験者である伊藤隆敏氏や河合正弘氏などの報告が含まれていた。この会議の雰囲気は日本国内では経験できないものであった。なによりも，この会議の中では現状の国際通貨システムは変動相場制という大前提も含めて批判の対象となっていた。

　冒頭マンデル教授が，貨幣の本来の姿が貴金属貨幣であることを強調し，その重要性を指摘しながら，国際通貨が当面ドル，ユーロ，円の3つの通貨圏から形成されるべきであるという見解を報告した。他方，会議の議論を主導したマッキノン教授は，アジア通貨がドルにより強くペッグすべきことを主張した。

　これに対し，日本の伊藤隆敏氏は，円，ドル，ユーロからなるアジア・バスケット通貨を主張した。会議では，広範な領域にわたる報告が行われたが，現実的な争点は日米関係，すなわちドルか円か第3のバスケット通貨かであった。そして，日本の立場は実に弱い。長期の経済不況に苦しむ

日本がアジア通貨のイニシアティブをとることには強い懐疑の念が多数示されていた。

アジア諸国の通貨問題に関する熱意は驚くべき程である。このようなテーマで大学主催の大規模な国際会議が開催されること自体が，問題関心の高さを物語っている。アジアと日本とはこの問題に関する認識が違うのである。

3 現代通貨と変動相場制

現在の国際通貨システムは，複雑である。変動相場制と主要通貨へのペッグ制などの並存した国際通貨システムとなっている。この複雑な枠組みの下で東西冷戦の終焉を受けて，経済のグローバリゼーションすなわちアメリカンルールの国際化が急展開した。アジア通貨危機は，急速に進展した金融のグローバリゼーションと主要国通貨が変動相場制を採る中でのアジア通貨の事実上のドル・ペッグ制，という変則的な通貨システムの枠組みの中で生じた。そもそも固定相場制に対する変動相場制とはどのような意義を持つものなのだろうか。

(1) 変動相場制の暫定的性格

周知のように1971年8月のニクソン・ショックによって金とドルとの兌換が停止され，1973年以降，国際通貨システムは変動相場制に移行した。現在の国際通貨システムは不換紙幣が変動為替相場制の下で機能しているのである。このシステムは長い貨幣の歴史の中で異例の事態である。

第二次世界大戦後の国際通貨システムは，世界全体の7割に及ぶアメリカの圧倒的な金保有を前提に，固定相場制の下で，アメリカが各国の通貨当局に対して金とドルとの兌換の義務を負うことによって成立していた。しかし，周知のように日本やヨーロッパの急速な復興と高度成長，他方でのベトナム戦争の長期化などによってアメリカ経済の地位は相対的に低下した。戦後のブレトンウッズ体制による固定相場制の下で，ドルは過大評

価となっていった。各国はしばらくの間，戦後アメリカの援助によって戦後復興を達成したという恩恵から，ドルの金への兌換を自粛し，これによって金流出の危機は回避されていた。しかし，ドルに対する不安が増大する中で，フランスをはじめとする各国は，金との兌換を要求し，金がアメリカから流出するという事態になった。戦後のブレトンウッズ体制の崩壊の始まりである。

　人類は，長い間金あるいは銀などの貴金属を貨幣としてきた。この金や銀との関係がまったく断たれた貨幣が，はたして貨幣として機能しうるのか。こうした疑問が解決されないまま，世界は新しい通貨システムに移行したのである。もちろん，前例はある。ナポレオン戦争によるイングランド銀行の兌換停止（1797年），第一次大戦や1929年に始まる世界大恐慌の際には，金とドルとの兌換は停止された。しかし，いずれも暫定的なものと考えられていた。しかし，ニクソン・ショックとスミソニアン体制（1971年12月）の崩壊（1973年）以降，半永久的なものとして金とドルの兌換が停止されたのである。

　ニクソンによる金・ドル兌換停止は，その動機からすれば，緊急避難であった。兌換停止それ自体は，何よりもアメリカの金準備の減少に歯止めをかける意味を持つのである。金なくして通貨システムが成り立つのかという当時の根本的な疑念をあえて無視しても，金のこれ以上のアメリカからの流出は，認められなかったということである。

　不換紙幣は発行主体に対する信認がある限りでのみ流通する。信認がなくなれば，紙とインクにもどる。重大な経済危機や戦争などの政治危機によって国家が弱体化したり，なくなったりすれば，その国家の発行した不換紙幣は購買力を失う。しかし，このことは逆に，危急の時には金が必要なことを意味している。本当に，貨幣としての金が不要であったとすれば，アメリカはヨーロッパが望むとおりに，金を最後まで兌換し続ける道もあったのである。しかし，そうはしなかった。

　現在，不換紙幣は貨幣として定着している。このことによって，金属貨幣が遅れた貨幣で不換紙幣が進歩した貨幣と考えられがちである。しかし，金・ドル兌換停止の際には，現在とは異なって金が重要であるがゆえに兌

換停止によって流出を防ぐという金防衛策の面が強かったと考えられるべきであろう。

金はそれ自体が商品としての価値を持つ。かつ，人類の貨幣の歴史のほとんどの時期に金は貨幣として登場していた。金に対する貨幣幻想は，崩れにくい。世界が金を富として認めている以上，金の減少は富の減少を意味する。また，金は聖書に400箇所も登場しているといわれ，聖書以外でも多くの神話とつながっている。その金の持つ文化的伝統も見逃せない。[注5]

貴金属貨幣は金だけではない。銀もまた貨幣として金と併用されていた。価値の大きすぎる金貨は，日常の取り引きには不向きであり，銀がもうひとつの貨幣として必要になる。なぜ金と銀が貨幣であったのかという問題は，貨幣と富の密接な関係による。すなわち，金や銀は装飾性に優れ，保蔵にも優れ，かつ蓄積することが出来る。このことから，多くの社会で金銀は富として認められた。

また金銀は，性質が変化しないこと，均質であること，分割と合成に耐えられること，小さくて大きな価値を持ち，持ち運びに便利であることから，価値の尺度，交換手段，価値の保蔵手段として優れている。したがって，金や銀は，富として珍重され，商品経済の発達とともに貨幣としての優れた機能が発揮され，貨幣となることによってその富としての普遍的な性格を獲得したのである。貨幣としての金や銀を持てばいつでも何でも手にすることが出来るようになったのである。[注6]

経済学は，重商主義の長い期間（15〜18世紀）富は金銀であるという信念を持ち続けてきた。スペインの黄金願望は中南米の文明を崩壊させ，大量の金銀をヨーロッパにもたらした。イギリスもフランスも金銀の獲得のために貿易差額主義の経済政策を用いた。確かに，古典派経済学以降，重商主義の貨幣観は虚妄とされ，貨幣を交換の手段とみる考えが主流になっている。しかし，貴金属に裏付けられない不換紙幣には，全幅の信頼はない。貨幣の中に富の機能を持たせるためにはその価値が安定することが大切である。

不換紙幣が発行主体である国家と運命を共にするのに対して，金や銀は非常時，あるいは戦時の貨幣である。不換紙幣は戦時には交換性を失うが，

金や銀は，その価値が受け入れられる限りで，貨幣として通用する。ヨーロッパの重商主義の時期，金は貨幣として世界に通用し富として蓄積された。彼らが，銀行信用も国家紙幣も知らない遅れた知識しか持っていなかったからではない。重商主義の時代が耐えざる戦争の時代であったことを考えれば，不換紙幣よりも金こそが時代にふさわしい貨幣だったのである。戦争の遂行には金は不可欠であった。

　金の減少は，非常時の戦争遂行能力の低下を意味する。1971年のアメリカも同じ状況であったと推測することは決して的外れなことではない。東西の冷戦下で遂行されたベトナム戦争は，東西対立の最前線であった。一定の限度を超えた金の流失は，危機に際しての戦争の遂行に支障をきたす，ということである(注7)。これはニクソン・ショックのもうひとつの側面である。

　金からの離脱，これが貨幣の性質を大きく変えた。金はそれ自身の価値を持つが不換紙幣は価値を持たない。発行主体である国家が滅亡すればただの紙切れに戻る。ハイパー・インフレーションになれば，機能しなくなる。不換紙幣の価値は，社会的な幻想に支えられているだけでそれ自身の価値はもっていないのである。金は貨幣の地位を奪われても商品としての価値を持つ。金は貨幣でなくても富の保蔵手段として価値を持つ。この点は不換紙幣と金との決定的な違いである。

　国際通貨システムのもうひとつの特徴は変動相場制の採用である。

　金・ドル兌換停止後の混乱は，1971年12月のスミソニアン体制の下で修正される。ドルの過大評価は修正され，固定相場制は復活する。しかし，結局はスミソニアン体制も維持することはできず，世界は変動相場制へと移行してゆく。1973年2月，日本も変動相場制を採用する。そして，世界はいわゆるスタグフレーションに入った。不況とインフが同時に併存し，しかもそれらがともに深刻になりつつあった。

　変動相場制は，いうまでもなく大きな為替リスクをともなう制度である。国際経済の発展にとっては，通貨価値の安定こそがもっとも重要なことである。為替レートの変動を容認する変動相場制は通貨システムとしては望ましいものではない。何よりも個別企業にとってはより現実的な問題とし

て変動相場制の下で安定的な経済活動を営むことはできない。変動相場制移行の直後には，変動相場制はもともと一時的な制度であり，経済が安定したなら早期に固定相場制に復帰するべきであると考えられていた。

しかし，73年の10月には第4次中東戦争が勃発し，世界経済は大きな混乱期を迎える。こうした時期には，変動相場制は合理性を持つ。第4次中東戦争に伴う世界経済の混乱は固定相場制への復帰を絶望的なものにした。変動相場が，既成事実化し，平和時にも通用する恒常的な国際通貨システムとして受け入れられていくのである。

変動相場制は，経常収支のインバランスを自動的に調整する通貨システムとして支持を集めていく。黒字国の通貨が高くなることで，輸出が不利になり，黒字国と赤字国の間の収支が均衡に向かうことが期待されたのである。

しかし，こうした均衡は，生産力の優位な国に通貨高を強制して生産を抑制させることに等しい。日本のように輸出超過の黒字国は，変動相場制によって円高による不況というペナルティを課せられるのである。国際的な経済成長を抑えることで均衡がもたらされるところに変動相場制のもたらすマイナス面がある。変動相場制は，為替リスクの問題だけではない。変動相場に基づく為替レートの調整は，実体経済それ自体にもマイナスの効果をもたらすのである。しかも，現実の変動相場制は，最終的に各国間の経常収支の均衡をもたらすという期待にも応えることはできなかった。

(2) 変動相場制の変質と危機の責任

もともとの変動相場制は，為替レートを市場の決定に任せるシステムである。この点で，市場原理主義にとって受け入れやすいシステムである。80年代における新保守主義・市場信仰の復活は，変動相場制を合理化するにはふさわしい理論環境だったといえる。しかし，不換紙幣の下での通貨に関する市場原理は国際通貨問題を解決しなかった。

1970年代から80年代初頭にかけてアメリカは長期の不況にあえいだ。この時期の切り札は再び金であった。アメリカのレーガン大統領は，1981年，

議会に金委員会を発足させる。金本位制復活の可否を諮問したのである。

　本来これは，国際通貨問題の大きな転換点になって不思議ではない出来事であった。しかし，日本では，この問題は大きな議論を呼ばなかった。当時の日本の論壇は，アメリカの金復活の動きを本気だとは思っていなかったようである。しかし，アメリカ議会金委員会はあらゆる可能性を検討し膨大な報告書をまとめている(注8)。金本位制の復活はぎりぎりのところで見送られたが，現在発行されているイーグル金貨はこのときの提言に基づいて作られたものである。

　強いドルがアメリカを救うという威信をかけた政策は，80年代前半のアメリカのドル高を支えた。しかし，不況の中でのドル高政策には無理があり，早晩転換を余儀なくされる。85年のプラザ合意によってドル高政策は転換される。先進国の協調的な誘導によって円高・ドル安へと政策転換が図られるのである。

　このことが日本経済の構造を大きく変質させる。円高の進行によって，製造業は国内での生産を海外とりわけ東アジアにシフトさせる。これに伴って金融機関も海外にこぞって進出する。企業の対外進出は，日本経済の空洞化をもたらす。他方，アジアへの生産拠点のシフトは，アジアの経済成長の一因となる。同時にアジアの経済成長は日本にとってアジアの低価格商品との競争を強いられる。アジアは日本にとっての脅威にもなったのである。

　変動相場制が本来の市場原理をはなれて，先進国の協調によって，意識的に円高・ドル安に誘導されることによって，管理的な変動相場制に変質し，このことが日本の経済構造を変化させたのである。

　他方アメリカとの関係では，円高・ドル安によって，日本の輸出産業は痛手を受けた。対照的にアメリカの輸出産業は復興し，かつアメリカよりも低い金利を維持する日本の金融政策によって，日本の資金に支えられてアメリカの証券市場は回復してゆく。

　プラザ合意以降，変動相場制は管理され政策的に誘導された変動相場制へと変質する。本来の変動相場制である自由な為替の市場ではなくなったのである。先進国間の協調は，政治的な発言に影響され，結果的に中心国

アメリカの影響が強まる。

他方，変動相場制という国際通貨制度の下で，情報化技術の進展によって金融のグローバリゼーションが進行する。貨幣は資産としての投機の対象となる。ヘッジ・ファンドに象徴される金融機関の投機的な動きはその規模を大きくする。金融のグローバリゼーションと変動為替相場制のシステムは，投機家に活躍の場を与える。通貨は主要な投機の対象，資産運用の手段となった。貨幣で買うのではなく貨幣を買う時代になった。92年のイギリス・ポンドはヘッジ・ファンドに投売りを浴びせられ，これを契機にEMS（欧州通貨制度）から離脱する。この事件は国家が投機家に敗北したと受け止められ，ヘッジ・ファンドの存在を世に知らしめた。通貨は危険な存在に変わった。

資金運用の対象となった通貨は日々変動する。変動から利益を上げる投機家にとっては，変動こそが望ましい。しかし，為替レートのめまぐるしい変動は，健全な経済活動を阻害する。実体経済にとっての為替リスクの増大が，投機家にとっては収益のチャンスになる。実体経済にとって変動相場制は決して好ましいものではないのである。

(3) 変則的な変動相場制

一般に，1973年の変動相場制への移行は，国際通貨システムの固定相場制から変動相場制への移行として理解されるが，日本のように各国通貨に対して純粋な変動相場制を維持してきた国はむしろ少数である。発展途上国の多くは何らかの形でアメリカ・ドル，ドイツ・マルクなどの強い通貨とリンクする通貨システムを採用してきた。変動相場制の大きな枠組の中で固定相場制が採られていたのである。

ヨーロッパも変動相場制の流れに乗ったわけではない。1973年3月，ECはEC内の通貨の変動幅を小さくし，アメリカに対しては変動相場制を採るという，共同フロート制を採用する。これはそのルールの特性から「トンネルの中のヘビ」と呼ばれた。この試みは，その後の世界経済の混乱によって挫折したが，この経験を踏まえ，ヨーロッパは1979年には欧州

通貨制度（EMS）を発足させる。ecu（エキュ，欧州通貨単位）はこの時できたものである。ecuは，欧州共通の計算貨幣であり，参加各国の通貨の加重平均に基づいて算定されるバスケット通貨である。ecuは公的な通貨単位として用いられただけでなく，民間でも用いられた。紙幣も鋳貨も発行されたわけではないのに，EU内の取引に用いられていた。ecuは参加各国が金とドルを供出することよって支えられていたが，ecuによって人工的で純粋に観念的な通貨が登場したのである。

スネーク制に基づく共同フロートからecuの登場まで，EUは，変動相場制の国際的な通貨システムの枠組からいかに域内の為替変動を小さく押さえるかに腐心してきた。そして，対外的に変動相場制を採ったとしても域内の為替相場の変動は押さえるという意志が，最終的にユーロとなって結実する。ユーロの誕生に際しては，1ecuは1ユーロと算定された。この点でも，現在のユーロは共通バスケット通貨ecuの長年の経験の上に作られたものであるということができる。ヨーロッパは変動相場制を受け入れながら同時にその対策を模索していた。EUに比べて，日本は変動相場制を信じすぎていたといえる。

国際通貨システムとしての変動相場制が先進国によって戦略的に管理され，金融のグローバリゼーションの影響を受けて通貨が資産運用の対象になると，各国経済はますます通貨に翻弄されるようになる。

1997年，タイは，バーツ危機によって事実上のドル・ペッグ制（ドルのウェイトの高い通貨バスケット制度）を維持できなくなって，変動相場制に移行する。とはいえこのことは変動相場制が固定相場制よりも優れていることを意味するわけではない。固定相場制の放棄は，外貨準備がなくなったための緊急避難であり，他の選択肢を失ったことを意味する。

タイ・バーツは，実質的な通貨バスケット制を用いつつも実質的にはドル・ペッグ制をとっていたといわれる。ドル・ペッグ制が実勢レートを反映しなくなれば，固定的な為替レート・システムのもとでは，バーツを売りドルを買う圧力のもとで，通貨当局は手持ちのドルを吐き出さなければならない。固定相場制の抱える大きな問題である。

しばしばバーツはドルへのペッグにこだわりすぎたといわれる。しかし，

ドル・ペッグ制から変動相場制への転換は簡単なこととではない。なによりもこの局面で変動相場制に切り替えた場合，バーツは大きく下落する。バーツの下落はドルの上昇を意味するから，ドルでの負債総額が急増する。銀行は外国からの短期資金を導入して，融資していたから銀行の負債も増大する。企業も同様である。ペッグ制の放棄，すなわち変動相場制への移行は，債務の増大を通じて経済の破綻を伴わざるを得なかったのである。

したがって，タイがドルとペッグしていたために通貨危機に陥ったと考えたならこれは一面的である。同じことであるが，危機の際に変動相場制に転換したことが変動相場制の優位を意味するわけでもない。国際的な変動相場制の中で実質的にドルにペッグしていたことが問題だったのである。この通貨システムの下では，円高・ドル安は，日本企業のタイへの誘致やタイの輸出産業に有利に作用する。タイ経済の急激な成長の要因の一つとなる。逆に，ドル高・円安への転換は，タイ経済に不利に作用する。後者がアジア通貨危機の大きな要因の一つである。

以上の意味で，ドルとペッグしていたタイ経済は，変動相場制の影響を受けていたのである。また，しばしば指摘されるように，オフショア市場の開設など早すぎた金融の自由化や高金利政策による外資の導入は，タイ経済の急速な発展の要因であったと同時に，通貨危機の最大の要因のひとつであった。短期資金の出入りが自由になることで，投機的な行動の餌食にもなりやすくなったのである。

現在のアジアは安定した通貨システムを持たないため，いわば草刈り場である。したがって，アジア共同通貨圏構想は，通貨危機後のアジアにとって看過できない課題といえる。しかし，アジア通貨圏構想において，日本が主導的な役割を果たすことは可能なのだろうか。この点に関して，ロナルド・マッキノンの包括的な論考が参考になる。

4 アジア・ドル本位制の提言

先に紹介したタイ・チュラロンコーン大学におけるアジア通貨問題に関する国際会議では，ロナルド・マッキノン教授は，東アジアがドル・ペッ

グ制に復帰すべきことを主張した。アジアの現状にもっとも近い提言であると同時に，円通貨圏構想や，アジア共通通貨構想とは，接点を持ちにくい議論である。当日の会議の報告資料として Joseph Stiglitz and Shahid Yusuf ed, *Rethinking the East Asian Miracle* に収録されているロナルド・マッキノン（Ronald MacKinnon）の論文「危機の後における東アジア・ドル本位制の復活」(*After The Crisis, The East Asian Dollar Standard Resurrected*) が収録されている。同論文はドル本位制と他の通貨システム論とを対比しつつドル本位制の優位を説いたアジア通貨システム論に関する包括的な論文である。

この論文を検討することで，現実に進行しつつあるドル化の流れの妥当性，アジア統一通貨の可能性を検討してみよう。またマッキノン氏は同カンファレンスで2度報告しており，報告資料のなかには，同氏の2番目の報告 *The East Asian Exchange Rate Dilemma*, 2001 も配布されている。適宜参考する。

(1) 進行する東アジアのドル化

マッキノンがもっとも重視するのは，東アジアにおける国際通貨としてのドルの実績である。すなわち，日本を例外として，通貨危機以前の10年以上の間，東アジアの通貨は事実上ドルにペッグされていたということである。氏は，「インドネシア，韓国，マレーシア，フィリピン，など通貨危機に巻き込まれた諸国は，香港，シンガポール，台湾などと同じように自国の貨幣を政策的にドルとの安定的な為替レートを維持するようにうまく運用していた」という。

マッキノンは，東アジア各国は通貨をドルにリンクさせることで，ドルは東アジア各国の自国通貨の名目通貨価値を支えるアンカーとして有効に機能していた，と考えている。そして，通貨危機を経た後にも，アジア各国は再びドル・ペッグの魅力を再確認しつつあることを高く評価する。

危機によっていったん東アジア・ドル本位制は崩れたが，結局ドル本位制は事実上復活している点を重視するのである。マッキノンはこれを既定

事実と考えており，東アジア・ドル化政策が通貨システムとして優位であることを根拠付けるものと考えている。

そして，マッキノンはいわゆる危機4カ国以外の中国，マレーシア，香港に言及する。すなわち，中国も1994年に，為替レートのシステムを整理し，危機を通して今日まで，8.3元を1ドルに事実上不変のまま維持している。マレーシアもリンギが50％下落した際に資本規制を行ったが，そこでとられた政策も，1998年12月には3.8リンギを1ドルに固定し，これを維持するということであった。マハティールのヘッジ・ファンド批判は，ドル批判にまでは及んでいない。むしろ激しいヘッジ・ファンド批判があったとしても，ドルへのペッグがマハティールの通貨政策の結論であった点にマッキノンは注意を喚起しているのである。アジアのドル依存はマハティールをもってしても避けられないということである。

また，アジアの多くの国は緩やかなドル・ペッグ制を採用している。すなわちドルとのレートを維持する公的な義務はない形をとっている。しかし，その中にあって香港はより積極的にアジアで唯一カレンシー・ボード制を採用し，公式にドルに対する交換レートを発表しその維持を約束している。

1983年以来，香港は香港ドルと米ドルとの交換比率を7.8対1とし，東アジア唯一のカレンシー・ボードに基づく国内貨幣政策を実行している。そして，1997―98年の通貨危機においても立て続けに香港ドルが攻撃されたにもかかわらず，香港は資本流出を規制することなく，この為替レートを維持した。マッキノンが主張するアジアのドル化政策からみても，香港は突出しているのである。

以上のようにマッキノン氏は，アジアはドル圏である，という事実認識に基づいてその有効性を，第1に危機に際して，価格のアンカーとしてのドルが有効に機能していたこと，第2に円や他の共通通貨構想と比べてドル化政策が優位であることを主張し，第3に今後の東アジア・ドル本位制のためによりきめ細かで強力なペッグ制を求めるのである。

ところで，通貨にとって重要なことはいうまでもなくその価値の安定性である。マッキノンは，以前の論文(注11)を補強しつつ，より詳細な分析を行う。

残されていた問題は，東アジアの一致した共同行動の意義についてである。マッキノンによれば，東アジアのドル・ペッグ制を採る国にとって，このアンカー通貨の価値がよりいっそう安定するには，アメリカの価格水準の安定が必要なだけではなく，東アジア諸国がドル為替レートを採用し，共同でレートを安定させるように行動することに依存しているという。この点からすれば，アジアの経済的な統合化の進展が通貨問題に重要な意味を持つ。

　マッキノンは，東アジア地域は，現在では相互の交易が進展し，高いレベルでの経済の統合化が進んでいることを確認する。この20年間に，日本も含むアジアの域内貿易は，アメリカとの貿易よりも速いスピードで拡大し，今では，東アジア諸国の輸出の50％が他の東アジア諸国に向けられ，アメリカへは25％にすぎないという。

　そこでマッキノンは，アジアの経済的な統合を踏まえるならば，国際的な通貨システムにおいて成功するかどうかは，いかにしてアジアが共同で行動し，安全なアンカーを持つかにかかってくるという。ドルの安定性とアジアの地域的な統合化の現実に目を向け，国際通貨の安定性にとって東アジア全体の共同行動が重要であることを踏まえるなら，東アジアはドルにリンクし，ドルをアンカー通貨とすることによって安定した為替レートをもつ通貨地域となる，これがマッキノンの見解である。

(2) アジア・ドル本位制の優位性

　アジア通貨圏構想にとって大きな問題は，東アジアにユーロのような統一通貨を導入する試みである。この会議での伊藤隆敏氏の報告はこの趣旨に沿ったものであった。そもそも，東アジアはマンデルの言う意味での最適通貨圏を構成しているかどうかが問題となり，この問題については，しばしばEUとアジアとの相違の方が指摘される。[注12]アジア統一通貨をつくることの困難さの方が強く指摘されているのである。

　マッキノンは，アジアの最適通貨圏論に関する典型的な議論として Chi Hung Kwan[注13]の議論を引用する。以下のとおりである。

通貨統合を行う際にかかる主たるコストは，各国が独立した通貨政策を捨てざるをえないことから生じるものである。通貨同盟に参加した国は，通貨同盟に参加する他国の通貨との交換レートを固定することによって，独自に貨幣をコントロールする政策をあきらめなければならない。そこで，ある国の経済が外部的なショックによって影響を受ける時には，その国は通貨同盟に参加する他国の通貨政策に協調せざるを得ないことになる。この時，同質の経済構造を持つ国々は，共通の通貨政策によって共通のショックに対応できるので，独自の通貨政策を断念することのコストは相対的に小さい。これとは反対に，異質な経済構造を持つ国々は，同じショックに対してまったく異なった対応を必要とする。そして，共通の貨幣政策を採らないため生じるコストは相対的に高くつく。たとえば，日本と韓国はともにオイルの輸入国である。オイル価格の大きな変化には同じ貨幣政策で対応できる。しかし日本とインドネシアは，そうはいかない。インドネシアはオイルの輸出国である。

これらの国の間の相違を考慮すると，日本，アジアNIEs，ASEAN諸国，中国，がともにかつ同時に最適通貨圏を作ることはありそうにもない。アジアNIEsのように個人所得の高い国は日本と同じような貿易構造をもっているが，他方では，ASEANの低所得国や中国のような低所得国は，日本の貿易構造とは非常に異なっている。(注14)

マンデルの最適通貨圏の研究にもとづき，Kwanは，東アジアの経済は全体としては，最適通貨圏を形成しないと結論しているのである。マッキノンはこの結論を受けている。

ところで，マッキノンのいう基軸通貨本位制は，ユーロのような共通通貨に比べてアジアにとってすぐれた制度なのだろうか。マッキノンは，基軸通貨本位制（たとえばドル本位制）は，変動相場制よりは優れた制度であると考える。基軸通貨本位制は，ユーロのように参加国が第3の通貨を作り出すのではなく，参加各国が自国の通貨を維持したうえで，共通の通貨，たとえばドルをアンカー通貨として自国通貨のレートをこれに固定する制度である。

この場合，為替レートは固定されるが，長期の為替レートが固定される

わけではない。つまり条件が整えば，レートの変更が可能である。これに対し，共通通貨に参加してしまえば，こうした変更の余地はない。

そして，基軸通貨本位制は変動相場制よりも外的なショックを和らげる。マッキノンはここで景気循環が参加各国で非対称的な場合を取り上げる。A国が不況でB国が不況でない場合，基軸通貨の名目アンカーによって形成される価格水準の方がより安定的であるという。

「一連のランダムなショックがおのおのの国に異なって影響することによって，地域全体として景気循環をなだらかにする自然の傾向がある。」(注16)

この観点からすると，アジア通貨危機の場合，アジアがシンクロナイズしたことでかえって深刻な問題になったことになる。

また，マッキノンは，先進工業国においてよく発達した長期の自国債券市場が成立していれば，中央銀行は公開市場操作によって通貨をコントロールできるし，短期利子率を継続的に調整することで，インフレをコントロールすることは可能になるという。インフレターゲット政策が実行可能になるのである。そのうえで，東アジアの金融は貸借の期間が短期的過ぎるためにこうした機能には適さないという。

いずれにせよマッキノンは，東アジアはより見えやすいルールを採用し，国内通貨政策を国際標準に従わせ持続的に調整する際に，政府がその場しのぎの行動を取らないよう規制することが必要であるという。そして，こうした点を踏まえれば，アジアの状況からして，ユーロのような通貨統合よりも，基軸通貨本位制のほうが実態に見合っていると考えるのである。もちろんこの場合も外国の通貨をアンカーとすることは，基軸通貨となる国がまちがった行動を取らないことが前提となる。

そうであるとすると，東アジアの諸国は，基軸通貨としてなぜ円ではなくドルを選んでいるのだろうか。東アジアでは日本のほうがアメリカよりも貿易国相手国としては大きいし，日本は大きな資本の供給国である。日本を含むアジア内の輸出は，1986年の30％から1990年の50％に上昇し，アメリカのウエイトは35％から25％にダウンしている。(注17) しかも，東アジア諸国がドルにペッグしていた時には，円とドルの変動によって，円はドルに対してだけでなく，東アジア諸国に対しても変動していた。

第6章 アジア通貨システムの展望

　マッキノンは，東アジアの経済における日本の位置と，他方での円の為替リスクを考えれば，日本政府がアジアに円経済圏を作ろうとしても驚くことではないという。なにより，日本の為替リスクは，アジア諸国がドルではなく円にペッグすれば大幅に減少する。円経済圏は，日本の立場からすれば，メリットが大きいのである。円かドルかの選択の問題がリアルな意味を帯びることになるのである。

　しかし，円かドルかという問題設定よりも，もっと穏便な方法は，東アジア各国が通貨バスケットを作り，その中で円のウエイトを重くする方法である。通貨バスケットに，輸出量や輸入量のウエイトを反映させるとすれば，この点で日本は，アメリカやユーロ諸国，他のアジア諸国などに比べて相対的に重要な位置につくことができる。

　しかし，マッキノンは，通貨バスケットのメリットを指摘しつつも，通貨バスケットに適正な基準を設けたとしても，アジアにとって有効なシステムになるとは限らないという。

　第1に，変動しつづける名目レートによる実質為替レートの目標設定は，どのように測定されようとも，為替レートが国内の価格水準のアンカーにはならないことを意味する。

　第2に，おのおのの国の通貨バスケットのウエイトが異なることになれば，東アジアの基軸通貨本位制と比べて，通貨の地域的な共通性が失われる。

　第3に貿易ウエイトの算定はあいまいである。

　そして最後にマッキノンは，もっとも東アジアにおける単純な実効実質為替レートの安定化のための解決策は，円をドルに固定することである，という。円をドルに固定することが，日本にとって現在の泥沼，すなわち低利子率の流動性の罠とデフレ期待から脱出する鍵であるというのである。

　この点に関しては，先に紹介した Mackinnon, *The East Asia Exchange Rate Dilemma* に簡潔に表現されている。以下のようである。

　日本を取り巻くより安定した為替レート地域を形成するひとつの方法として，東アジア地域がもっと円とペッグすることが求められるのかもしれない。しかし，そのときには，東アジアの新興市場の10ヵ国は，全体とし

て，かれらの利害に反してドルをキー・カレンシーとしている現在の為替レート・システムを変えなければならない。これとは異なり，現実的な政治経済の状況からすれば，別の道が用意されている。日本を取り巻く東アジア地域の通貨と為替レートの安定化を作り出すためには，日本自身がドル・ブロックに加わるべきである。「打ち負かすことが出来ないのなら，一緒になればよい（If you can't beat 'em, join' em）」[注18]

(3) より強固な基軸通貨

以上の議論を踏まえ，マッキノンは，固定相場制と変動相場制でどちらがアジアにふさわしいか，ドルと円でどちらがアジアの基軸通貨にふさわしいか，という問題はすでに決着がついているという。「2000年においては，東アジアの通貨危機を経験した国々も危機に見舞われなかった国々も，（日本は重要な例外であるが…マッキノン）公的にせよ非公式にせよドルにペッグするシステムに戻っている。これは統計的に見ても危機以前の時の東アジアの状態と同じである」[注19]，という。そして，ドルにリンクした国は通貨価値が安定していると指摘する。

また，マッキノンは，東アジアの通貨とドルとの関係について，週単位や一日単位の詳細な為替変動のデータをみても，東アジアの通貨価値の変動は，ドルとの密接な相関をしてはいても，円やマルクとは何の相関も示さないことを指摘する。円は，確かに東アジアの貿易の面では重要度を増しているが，通貨としての影響力は小さいのであり，アジアの基軸通貨としてのドルの優位は動かないというのである。

そもそもマッキノンは，ブレトンウッズ体制の崩壊後の変動相場制は発展途上国にとっては意味がなく「幻影（mirage）」[注20]だという。国際的な変動相場制の枠内で，東アジアはドルにリンクすれば，ドルとの関係で変動相場制を採っている日本は，ドルに対して他の東アジア諸国よりも激しく変動することになる。

しかし，東アジアは別の大きな問題を抱えている。金融市場の未成熟である。東アジアは，金融市場が未発達なことから，長期の資金の借り入れ

が出来ない。そこで，短期で借り入れた資金を長期に運用するという期間のミスマッチが生じる。また，外資導入の必要から，バーツ金利がドルよりも大幅に高くおかれるという状況を生み出すなど，金融システムに不安な状況が常に生み出されている。マッキノンは，この問題は通貨危機によって一時金利格差が狭まることによって落ち着いたが，しかし，東アジアの金融市場の未成熟さは，非常に深刻な問題であると位置づけている。

そこでマッキノンは，金融不安を防ぐための外国為替の管理のあり方として短期資金の流出入に対する管理統制を強化する方法と，きめ細かな調整をおこなうより強固なペッグ制を検討し，後者の優位を説く。東アジアは，危機以前においても，実際には為替管理が甘く，管理フロート的な要素も持っていたことを指摘する。この点を反省するとすれば，より強固なドル本位制の確立が必要であると考えるのである。

その上で，アジア・ドル本位制下の新しいゲームのルールを次のようにまとめられる。

すなわち，最近の経験の示すことは，より強固な基軸通貨本位制にもとづいて東アジアのドル本位制が機能する際の改善されたルールは，以下のようになる。

1．短期資産や債権をもつ銀行やその他の金融機関による外国為替の攻撃をきめ細かなドルとの調整によって回避すること。これに対して政府が行う包括的な資本の移動に対する管理統制はセカンドベストの選択肢である。

2．非公式なドル・ペッグ制から公式なドル・ペッグ制への移行。為替レートを政府が約束させられた長期の義務として取り扱うこと。

3．債権者の法的根拠の改善，説明能力の改善などの制度的な改正を行い，債権や抵当市場を発展させて国内金融システムにおける貸借期間の長期化を計ること。

4．東アジアのドル・ベースのシステムの中での日本の位置をより合理的なものにすること。日本とアメリカがドルと円の平価を長期においては共同で安定化するように管理し，短期においては円・ドルのレートを変動のままにすること。

特にルール4についてマッキノンは，次のように述べている。すなわち，日本は最大の債権者であるにもかかわらず，国内金利がゼロに近づき，同時に国内ではデフレーションが進行する事態に陥っている。それゆえに，ルール4によって，円高を鎮め，デフレーションから脱出し，日本はこのルールの利益を受けることになるという。

マッキノンは，過去10年以上，日本の不自然な低い名目利子率は，残りの東アジアに不幸な影響を与えてきた。通貨危機の時期を除けば，このような低い利子率は東アジア諸国の規模の小さい経済にとって，銀行や他の金融機関への過剰貸し出しを引き起こす。バーツと円との一時的な利子率の相違のせいで，ヘッジのない短期借が促進される。したがって，マッキノンは，もし日本の名目的な金利が通常の国際水準まで上昇すれば，東アジアへの短期の資本流入は，あまり変動的ではなくなるだろう，という。

以上がマッキノン氏によるアジア・ドル本位制の概要である。

5　アジア通貨の展望—結びに代えて

現在の国際通貨システムはすでに多くの点でほころびが見え始めている。アジア通貨危機の中にアジアの遅れた経済構造を見出すクローニー・キャピタリズムは一面的で，今日の通貨問題を見誤っている。アジア通貨危機の後，金融危機は，ロシアも南米もそしてアメリカさえも襲ったのである。先進的な金融システムを持っている国でもいつパニックに巻き込まれるかわからないところに今日の国際金融の問題がある。[注21]

国際金融の問題は，短期資金の急激な移動によって通貨問題として表面化する。その大きな原因は不換紙幣と変動相場制である。アジア通貨危機は，国際的な変動相場制の枠内でドル・ペッグ制の破綻であった。変動相場制は，国際通貨システムとしては多くの問題を持つ暫定的なシステムである。世界経済は，その安定化とともにより安定的な通貨システムに移行することが望ましい。

しかし，その場合，本章で検討したマッキノン教授の東アジア・ドル・ペッグ制は，大きな問題を含んでいる。この議論は日本経済に対する強い

第6章 アジア通貨システムの展望

批判も含意されている。日本が，東アジアがドルにペッグしているシステムのもとで，独自に変動相場制を採ってきたこと，日本の低い金利がアジアの過剰な資金の借り入れにつながったことなど，通貨危機における日本の責任が指摘される。

また，新しい東アジア・ドル化のシステムは，最適通貨圏論からしてアジアにユーロのような共通通貨はなじまないこと，円経済圏は日本の東アジア経済における地位が高まったとしても通貨の面では円は影響力を行使できないので無理であること，通貨バスケットの中で円のウエイトを高めることも含めて，通貨バスケットには問題が多く導入にメリットがないことを指摘し，アジアがより高度なシステムでドル化政策を採ることが主張される。そしてアジア通貨の安定のためには，日本もまたドルの圏内に入るべきであることが主張される。

いうまでもなく国際通貨のあり方は，貨幣発行益や為替リスクの軽減等の直接的な利害を含む問題である。この問題をおくとしても，日本のドル・ペッグ制は，日本独自の貨幣政策の余地を狭めると同時に，現在の長期の深刻なデフレーションのもとでゼロ金利政策を廃棄することを意味している。この政策が日本経済に与えるこの危険度はきわめて高い。

また，これまで世界経済の成長をささえてきたIT関連分野の不況など国際経済が多くの不確定要素を抱えている現状にあって，ドルだけを信頼する通貨システムが安定的な通貨システムであるかどうかは疑問である。

戦後の経済システムは，固定相場制の下でのドル・金本位制からドルを中心とする変動相場制，そしてドルとユーロの二極化のシステムへと移行してきた。ドルは常にその中心にいたが，それは経済規模そのものの大きさや国際経済における政治的位置による。言うまでもなく戦後のアメリカ経済が常に安定していたわけではない。

アジアは欧州と異なり，生産性の格差も大きく，文化も言語も大きく異なっている。ユーロのような統一通貨の条件は整っていない。こうした地域が通貨価値の安定を図るには，マッキノンの言うひとつの通貨へのリンクは有力な解決策である。

しかし，国際通貨はこの点では政治的な面を強く持つ。ひとつの通貨に

リンクするするシステムが望ましいものであったとしてもであったとしても，1国の通貨にリンクするシステムがベストなわけではない。マッキノン教授の主張とは異なり，円とドルの安定化は必要だが，円のドルへのペッグは大きな問題を抱えている。アジアにとって最も価値の安定するにふさわしい貨幣，貨幣発行益に関して中立な貨幣，政治的な主導権争いから中立な貨幣が，アジアの経済的自主性の確立にとって必要である。さらに，不換紙幣の価値の不安定性，変動相場制と特定通貨へのペッグ制の併存している現在のアジアの通貨システムの枠組みそのものを見直すことが必要となる。

注
（1） 荒巻健二［1999］，第2章，参照。
（2） 河合正弘［1999］，参照。
（3） 岸本周平［1999］，参照。
（4） *International Conference Monetary Outlook on East Asia in An Integrating World Econmy,* 2001.
（5） Bernstein［2000］，第1章，参照。
（6） 奥山忠信［1999］，参照。
（7） 髙橋靖夫［2001］，参照。
（8） *Report to the Congress of the Commission on the Role of Gold in the Domestic and International Monetary System*, March 1982.
（9） Stiglitz, Joseph and Yusuf, Shahid ed., *Rethinking the East Asian Miracle*, Copublition of the world Bank and Oxford University Press, 2001
（10） MacKinnon [2001], p.198.
（11） MacKinnon, 'The East Asian Dollar Standard, Life after Death', *Economic Notes* 29, 2000.
（12） 村瀬哲司［2000］，関志雄［1996年］，参照。
（13） Kwan [1999].
（14） MacKinnon [2001], p.205.
（15） Mundell, 'A Theory of Optimum Currency Areas', *American Economic Review* LI, No.4, November 1961.
（16） Mackinonn [2001], p.207.
（17） マッキノンは Kwan［1999］によっている。
（18） MacKinnon [2001], p.6.
（19） MacKinonn [2001], p.211.

(20) Macknonn [2001], p.217.
(21) MacLean, Brian K. [1999a, 1999b].

参考文献

荒巻健二 [1999]，『アジア通貨危機とIMF』日本経済評論社。
有馬敏則 [1984]，『国際通貨発行特権の研究』，日本学術振興会。
奥山忠信 [1999]，『富としての貨幣』，名著出版。
岸本周平 [1999]「新宮沢構想の使命とアジア通貨基金」，『ファイナンス』1999年5月。
河合正弘 [1994]，『国際金融論』，東京大学出版会。
関志雄 [1995]，『円の経済圏—アジアにおける通貨統合の展望』，日本経済新聞社。
関志雄 [1996]，「最適通貨圏の理論から見た円圏成立の可能性」，河合正弘『アジアの金融・資本市場—自由化と相互依存』日本経済新聞社，所収。
Kwan, Chi Hung [1999] 'Towards a Yen Bloc in Asia', *Nomura Research Institute Quarterly,* 8 (2, Summer) 1999
国宗浩三 [2000]，『アジア通貨危機—その原因と対応の問題点』アジア経済研究所。
国宗浩三 [2001]，『アジア通貨危機と金融危機から学ぶ』，アジア経済研究所。
近藤健彦他編著 [1998]，『アジア通貨危機』，東洋経済新報社。
高橋琢磨他・関志雄・佐野鉄司 [1998]，『アジア金融危機』，東洋経済新報社。
高橋靖夫 [2001]，『金復活』，廣済堂。
本山美彦 [2001]，『ドル化—米国金融覇権の道』，シュプリンガー・フェアラーク。
村瀬哲治 [2000]，『アジア安定通貨圏—ユーロに学ぶ円の役割』，勁草書房。
Bernstein, Peter L. [2000], The Power of the Gold John Willey & Sons,『ゴールド——金と人間の文明史』，鈴木主税訳，日本経済新聞社，2001。
Fisher, Stanley [1982], 'Seigniorage and the Case for a Nation Money', *Journal of Political Economy*, 1982, Vol.90, No.21.
Hudson, Michael [2002], *Super Imperialism- The Origin and Fundamentals of U.S. World Dominance*, Second edition, Pluto Press, London and Sterling, (First published 1972),『超帝国主義国家アメリカの内幕』，広津倫子訳，徳間書房，2002.
MacKinnon, Ronald, I. [2001], 'After the Crisis, East Asian Dollar Standard Resurrected: An Interpretation of High-Frequency Exchange Rate Pegging', in Stiglitz Joseph and Yusuf, eds, *Rethinking The East Asian Miracle*, World Bank.
MacLean Brian K. [1999a], 'The Transformation of International Economic Policy Debate 1998-98', in MacLean K., Brian, ed., *Out of Control: Canada in Unstable*

Financial World, James Lormer, Tronto.

MacLean, Brian K., Paul Bowels and Osvald Croci [1999b], 'East Asian Crisis and Regional Economic Integration', in Alan M. Rugman and Gavin Boyd, eds., *Deepening Integration in Pacific Economies*, Edward Elgar, London.

Mundell, Robert A. [1997], '*The International Monetary System in the 21th Century: Could Gold Make a Comeback*', Center for Economic Policy Studies, St. Vincent College, 1997.

Stiglitz, Joseph E. [2002], *Globalization and its Discontents*, W. W. Norton & Company, New York（鈴木主税訳,『世界を不幸にしたグローバリズムの正体』, 徳間書店, 2002）

第7章 東アジア諸国の銀行システム

伊藤 修

はじめに

　本章では，東アジア諸国の金融システム，とりわけ銀行部門の発展プロセス，現状，そして今後の課題に関わる論点を分析する。

　次のようなことはすでにほぼ共通の認識になっていると思われる。

　後発国が経済発展すなわちキャッチアップ過程の軌道に乗るには，人口爆発を回避し，貯蓄率と投資比率を乱高下なしに高水準に導くというマクロ・パフォーマンスの実現が必要である。そのためには，また投資を有効な生産力の実現に結びつけるためには，広範な社会的基盤ないし社会的能力を備えなくてはならない。そうした基盤のうちで，金融システムが機能することは，産業発展のサポート要因として重要なものの1つである。特に，キャッチアップ過程が圧縮された経済成長であることから，金融システムはその既存の能力からみて重い課題を背負わざるをえない。資産の蓄積が十分でない社会から，急速な工業化を支える大規模で長期の資金を引き出さなければならないからである。このことは，中核的産業の発展を外国資本に依存する程度が高い場合であっても，その周囲の「すそ野」ないし supporting industries には国内資金と金融システムが対応しなければならないことが多いため，本質的に変わらない。また成長産業の交代，したがって直面する産業技術の進歩も，圧縮されて急速であるから，その評価・審査も容易ではない。つまり金融システム自身も，高くない出発点から急速に向上することを求められる。そして，こうした金融システムの中心を担うのは，ほぼ確実に銀行部門である（寺西［1991］，奥田［2000a］）。

第7章 東アジア諸国の銀行システム

 しかも今日では,国際資金移動が大規模かつ自由になっており,金融活動の国際的リンケージも密接であるから,金融システムに問われる以上のような高度な課題が,ますます厳しいものになっている。そのことは一連の通貨・金融危機によって劇的に表面化した。

 東アジア諸国の金融・銀行システムの多くは,急速な経済発展をサポートすることに成功してきたと同時に,問題点を含んでいたことも露呈された。その特徴を明らかにし,それに関わる論点に考察を加えるのが本章の目的である。

 東アジア諸国の金融発展は,共通面をもつ一方,いくつかのタイプに分類することもできるし,より詳細にみればそれぞれに個性的でもある。本章は東アジア諸国の金融発展を特徴づけようとするものであるが,もっぱら共通性に関心を集中する議論でも,逆に詳細な各国別分析でもなく,その中間レベルの問題領域に重点を置く。つまり,いくつかの要素に即したタイプ分けを意識し,そのことによって,各国のスパート期が当面した国際的条件,国内的条件,政府のとった戦略の異同を浮かび上がらせたいと思う。

 構成は以下の通りである。

 2では,各国別の分析に先立ち,発展途上国に対して一般的に推奨される金融政策・行政の代表的かつ対照的なモデルについて検討を加えておく。もちろんその1つは原則的自由化論であり,もう1つは規制・介入正当化論である。後者では,包括的な理論展開を行なっている Stiglitz・Hellmann らの「金融抑制 financial restraint」論を取り上げるのが適当であろう。この議論に全面的に賛成することはできないというのが本章の立場であるが,日本の経験から若干の情報を補足すると共にコメントを加えたい。

 3では,東アジア諸国を,①香港・シンガポール,②韓国・台湾,③ASEAN諸国(タイ・マレーシア・インドネシア・フィリピン)の3つのグループに大きく分類した上で,前述のように,直面した諸条件の制約と政府による戦略の選択,その当面の成果を評価するよう努める。

 4では,1997年に始まる通貨・金融危機について概観し,それと東アジアの金融システムの特性との関連を考える。

最後に5で,東アジア地域の銀行システムが今日の条件のもとで問われる主な課題を考察して,まとめとする。

1 銀行保護的規制政策(FR)は推奨されるべきか？

(1) 銀行市場自由化論と規制論

この節では,途上国に対して推奨される金融政策・行政のモデルを検討する。

主流に位置する新古典派（IMF・世銀）流の議論は,経済システム全体に関してと同様,金融についても普遍的に原則的自由化を推奨する。すなわち,市場均衡金利を人為的に歪めるべきではなく,資金配分にも人為的に介入すべきではない,と。

この自由化論は,過度の,あるいは不適切な人為的介入によって不効率や不公正を招いているケース（政府の失敗）に対する批判や処方箋としては,たしかに正当である。しかしこの種の主張は,きわめてしばしば市場機構の完全信頼という信念にまで至り,市場の失敗への対処の必要を無視することで,誤りを犯す。また,人為的介入を取り去ればそこに有効に機能する市場が存在していることを,多くは暗黙のうちに前提している。ところが途上国のケースの多くでは,前提とされている“有効に機能する市場”が存在しない。したがって誤った適用となる。

これに対して,銀行市場における市場の失敗を取り上げ,適切な公的介入の根拠を説く立場がある。

1つのタイプは,直接的な資金配分規制の有効性を主張する議論である。このうち,住宅金融といった特定の資金を優先供給する——政府金融によって,あるいは補助金や減税を通じて——ような政策は,限定された場面についてであれば,さほど強い反対を受けないと思われる（アメリカにおいても行なわれている）。これに対して,より一般的な傾斜的資金配分規制の評価は難しいし,分裂するであろう。これは,第1章で議論したような重点産業育成の必要が認められる場合,たとえばある産業が大きな正の

外部性をもつ場合に，育成手段として行なわれるものである。その評価が難しく分裂しがちだというのは，政府もまた情報の不完全性を免れないために対象産業の選定が正しい保証がない，副作用の効果が不明であるなどの反対論による。これらは一般的理論的に決着のつく問題ではなく，高度に個別具体的な問題である。

もう1つのタイプは，直接的な資金配分規制ではなく，より一般的すなわち産業非特定的な規制を対象にする議論である。その代表として Stiglitz・Hellmann らの次の主張を取り上げるのが適当であろう。

(2) Stiglitz・Hellmann らの議論

J. Stiglitz は，以前から，金融市場において必ずしも市場メカニズムが効率的に機能しない可能性を論じてきた。最近の Hellmann＝Murdock＝Stiglitz［1997］では「金融抑制」（Financial Restraint：FR）を推奨する議論を展開している。その骨子は次の通りである。

- 以下に推奨する政策は，agency cost や市場の失敗の問題が大きく，規制による厚生の損失を上回る場合，すなわちおそらく発展の初期段階に限定して適用されるべきで，発展につれて後退させるべきである。
- 中心的政策のリストは，預金金利の抑制的規制（高度成長期の日本で「人為的低金利政策」と呼ばれたもの），銀行の参入規制と競争制限，債券市場の抑制，などである。また付随的ないし副次的政策として，対外資本取引規制，インフォーマル貯蓄部門の規制，拘束預金の取り締まり，中央銀行による長期信用の供与，限定された政府金融の実施，銀行の企業株式保有（を認めること）などがあげられる。
- 預金金利低位規制などの政策は，銀行部門にレント（超過利潤）を与えるものである。ここで銀行をめぐる資金市場を考えよう。図1で，S は貯蓄（預金）の供給，D は投資資金（貸出）需要を表わす。このとき，市場均衡金利以下への預金金利の抑制（たとえば $ie \to id^*$）は，資金取引量を減少させ（$Qe \to Q^*$），厚生の損失を生じさせるであろう。

図1　Stiglitz らの「レント効果」モデル

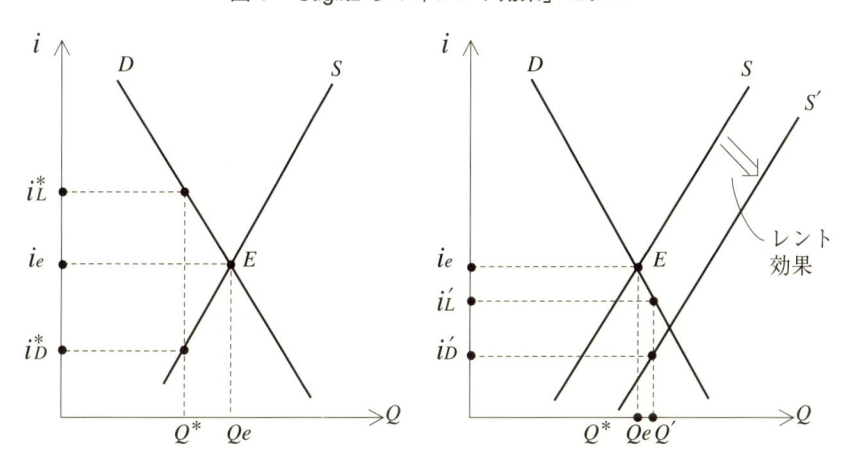

しかし，銀行に与えられるレントによって，銀行の安全性が向上したり，店舗網が拡大するなどし，それを通じて供給曲線Sの右方シフト（→S'）という「レント効果」が生ずるならば，より多くの貯蓄（Q'）が引き出され，貸出供給もより低利（iL'）でかつ大量に行なわれる可能性がある。

● 貸出市場では，金利が高くなると，質の悪い借手が集まってしまう逆選択，借手をハイリスク運用に走らせるモラルハザード，借手のデフォルト確率の上昇といった問題が生ずるから，金利抑制はそれらを回避する点でも良い効果をもたらす。
● また，レントは銀行の倒産確率を直接に低めるだけでなく，そのフランチャイズ・バリュー（免許価値）を高めて，モニタリングやリスク管理のインセンティブを与える（より慎重にさせる）。自己資本比率規制などの健全経営規制も銀行の安全性を高めることができるが，途上国ではレント供与の方式の方が効果的であろう。
● 副次的に次のようなことも必要である。
① 貯蓄供給を減少させないため，実質金利は正に保つべきである。
② 低金利による資本流出を防ぐため，対外資本取引規制が必要であろう。

③証券市場は名声が確立した一部の企業しか利用できないから，それが銀行と競合するまで発達するのは望ましくない。

④拘束預金が野放しであれば，貸出実効金利の引き上げを通じて，銀行がすべてのレント・利益を独占してしまうので，取り締まらなければならない。

⑤資金配分規制は銀行のレント・利益機会を削減し，モニタリングのインセンティブを減らしてしまうというデメリットをもつ。

⑥政策金融は，社会的便益は高いが私的便益は低い部門への補完に限定すべきである。生産性を高める行動に対して低金利の政策金融という褒賞を与えるルールを設定すれば，良好な成果が得られよう。

(3) 日本の経験からのコメント

先験的で普遍的な市場放任主義を批判するこの議論のスタンスには，全体として賛成できる。

一方，この想定はあくまで「モデル」，つまり「こうなる場合も考えられる」という議論である。そして，すぐわかるように，上のFR論であげられた諸政策は戦後日本で実施されたものときわめて近似しており，おそらく参考にしているものと推測される。しかしその実際がここでの想定通りであったかは大いに問題となる。結論的には，その想定と提案はかなり強い制約を付けられるべきだと考える。以下のような点が考慮されなければならない。

(1) Stiglitzら自身も断っている通り，適用される時期の限定が重要となる。彼らは「発展の初期」を対象と考えているが，日本の経験では，事情はより複雑である。政府による銀行部門へのレント供与は，おそらく明治初期の銀行設立期には行なわれた（国立銀行設立条件の緩和など）が，その後は非介入的になり，金融恐慌後の行政の強化，戦時統制をへて，戦後・高度成長期に強力に確立するのである（寺西［1984］，伊藤［1995］）。「発展の初期」をどのような局面と考えるべきかは必ずしも簡単ではない。また，のちにみる香港等の例のように，明確にFR体制をとったとはいえ

ない発展のケースも無視できない。

(2)以上と関連するが,特に戦後日本の場合,銀行部門へのレント供与が貯蓄を引き出したかどうか疑問である。たしかにそこでは,実質預金金利はわずかながら負であったとさえ見られるにもかかわらず,貯蓄供給の金利弾力性はごく小さく,高い貯蓄率が実現した。しかしそれがFR体制によるものであったかは不確かである。第1に,レント供与のための競争制限手段の中に,当然,店舗網拡大の抑制が含まれ,それは金融ネットワークの充実と相反する。たとえば,1960年代に抑制的店舗行政のもとで住友銀行が佐賀支店を引き揚げようとし,地元の反対運動が起きた事件などが想起されるべきである。第2に,銀行の安全性に対する国民の信認が基礎にあったことは事実であろう。しかしそのためにFR体制が不可欠であるか,他の代替的手段はありえないかは確定できない。

(3)証券市場の役割にはたしかに限界があるが,それが抑制されることは望ましくない。高成長局面において企業の自己資本比率が(ときには極度に)低くなりがちなことに注意しなければならない。

(4)高成長局面においては,資金需要が巨大なため,放置した場合の均衡名目金利はきわめて高いものになり,それが借り手の心理に抑制的に働いて(一種の「錯覚」効果),成長を阻害する可能性があると考えられる。これを回避することが金利抑制の1つの効果であろう。こうした金利抑制は資金配分に影響を与える。すなわち,低金利に見合ったより低リスクの借り手,つまり信用の確立した大企業に,資金配分を偏らせる。これを補うために,おそらく中小企業金融を保証する特別の行政が必要とされるであろう。

(5)銀行内部者がレントを独占し私物化する危険はきわめて強く,それを抑制するための膨大な規制の体系が必要になる。戦後日本の場合,このために,銀行に対する株式配当規制,給与・役員報酬等や店舗・設備等への過度の支出を抑制することを事実上の目的とした経常収支率規制,店舗行政,不動産比率規制などの詳細にわたる介入を実施せざるをえず,「箸の上げ下げまで」といわれた膨大な行政指導をつくりあげたのである。これは望ましいであろうか。

(6)保護的規制が銀行の情報生産活動やリスク管理を甘くする側面を重視すべきである。しかもこの弊害は，自由化後においても容易に払拭することができない。日本でも，他の東アジア諸国でも，1990年代に陥った金融困難の基層にこの問題があったことは明らかである。この問題は，高成長システムからの「卒業」の難しさの1つの中心をもなしている。

――以上のような諸点を考慮する必要があり，このことから本章は，FR戦略をそのまま支持することはできないのである。

2　各国の銀行システム

この節では，東アジア諸国の銀行システムを，香港とシンガポール，韓国と台湾，ASEAN諸国の3グループに分けて，特徴づけを行なう。

香港とシンガポールは小規模な都市国家であり，銀行セクターでの外国銀行のシェアが著しく高く，開放的で，集中度は低く，国有銀行はない。韓国と台湾では外国銀行のシェアは無視できるほど小さく（閉鎖的），近年民営化が進んだものの国有銀行中心体制が長く続き，強力な政府介入が行なわれてきた。ASEAN諸国でも外国銀行のシェアは低く（閉鎖的），大銀行への集中度が高く，国有銀行シェアは比較的低く，政府介入はあるが韓国・台湾のような総合的で強力なものではない（露見［2000］pp.22-23）。ただし，同一グループ内でも相違があり，また金融危機後の銀行再編で外資系化や（一時）国有化が進んでいる国がある。

(1) 香港とシンガポール

香港の産業組織は中小企業が多く，すそ野が広いのに対し，シンガポールではより集中的であり，しかも上位企業の多くが政府系である（GIC：Government of Singapore Investment Corporation のような投資運営機構が関与している）。産業構造も，香港はサービス業中心であるが，シンガポールは一定の製造業ももつ，というように異なる。また企業の資本構成は，

表1　アジア各国の銀行市場構造

(単位：%)

	銀行資産シェア	五大銀行集中比率	国有銀行シェア	外国銀行シェア	リスク自己資本比率	不良貸出比率	商業銀行貸出製造業向比率
	1994	1994-96	1994	1994	1995	94-95	1996
中国	—	70	—	0	—	—	—
香港	—	29	0	72	17.5	3.1	—
台湾	80	—	57	5	12.2	2.6	42.8
韓国	38	50	13	5	9.3	1.0	50.5
フィリピン	—	60	—	10	18.7	26.8	31.6
インドネシア	91	—	48	4	11.9	11.2	26.9
マレーシア	64	40	8	21	11.3	8.2	22.0
シンガポール	71	39	0	80	18.7	—	9.6
タイ	75	62	7	6	9.3	7.6	27.1
インド	80	42	87	8	9.5	19.5	—
日本	79	22	0	2	9.1	3.3	14.6

(出所)　鷲見［2000］p. 23。

香港では負債依存度が高く，シンガポールでは低い（表2）。しかし金融業については共通面が多い（以下主にCasserley＝Gibb［1999］Chapter 9 による）。

　香港とシンガポールの銀行システムは，東アジアの中で独特なものである。表1にみるように，外国銀行のシェアが著しく高い。東アジア地域での旧植民地体制時代から引き継がれる香港上海銀行，スタンダード・チャータード銀行を頂点とする構造が継続している。その他アジア系銀行の進出，地場系銀行の存在もあって，この地域では例外的に集中度が低い。開放的かつ非独占的であり，国有銀行もない。英系のルールを基礎にしている点が外資系には魅力となっている。この2国は小規模な都市国家であり，そもそも経済全体がワンセット型自給体制を指向していない。また華人経済圏ネットワークの拠点として，活力ある金融セクターは経済の中核でもあるためであろう。

　両国とも，大手外国銀行は主として大企業を対象に，国際的に標準とさ

表2 アジア各国の上場企業の負債／自己資本比率

	1988	1990	1992	1994	1996	88-96平均
韓　　　国	2.82	3.11	3.37	3.53	3.55	3.47
香　　　港	1.83	1.78	1.84	2.27	1.56	1.90
台　　　湾	—	—	0.88	0.89	0.80	0.82
フィリピン	—	—	1.19	1.15	1.29	1.13
タ　　　イ	1.60	2.16	1.84	2.13	2.36	2.01
マレーシア	0.73	1.01	0.63	0.99	1.18	0.91
シンガポール	0.77	0.94	0.86	0.86	1.05	0.94
インドネシア	—	—	2.10	1.66	1.88	1.95
日　　　本	2.99	2.87	2.04	2.19	2.37	2.30
アメリカ	0.80	0.90	1.06	1.07	1.13	1.03
ド　イ　ツ	1.54	1.58	1.51	1.51	1.47	1.51

（注）自己資本に対する負債（借入）の比率。
（出所）末廣［2000a］, p. 93.

れる銀行業務を展開している。シンガポールの大手数行（後述）を除いて地場系銀行の規模は小さく，華人系に共通のスタイルのもとで，商品担保を重視しつつ，商業を中心とするリテール業務を行なっている。対製造業融資，長期金融などへの関与は少ない。このように市場がはっきりとセグメントされている。

　金融行政面をみよう。香港の規制当局はHKMA（Hong Kong Monetary Authority），シンガポールはMAS（Monetary Authority of Singapore）であるが，両者とも，銀行参入規制，金利規制，融資ルール・ガイダンス（不動産融資規制など）を中心とする詳細な規制を行なってきた。

　香港では，参入そのものの制限はなかったが，1978年以降の参入行には1店舗しか許可せず，"過当競争"を抑えようとしてきたために，広範囲にわたる総合業務は既存大銀行が掌握した。支配的な大手銀行は，HSBC（香港上海銀行），Standard Chartered, Bank of China 傘下の13行, Hang Seng（HSBC傘下），Bank of East Asia, Citi, Dao Heng, Wing Lung, Shanghai Commercial, Overseas Trust, である。預金金利は1994年まで公的に規制され，その後緩和されたが，銀行協会（Hong Kong Association of

Banks）の協定を通じて"自主規制"された。またHKMAは不動産融資の抑制指導等も行なった（総融資の40％以下を目標としたが，超過もあった）。「自由放任」を自他共に認める香港でも，金融規制はこのように行なってきたのである。

シンガポールの場合には規制はより強力であった。1973年以降，銀行の新規参入は認めていない。そのもとで，The Development bank of Singapore (DBS), Oversea-Chinese Banking Corporation (OCBC), United Overseas Bank (UOB), Overseas Union Bank (OUB) がビッグ4と呼ばれ，このほか Post Office Savings Bank (POSB), Tat Lee, Keppel, HSBC, Standard Chartered, Citi, が大手行を構成する。MASは金融システムの安定性を追求し，たとえばBIS規制以前から自己資本（リスク資産）比率12％以上を要求して，検査はきわめて強力なものであった。通貨・金融危機後，事前的規制主義から事後的監督主義への転換が表明されたものの，たとえば引当金の積み増しを促すような「調査」を強化するなどによって，実質的に効果は以前と変わらない運営が行なわれている。金融業の競争力維持強化のため，その労働コストの切り下げに政府が介入するようなことすらみられる。

(2) 韓国と台湾

韓国と台湾は国有銀行体制によって経済発展を実現してきた。この体制が緩和されたのは近年である。政府介入も強い（government-controlled banking system）。また外資系銀行のウェイトはきわめて低い（前掲表1）。両国の高成長開始時期がASEAN諸国等よりも早く，閉鎖的体制をとることができたという国際環境がその必要条件であった。自由化は成長が基本的に達成された後に実施された。

韓国は，最も強力な政府指導型経済発展と共に，最も強力な政府指導型金融・銀行システムをとってきた。朴正煕政権のもとで1962年に銀行は国有化され，1980年代に民営化されたが，直近まで銀行株式は政府所有が多く，天下り役員や政治関与が多かった。ここに抜本的なメスが入るのは，通貨・金融危機後の金融再編によってのことである（以下 Casserley＝

表3　東アジア諸国のマクロ経済指標

年	銀行貸付金利		場外市場金利 %	物価上昇率 %	一般貸付によるレント／GDP %	輸出貸付によるレント／GDP %
	一般貸付 %	輸出貸付 %				
1968	25.8	6.0	55.9	16.1	5.6	0.8
1969	24.5	6.0	51.2	14.8	5.5	0.9
1970	24.0	6.0	50.8	15.6	7.0	1.7
1971	23.0	6.0	46.3	12.5	6.3	1.8
1972	17.7	6.0	38.9	16.7	6.1	1.3
1973	15.5	7.0	39.2	13.6	7.2	2.0
1974	15.5	9.0	37.6	30.5	8.7	2.1
1975	15.5	7.0	41.3	25.2	9.5	3.0
1976	17.5	8.0	40.5	21.2	8.0	2.9
1977	19.0	9.0	38.1	16.6	6.3	2.9
1978	19.0	9.0	41.7	22.8	8.2	3.7
1979	19.0	9.0	42.4	19.6	9.2	4.5
1980	20.0	15.0	45.0	23.9	10.8	4.7
1981	16.4	15.0	35.4	17.0	8.8	2.9
1982	10.0	10.0	33.1	6.9	11.8	3.7
1983	10.0	10.0	25.8	5.0	8.4	2.5

（注）　1．物価上昇率はGNPデフレータ・ベース。
　　　　2．一般貸付によるレント＝貸付残高×（場外市場金利－一般貸付金利）
　　　　3．輸出貸付によるレント＝貸付残高×（場外市場金利－輸出貸付金利）
（出所）　Yoon [1997], pp.240-241.

Gibb [1999] Chapter 13, Yoon [1997]）。

　表3のように，銀行貸出金利は低位規制され，実質金利は大幅なマイナスであった。そのためインフォーマル・セクターが根強く残存し，そこではフォーマル部門に比して大幅な高金利が続いた（表の「場外市場金利」）。超低利の輸出貸付，低利の銀行一般貸付による事実上の補助（レント）は，表のようにGNPの10％前後にのぼる規模であり続けた。また表4に示されるように，それ以前（1961年まで）には，実勢レートよりはるかに割高な公定為替レートが定められ，輸入補助が行なわれており，それが主たるレント供与のチャネルであった。このような補助体制のもとで，中央銀行

表4 韓国における為替制度経由レント（補助）

年	公定レート	並行市場レート	レント総額 （100万ウォン）	レントの対 GNP比（％）
1953	18.00	37.90	6,873.5	14.3
1954	18.00	43.60	6,228.5	9.3
1955	50.00	96.40	15,841.0	13.6
1956	50.00	96.60	17,992.3	11.8
1957	50.00	103.30	23,569.3	11.9
1958	50.00	118.10	25,755.4	12.4
1959	50.00	125.50	22,936.9	10.4
1960	65.00	145.30	27,583.1	11.2
1961	130.00	150.10	6,535.6	2.1
1962	130.00	134.00	1,687.2	0.5
1963	130.00	174.50	24,933.4	5.1
1964	255.77	290.07	13,870.9	2.0
1965	271.78	323.68	24,050.5	3.0
1966	271.18	302.58	22,495.0	2.2
1967	274.60	305.70	30,981.8	2.5
1968	281.50	309.00	40,229.8	2.6
1969	304.45	339.85	64,555.4	2.6
1970	316.65	348.75	63,686.4	2.5

（注）1．為替レートは1ドル当たりウォン，年平均。
　　　2．レント総額は輸入総額×為替レート差。
（出所）Yoon [1997], p.238.

による「銀行融資ガイド」が運用され，輸出促進，重点産業育成の強力な資金配分誘導が実施されてきたのである。

　主取引銀行と呼ばれるように企業・銀行間の粘着的な融資関係が存在し，協調融資も行なわれている点で，日本のメインバンク体制に似た関係はみられるが，株式保有関係はない（独占禁止政策の要因が大きい）。各財閥系銀行はあっても，その一員であるというような確固たる対応関係はない（その点で，戦前日本の財閥と銀行の関係と同一視している Aoki＝Patrick＝Sheard［1994］には事実の誤認がある）。

　「官治金融」的性格が強かったため，銀行は政府をバックに積極的に融

資を行なってきたのであり——韓国企業の借入依存は突出して高い（前掲表2）——，モニタリング活動は弱いものであった。株主利益指向が弱く，政府指示に拘束されつつ規模拡大指向であった。自己資本比率も1997年危機直前で6.75％と低く，これらは香港やシンガポールと対照的であった。透明性も不足していた。

危機直前の1997年4月時点で国際経済研究所のM. Goldsteinがあげていた次の8点の「弱点」の指摘は興味深い。——情報開示の不足。会計・法的枠組みの未整備。内部統制（資産のクラス分けや融資集中制限のシステムなど）の不十分さ。政府の関与。系列的な融資。自己資本不足。誘因整合的（incentive-compatible）な規制体系の欠如。監督機構の弱体（人員・能力・予算等）。

なお，東アジアを含む後発諸国で広範に存在するインフォーマル・クレジット部門の処理に関して，韓国は1つのドラスティックな事例を提供している。すなわち1970年代初めまで，私債業者と呼ばれる在来金融の存在が巨大であったが，70年代の強力な「私債排除政策」により急激に縮小し，私債業者が金融会社にいっせいに転換して，公式部門として重要な存在となったのである（寺西［1991］）。

台湾でも，商業銀行はすべて国有とされてきた。民間銀行の参入が許されたのは1980年代末以降であり，そののちも国有銀行・政府金融の比重は高い（以下 Casserley＝Gibb［1999］Chapter 10, Lau［1997］）。

1980年代までは官僚的な国有銀行が支配する安定的かつ硬直的な世界であった。しかし政策転換によって1991年から民間銀行の参入が始まった。特に財閥系が大量に進出し（主要16行），そののち国有銀行13行がしだいにシェアを低下させながら，全体として競争的状態となった。マージンも縮小した。なお外国銀行のシェアは相変わらず小さい。その大きな要因は規制による店舗不足であるとみられる

ただし国有銀行体制のもとにあっても，それを通じた政府介入の対象となったのは大企業部門に限られ，層の厚い中小企業部門は対照的に放任されてきたのが台湾の特徴である。そこでは，シェア30％以上と見積もられたインフォーマル金融部門も大きな役割を果たしてきた。台湾の産業は，

周知のように大企業部門で国有企業のウェイトが高い一方,ダイナミックな中小企業の厚い層をもっている。1986-91年で企業の倒産・廃業率は31％に及んだ。そのもとで,銀行等の対顧客関係は一定の距離を置くものであって,政府保護のもとで密接な顧客関係を維持してきた韓国・タイ・マレーシア・日本などとは性格を異にする。

またマクロ運営において,他の東アジア諸国と比べて金利水準を高めに維持し,実質金利を正に保ってきたことも台湾の特徴としてあげられる。

(3) ASEAN諸国

ASEAN諸国のスパート局面の開始はNIEsより遅れ,そのため成長の途上において金融を含む自由化を迫られることになった点が特徴である(奥田[2000a])。また直接投資を中心とする外資導入に大きく依存した。

このうちマレーシアとインドネシアの経済システムは政府介入的であるのに対し,タイとフィリピンは自由市場型であるといわれることが多い。ただしタイとフィリピンのシステムやパフォーマンスには大きな相違があり,のちにみるようにタイの金融は一面で規制の強いものであった。

このほかASEAN 4か国の金融システムの異同についての指摘には以下のものがある(Casserley＝Gibb [1999] Chapter 11)。

相違点は次のようである。

(1)インドネシアでは外国金融機関に85％までの合弁出資が認められ,それを通じて国内金融に進出できた(前掲表1の外国銀行シェアの数値は低く出ているが)のに対し,他の3か国では厳しい店舗制限などによる参入規制が効いており,十分に食い込めなかった。タイとマレーシアでは代替的に国内のファイナンス・カンパニーの参入と成長を競争化の主な手段とした。

(2)金利規制の緩和の開始期には,フィリピン1981年,インドネシア1983年,マレーシア1987年,タイ1990年というような差があった。

(3)金融機関に対するプルーデンシャル(健全性)規制に関して,フィリピンとマレーシアでは当局の努力がある程度みられたが,タイとインドネ

シアでは弱かった。

その一方,次のような共通の問題点も指摘される。

(1)銀行の意思決定システムがインフォーマルであった。オーナー型意思決定を行なう銀行が多く,創業者一族は強気の経営(リスク評価・管理への関心は低い)と人的関係に依存して成長してきた。彼らはより多く企業家であり,バンカーの側面は副次的に位置づけてきた。政治とのつながりも強く(banking and political community),銀行はしばしば政府事業に「つきあう」ことになった。借り手企業と密着し(関係型 relational バンキング),しかも急拡大もしくは新規参入した金融機関は(米 S&L のように)ハイリスク・テイクに走った。外資系金融機関もまたしばしば,この東南アジア型バンキングに追随した。

(2)情報の透明性が欠如した。金融機関内部でさえ,リスクなど経営関係計数の把握が不十分であったし,連結ベースではなおさらであった。ましてや市場や規制当局には情報開示不足であった。

(3)規制当局に(業界との)独立性と実行力・強制力が欠けていた。安定性に問題が生じたとき,多くの場合,当局は密室裏に(救済的)処理を試みた。事態が表面化したときには同時に崩壊が始まった。

――このような全体像を念頭に,以下個別にみよう。

タイ

前掲表2によれば,タイ企業の負債比率は東アジアでは韓国に次いで高く,借入依存の傾向にある。

主な金融機関とその総資産シェア(1992年時点)は表5の通りであった。商業銀行が圧倒的な存在(70%弱)であり,ついで金融会社が20%弱,各種政府系金融が10%弱となっている。金融会社は,商業銀行などの金融グループ系列のものが多く,通貨・金融危機時に大量に整理された業態である。これには証券免許と金融免許とがあって(双方取得可能),金融免許の場合はCP発行によって大衆から資金調達を行なう(預金吸収に近い)ことができ,より銀行に近い点で日本のノンバンクとは異なる。

商業銀行を総資産規模順に掲げたのが表6である(預金や貸出でみても

表5　タイの金融機関とその総資産シェア（1992年時点）

(%)

（民営）		(90.8)
Commercial Banks	商業銀行	68.0
Financial Companies	金融会社	18.1
Life Insurance	生命保険	1.8
Agricultural Coop.	農業協同組合	0.5
Savings Coop.	貯蓄協同組合	2.0
Pawn Shops	質屋（民営・公営）	0.2
Credit Foncier Co.	不動産金融会社	0.2
（政府系）		(9.2)
Gov. Savings Bank	政府貯蓄銀行	4.1
BAAC	農業銀行	2.1
IFCT	産業金融公社	1.5
Gov. Housing BK	政府住宅銀行	1.5
SIFCT	中小企業金融公社	0.0
（合計）		100.0

（資料）Pakom Vichyanond [1994]（原データは Bank of Thailand）

大差はない）。4大銀行と呼ばれる上位4行のシェアは60％を超え，集中度はかなり高い。中でも首位のバンコク銀行がやや群を抜く形のガリバー的寡占である。クルンタイ銀行は政府系である。また4大銀行財閥（すべて華人系）とされるのが，バンコク銀行（ソーポンパニット＝陳一族），タイ農民銀行（ラムサム＝伍一族），アユタヤ銀行（ラタナラク＝李一族），バンコク・メトロポリタン銀行（テジャパイブル＝鄭一族）の各グループで，それぞれ系列金融機関を抱える（金融危機後バンコク・メトロポリタン銀行が政府管理下に入ったが，財閥にメスが入った点でこの衝撃は大きい）。このようにタイの金融業は独占（寡占）的性格が強い。

　その発展過程をみておこう。戦前には，香港上海銀行をはじめとする外国銀行がタイの金融を掌握していた。第2次大戦中に日本軍の進出でそれらは接収され，旧来のアジア金融ネットワークは断たれた。戦後，政府は民族系銀行の保護育成を図った。銀行の新規参入は事実上禁止され，外国銀行は1支店に限られて強く規制された。そのもとで成長したのが華人系

表6　タイの商業銀行とそのシェア（資産）

(%)

	1979	1988
Bangkok Bank	36.8 ①	29.6 ①
Thai Farmers Bank	13.7 ②	13.2 ③
Krung Thai Bank	13.0 ③	14.9 ②
Siam Commercial Bank	5.7 ④	8.7 ④
Bank of Ayudhya	4.6 ⑤	5.9 ⑤
Bangkok Metropolitan Bank	4.6 ⑥	3.8 ⑨
Bangkok Bank of Commerce	4.4 ⑦	3.2 ⑩
First City Bank of Bangkok	3.6 ⑧	4.0 ⑦
Siam City Bank	3.0 ⑨	3.9 ⑧
Thai Military Bank	2.9 ⑩	5.9 ⑥
Siam Bank	2.0 ⑪	―
Bank of Asia	2.0 ⑫	2.7 ⑪
Union Bank	1.6 ⑬	1.6 ⑫
Thai Danu Bank	1.0 ⑭	1.2 ⑬
Laem Thong Bank	0.6 ⑮	0.4 ⑮
Nakornthon Bank	0.5 ⑯	0.9 ⑭

（注）預金・貸出のシェアも大差ない。
（資料）Naris Chaiyasoon [1993]（原データは Bank of Thailand）

銀行であった。上位商業銀行のシェアは急速に上昇した。こうして1980年代に至るまでのタイの金融は，強い管理のもとで競争も市場（金利）調整機能も弱い状態にあり，いくつかの大銀行が支配して，資金を配分してきたのである（Bank of Thailand [1992]，Yos and Pakorn [1999]，朱 [2000]）。

中央銀行BOTを主体とする金融行政はどのようなものであったか。第1に産業組織政策としては，商業銀行の高度寡占が確立して以降，それに対抗して一定程度の集中度引き下げ・競争促進を図る考えに立ったようである。金融会社の育成策にはこの側面もあったといわれるが，すでにみたように両業態には系列性があり，失敗に終わった（Naris [1993]）。

第2に，金融機関行動規制としては次の項目が行なわれてきた。

①銀行株式所有規制（タイ国人が75％以上保有，大口株主の持株比率制限），②自己資本比率規制，③流動性準備規制，④大口融資規制（Weiver

規制；同一人への融資は銀行自己資本の25％以下，オフバランス分を含めて50％以下，それ以上はBOTの許可を要す），⑤株式保有制限（他企業株式は銀行自己資本の20％以下，持株比率10％以下），⑥預金金利上限規制，⑦資金配分誘導（預金の一定割合以上の農業関係への融資，優先業種（農業・輸出関連等）向け融資のBOTによる優遇，新支店は地元還元6割以上・農業関係融資3分の1以上でないと開設不可）（Pakorn［1994］，バンコク日本人商工会議所［1999］）。

——以上の多くはリスク抑制のための健全経営規制であり，戦後日本で行なわれたものと共通点が多い。ただし規制の強度はタイの方が格段に低いように思われる。本格的に行政が動き出す1988年に至るまで，タイでは金融行政はさほど重視されてこず，大手金融業界は「独立国」的であった。たとえば，規制違反に対するペナルティが実効的であったか疑わしい。また日本の場合には，特に戦前・戦時にかけて，リスク抑制行政の重要な手段は合併の誘導であった。貸出を少数の借手に集中させている銀行をいくつか合併させれば資産分散・リスク低減となる。これが「1県1行」を目安とした合併運動の最重要な目的であった（伊藤［1995］）。このような所有関係にまで踏み込む強力な介入は，当然ながらタイでは考えられないことである。

タイの金融行政の基調は，参入制限・競争制限による民族系金融機関の育成にあった。（日本も含め）後発国では，欧米系銀行の支配に対抗することが重要な課題で，程度の差はあれ育成策がとられる点は共通である（香港等は例外）。育成と両立する範囲内で健全経営維持規制が行なわれる。その範囲と強度には国による相違がある。相違をもたらす重要なポイントの1つは，銀行（金融機関）の公共的性格を強く重視するか，私有企業である点を重視するかにあると思われる。

インドネシア

インドネシアの企業の借入依存度は，韓国・香港・タイと共に高いグループに属す（前掲表2）。また前掲表1の銀行資産シェアも高く，銀行中心の金融システムであることがわかる。際立つのは国有銀行（政府系銀行

および地方政府系の開発銀行）のウェイトの高さであるが，そのシェアは1994年の48％から1997年の34％へというように低下傾向にある。代わって，参入政策により，外国銀行を含めた民間銀行のシェアが1969年の4％から1997年の40％へと上昇した（以下主に小野田［2000］）。

　金融政策・行政の運営はやや特異なものであった。通常，自由化の順序として資本取引の自由化が最後になるべきといわれるのに対して，インドネシアでは逆に1970年という早い時期に資本自由化を先行させたのである。そして自由な資本取引と固定為替相場制を組み合わせてきた。

　固定相場制のもとで外的ショックは国内に伝播することになり，政府は介入を要請される（それにもかかわらず国内経済はインフレ的であり，実質金利はマイナスの状態を続けた）。このため国内金融に対しては規制・介入的であった。インドネシアは産油国であり，原油代金が政府系銀行にプールされ，それが低利で政府指導のもとに配分された。

　1983年6月に銀行規制の緩和が実施された。まず預金金利規制が緩和され，国内貯蓄が動員され始めた。政府系銀行の資金配分割当も緩和された。同時に銀行の新規参入が活発になり，競争が激化した。銀行設立ブームの中心は財閥系であり，系列内融資の傾向をもちながら，高利での預金吸収・貸出拡大競争に走ることとなった。

　そうした背景のもとで，1990年9月にドゥタ銀行，1992年12月にスンマ銀行が破綻し，財閥と政治が絡んだ銀行不良化が明るみに出た。こうした政治絡みの不健全性は事後的にも作用し，破綻した複数のスハルト系銀行がその後ながらく清算されずに残存する現象もみられ（Casserley＝Gibb［1999］Chapter 11），金融脆弱性を抱えたままバブル的なブームは続いた。不動産を中心としたバブルの崩壊は1997年の危機に伴うルピア暴落の後に生じたのであり，この順序はタイのケースとは逆であった。

マレーシア

　マレーシアでは企業の借入依存度が台湾やシンガポールと並んでかなり低く（前掲表3），銀行のウェイトが低い部類である（前掲表1）一方，株式市場の規模が大きいという特徴をもつ。ちなみに株式時価総額の対

GDP比（1996年）は，韓国30.1％，台湾100.8％，タイ55.7％，インドネシア40.4％，香港291.5％，シンガポール192.9％に対して，マレーシアでは298.7％に達する。ただし売買回転率は低い（首藤［2000］p.258，以下主に同文献による）。

1960年代に政府出資により大銀行が設立され，その後も外銀規制と国内銀行優遇が続けられた。一方，年金基金など社会保障基金を育成したため，国内商業銀行と年金基金を二本柱とする金融システムが形成された。1971年，ブミプトラ（マレー人優先の近代化）政策のもとに新経済政策NEPがとられることになり，以後，政府規制的な経済政策の枠組みが続けられている。

こうして1960年代以来，優遇と競争制限の政策基調が銀行部門にレントを保証し，そのもとで金融的発展がみられたのは事実である。他面で政府系銀行の寡占化は強まった。1995年末で，商業銀行は35行，うち上位5行でシェアが預金51.3％，貸出47.2％に達した。特に上位2行は，Malayan Bankが預金23.1％・貸出19.9％，Bank Bumiputra Malaysiaが預金10.4％・貸出11.4％と高いシェアを示す（首藤［2000］，このデータは前掲表1とやや異なる）。これら銀行は，ブミプトラ政策に沿った政府の「融資ガイドライン」に従う優先貸出を行なってきた。このガイドラインは一貫性に難があったし，なによりも銀行の審査能力および実践を弱める結果となった。ここに最大の（そして東アジアに共通の）問題点があったといえよう。

フィリピン

フィリピンは，IMF・世銀の一貫した指示および支持のもとで，最も先行的に金融自由化を進めてきた。ただし前掲表1によれば外国銀行の進出はさほど大きなものではない。

自由化は1980年代初頭に始められた（以下主に奥田［2000a］［2000b］）。1980年，資本金5億ペソ以上の銀行にユニバーサル・バンキングが解禁された（証券引受，ディーリング，関連会社出資が許された）。1981年には預金金利が自由化された。しかし，この自由化は，金融ネットワークの拡張と貯蓄動員を実現した（寺西［1991］）一方で，企業（非金融）部門の

不健全性と結びついて銀行の不健全経営をも結果することになった。

そこで1980年代後半以降は，プルーデンス規制に極度の重点が置かれるようになった。これによって金融部門の効率化は進んだ。しかし他面，金融機関はきわめてリスク回避的となり，融資等などの活動を保守的にした。特に，広範なインフラや supporting industries（農業・中小企業など）を整備するための資金供給が不十分となった。この消極性は東アジアの中で特異な事例を示し，マルコス体制下での非金融部門のクローニー性等の問題点と共に，成長促進的に機能しないという結果をもたらしたのである。

3　東アジア通貨・金融危機について

(1) 東アジア危機と日本のバブル経済

本節では，1997年以降の通貨・金融危機に若干言及しておく。

まず危機の原因として，国際的要因と国内的要因の双方を認めなければならない。国際的要因とは，一国経済をアタックし，それを優に動揺させるだけの巨大な資本移動が生じていることである。また国内的要因としては，国際金融政策の運営（為替レートのドル・ペッグ運営や資本移動自由化ないし規制の枠組み），いわゆる構造的側面（企業の短期負債依存，銀行の情報生産能力の不足と過度のリスク・テイク，それらを許した政府監督や市場規律のあり方など）があげられる。それぞれの要因のウェイトや発現の形態は国によって異なったとはいえ，単一でなく複合的要因によるものと考えなければならない。いずれか一方の要因だけであれば，すでにある程度の期間にわたって存在していたのであるから，この時期に双方が組み合わされることで問題が激甚に発生したと考えられるのである。

ここで国際的（＝資本移動）要因のとらえ方について問題にしたい。東アジア諸国，および中南米やロシアの危機のケースでは，巨大な国際的資金が流入し，ついで急激に流出することで攪乱がおきた。つまり大規模な資本移動が実際に発生したわけである。これに対して日本のバブルとその崩壊のケースでは，そうした大規模な資本移動はみられず，危機の要因に

なったとも認められない（1980-90年代にかけてのアメリカやヨーロッパ諸国の金融システム動揺についても同じであろう）。では国際資本移動要因は関与していないのであろうか。

日本のバブルのケースではこうであった。1980年代の日米経常収支不均衡に対処するための内需拡大，さらにプラザ合意後の急激な円高を抑制するための金利引き下げを目的として，大規模な金融緩和が行なわれた。それは，従来の金融チャネルの再編成過程，および金融自由化の中途段階（規制と自由の並存）という状態にあった国内構造要因と結びついて，両建取引の膨張を伴った資産取引の過熱，資産価格の暴騰を生じさせた（伊藤［1995］第5章）。1987年のブラック・マンデーによって，資本供給国の立場にある日本は金利を上昇させてはならないという要因が加わり，米欧が利上げに転じた1988年にも金融引き締めのタイミングを失し，バブルを肥大化させる結果になった（香西・伊藤・有岡［2001］）。1990年代に入ってバブルが崩壊したのち，国内構造要因からバランスシート調整は先送りされて長引き，長期停滞に落ち込んだ。

このようにみると，日本の場合にはたしかに大規模で急激な資金の流出入は発生していないが，むしろそうした事態——米ドルからの逃避（暴落）——の発生を防止するための政策が，バブル（ひいては金融システム不安定）の基盤になったということができる。つまり，国際的要因は"攪乱的資金移動の予防"という形で作用している，というのがここでの解釈である。このような意味で，日本の金融システム不安定も，一連の東アジア通貨・金融危機と共通面をもっていると考えられる。そして，日本が直面し続けている課題は，"高成長局面システム"からの「卒業」である。この点でも，東アジア諸国の課題を先行的に示しているといってよいであろう。

(2) タイのケースを中心に

1997年のタイの通貨・金融危機は，連鎖的な東アジア危機の発端となり，成長スパート局面もいったん休止となった。タイのケースは，外部（国際資金移動）要因，国内経済要因，政策の不適切という3つの側面がいずれ

表7 タイ商業銀行の収益指標の推移

(％)

	収入／総資産 (A)	支出／総資産 (B)	マージン率 (A－B)
1987	9.62	8.57	0.68
1988	9.51	8.36	0.68
1989	10.75	9.54	0.70
1990	12.65	11.06	0.98
1991	12.98	11.29	0.89
1992	12.51	10.44	1.32
1993	10.62	8.46	1.44
1994	10.72	8.22	1.86
1995	12.09	9.36	1.82
1996	12.00	9.52	1.28

(資料) Yos Vajragupta and Pakorn Vichyanond [1999] p.47.（原データは Bank of Thailand）

もみられるが，日本や欧州と比べて外部要因が強く，韓国等の波及ケースと比べれば国内経済要因が大きい。政策要因では為替の対米ドル・ペッグ要因が大きい。またその後のIMFの指示が適切でなかった点はタイにも当てはまる。以下，やや詳しく確認しよう。

(1)タイの中長期的なマクロ経済状態（ファンダメンタルズ）は悪くなく，むしろ良好であった。経済成長や輸出の伸びは高く，対外債務は過重でなく，財政は黒字で，インフレも起きていなかった。つまり通常IMF・世銀が問題視する状態とは逆であった（Singh [1998]）。主因は1980年代以降膨張した国際資金の投機的移動にあった。それは，高金利と対ドル・レート安定見込み，タイ経済の先行きに対する強気期待によって流入したのち，不動産価格下落による金融機関の動揺，バーツ切り下げ予想によって流出し，小国経済を攪乱したのである。

(2)流入した国際資金は，中南米（メキシコやチリ）では資産投機と消費（「不生産的分野」）に向かった。これに対し，韓国ではほとんどが生産的投資に用いられ，問題があったとすれば短期資金の借入れの過大だけであった（見方を変えれば，過大借入にもとづく過大投資という形での過熱状態にあった）。ファンダメンタルズに通常型の問題はなかった経済に対して，IMFは財政引き締め，実質金利引き上げ，一気の自由化推進という通常の指示を行なったのであり，これは不適切であった。タイの場合は両者の中間もしくは混合であり，短期的には（危機直前には）マクロ経済状態に問題も生じた。不動産分野にバブル的な投機が発生し，金融も膨張した

(民間部門融資額の対GDP比は1992年の39％から1996年の123％に急上昇している；Singh [1998]) し，輸出にブレーキがかかり，経常収支は悪化に向かった。なおIMFはこの場合も，長期的構造改革を短期的な処方箋として指示した点で，政策の時間的スパンの過誤を犯し，オーバーキルを結果したといわざるをえない。

(3)国内的な問題や過誤もあった。まず金融機関の貸出審査が甘く，ポートフォリオ・リスク管理も不備であった。需給予測などが強気になりすぎていたし，ディスクロージャーの不足で情報も不十分であった。企業・金融機関とも同族企業でチェック機能（ガバナンス）に難があった。ここまで，同族企業要因を除いて日本のバブルと共通である（日本の場合は別の組織構造要因からチェックが働かなかったし，働かずにいる）。企業の借入選好が強く（支配権の開放につながるエクイティを嫌悪），しかも短期借入れのロールオーバーに慣れていた。固定為替相場に慣れてもいて，その継続を当然視したため，為替カバー，リスクヘッジがほとんど行なわれていなかった（Pakorn [2000], 米田 [1998]）。これらが長期的な構造改革に関わる課題である。

より直接に危機の原因になったのは，対米ドル固定を維持しつつ，準備不足のまま自由化を急いだことであった。為替は通貨バスケット制をとっていたが，バスケットの85％が米ドルであったといわれ（Pakorn [2000]），ほぼ対米ドル固定に近かった。タイなど東アジア経済はアメリカと日本という2大取引相手をもっており，しかも円・ドル間の相場は大幅に変動するため，いずれかにペッグすると股裂き現象がおきる。これは戦前日本がポンド・ドル間で苦しんだ経験に近い。円・ドル相場は1995年の超円高ののち大幅に円安・ドル高に振れ，ドル・リンクであるタイの経常収支は悪化した（高級消費財輸入ブームも重なった）。

こうしたもとで急速な自由化が実施された。1992年までに金利が自由化された（上限規制の緩和）。しかし，高度に不完全競争にある市場で価格上限規制を外すと，さしあたり独占の弊害が拡大しよう。実際，表7にみるように商業銀行の利幅（スプレッド）は1990年代に大幅に拡大している（Pakorn [1994]）。これは攻撃的な融資拡大の誘因となるであろう。

表8 アジア諸国の不良債権と金融制度改革の状況（1999年）

項目	韓国	タイ	インドネシア	マレーシア
(1) 負債返済不能の上場企業の比率（％）				
1995	8.5	6.7	12.6	3.4
1997	24.3	32.6	40.3	17.1
1998	33.8	30.4	58.2	34.3
1999	26.7	28.3	63.8	26.3
(2) 金融機関の貸付に対する不良債権比率（98年12月末現在，％）				
商業銀行	7.4	42.9	58.7	13.0
金融会社	20.0	70.2	n.a.	26.8
金融機関全体	16.8	45.0	n.a.	19.7
(3) 商業銀行，金融会社の清算，整理（99年現在）				
商業銀行				
①閉鎖	5行	1行	64行	―
②政府管理	4行	7行	12行	1行
③合併	9行＋2行を4行に統合	3行	国営7行のうち4行を統合	6行を統合
金融会社				
①閉鎖	100行以上	57行	―	―
②政府管理	―	12行	―	1行＋3行
③合併	―	13行	―	―
(4) 銀行の債務再構築のための機関				
①自主的債務再構築	Corporate Restructuring Coordination Committee	Corporate Debt Restructuring Accelerating Committee	Jakarta Initiative Task Force	Corporate Debt Restructuring Committee
②資産整理機関	Asset Management Authority	Asset Management Corporation	Indonesian Bank Restructuring Authority	Danaharta
③銀行再建機関	Deposit Insurance Corporation	Financial Institution Development Fund (FIDF)	Indonesian Bank Restructuring Authority	Danamodal
(5) 銀行再建への公的資金の投入（99年現在）				
公的資金（億ドル）	470	110	140	34
対GDP比率（％）	13	16	11	4

（出所）末廣［2000s］, p.102.

国際取引の面では1993年にBIBF（Bangkok International Banking Facility）が創設された。オフショア市場の位置づけであったが，実際には「Out-In型取引」が主となり，海外資金の国内市場流入のチャネルとなった。BIBF経由で外貨資金が金利6-8％で調達でき，国内市場では14-20％で運用できるという2セクター並存が現出したのである。この外貨資金を大量に取り入れたのは主に金融会社や地方銀行であった。従来，商業銀行の大企業向け貸出金利＜金融会社の地場中小企業向け貸出金利，という関係があったが，この格差はBIBF開設後に縮小している（奥田［2000a］）。こうして地方銀行や金融会社に顧客を奪われた大銀行が不動産等のリテールにシフトするという動きも生じた（Yos and Pakorn［1999］）。

　中央銀行BOTが国内金融を引き締めても，BIBFルートが抜け穴となり，むしろ高金利がさらに資金を吸引した（原田・井熊［1998］）。この外貨資金借入れは前述のようにアンカバーで行なわれ，バーツ換算債務の膨張を恐れて銀行等がバーツ切り下げに反対するため固定制が維持されることになり，危機発生後は為替リスクが実現して多大の損失を生むという悪循環が生じた。

　(4)自由化の進め方について，もっと漸進的であるべきだったとの意見が聞かれる。しかしそれは一般化できない。たとえば日本の場合，金利の自由化に十数年かける漸進方式をとったが，それが金利の二層化——大口自由金利商品の高金利に対する小口規制金利商品と貸出金利の低金利——を生み，企業の低利借入れとその高利運用という両建て併増型財テクを誘発して，バブルの温床になった（銀行にとっての逆鞘を埋めたのは小口預金の規制低金利であった）。したがって問題は，自由化の速度，移行期間の長さではない（伊藤［1995］）。タイと日本の両ケースに共通するのは，自由と規制の2分野の併存がループホールを提供し，攪乱を引きおこす危険性であり，自由化はこの点に十分配慮した準備措置を伴って（あるいは前提にして）実施しなければならないという教訓であろう。

　なお，抽象的なレベルでいえば，バーツ危機は，Mundell＝Fleming理論の含意の1つのケース——資本移動が自由なもとで固定相場制をとる小国では，金融政策は（それを固定相場維持に割り当てねばならないため）有

第7章 東アジア諸国の銀行システム

表9 アジア各国の外貨準備／（海外短期債務残高＋ポートフォリオ投資残高）比率

(年末，単位：％)

	中国	香港	台湾	韓国	フィリピン	インドネシア	マレーシア	タイ	シンガポール	インド
1990	324.2	—	502.1	55.3	46.8	77.2	517.9	172.3	2,497.6	60.7
1991	390.6	—	508.4	43.5	46.0	72.1	805.0	148.8	1,834.1	96.1
1992	144.2	—	461.2	46.8	34.6	63.8	286.4	136.4	1,214.9	130.8
1993	115.6	—	371.7	40.3	29.3	63.0	145.9	88.0	780.3	256.2
1994	205.9	—	360.2	36.7	26.8	52.9	108.8	79.8	916.9	202.1
1995	240.9	—	325.8	31.9	24.7	41.6	89.6	68.5	983.0	156.6
1996	290.9	—	293.3	26.1	27.9	41.2	80.0	71.5	818.7	122.5
1997	282.3	—	261.3	16.1	15.1	36.1	68.6	48.0	641.5	135.9

(資料) Asian Development Bank, *Key Indicators of Developing Asian and Pacific Countries*, 1999, IMF, *International Financial Statistics*, June 1999; Bank Negara Malaysia, *Monthry Statistical Bulletin*, December 1998.
(出所) 鷲見［2000］p.9.

効ではない——に典型的に当てはまるといってもよいであろう。しかし実践的に，制度的枠組みのうちどの要素を変更すべきであったかは，すぐれて具体的な問題である。タイの場合，①準備を伴いつつ為替の変動性を導入し，②自由化については特に国際的短期資金取引に対して必要な規制（危機時の規制発動の可能性だけでもよい）を残す，というのがとるべき選択であったと思われる。

4 今後の課題
——結びに代えて

通貨・金融危機ののち，東アジア諸国の多くでは金融システム再編成の実施を迫られた。その概要は表8にまとめられている。

東アジア諸国の銀行システムが当面する課題のうち最大のものは，銀行の情報生産（調査）能力

の向上という最も基本的なそれであり，第2に銀行自身のコーポレート・ガバナンスの整備である。日本の場合も異ならない。銀行組織として必要な他の能力は基本的に整備されている。

　これまで東アジア各国の銀行には，厳しい市場圧力のもとでリスク管理が問われるという環境がなく，その基本をなす調査についても同様であった。そもそも高成長局面において深刻な信用リスクが発現することは少なかったし，最終的には政府によるリスク引き受けの期待が組み込まれていたからである。明らかに今後こうした条件は継続しない。調査能力の向上は，基本的であるだけに，ごく短期間で容易に獲得できるものではないが，悲観する根拠もない。これまで本格的に問われたことがなかったのであるから。

　証券市場，非銀行金融機関，外資系銀行等も金融機能を担う競争の参加者であり，その役割は増大するとみられるが，国内銀行の比重が決定的に縮小することは当面ないであろう。同じく調査機能を競うこれら競争者たちの存在は，銀行の能力向上にプラスに作用させることができる。貸出債権の流動化などの手段を通じて，リスク選好と引き受け能力の異なる投資主体との間で分業や協力を組織することも可能である。銀行にとってはとりわけ中小企業に対する金融機能を向上させることがポイントになる。また監督当局の主たる課題は，銀行に対する健全経営規制および退出ないし破綻処理のルールを準備しておくことである。そしてこのことは銀行のコーポレート・ガバナンスの整備という課題にも密接につながる。

　国際金融政策運営については鷲見［2000］の次のような分析がきわめて示唆的である。表9は各国の対外短期債務（借入＋証券投資）残高に対する外貨準備の比率を示している。これによれば，1997年直前の時点で，台湾・シンガポールの比率が高く，タイ・韓国・インドネシア・マレーシアの比率が低い（もしくは急落している）。この対照は，危機の深刻さの相違（前者は軽度，後者は重度）に正確に対応している。つまり，対外短期債務と外貨準備の関係を一般的な債務と支払準備の関係と同様に扱うことができることを示唆する。したがって政府は，今日の不安定な国際資本移動のもとでは，こうした準備指標をモニターしつつ，必要な場合にはコン

トロールに出動する——マクロ政策運営または資本移動規制オプションの発動によって——ことが可能でなければならないと思われる。

参考文献

青木昌彦・金瀅基・奥野正寛編［1997］,『東アジアの経済発展と政府の役割』日本経済新聞社。
伊藤修［1995］,『日本型金融の歴史的構造』東京大学出版会。
奥田英信［2000a］,『ASEANの金融システム』東洋経済新報社。
―――［2000b］,「フィリピン金融自由化政策の20年」, 法政大学比較経済研究所・鷲見誠良編［2000］。
小野田純丸［2000］,「インドネシアの金融自由化と矛盾」, 法政大学比較経済研究所・鷲見誠良編［2000］。
金元重・廉東浩［2000］,「韓国における金融危機とシステム改革」, 法政大学比較経済研究所・鷲見誠良編［2000］。
香西泰・伊藤修・有岡律子［2001］,「バブル期の金融政策とその反省」, 香西泰・白川方明・翁邦雄編『バブルと金融政策』日本経済新聞社。
朱炎編著［2000］,『アジア華人企業グループの実力』ダイヤモンド社。
鷲見誠良［2000］,「アジアにおける金融危機とビッグバン」, 法政大学比較経済研究所・鷲見誠良編［2000］。
首藤恵［2000］,「マレーシアの金融危機とシステム改革」, 法政大学比較経済研究所・鷲見誠良編［2000］。
寺西重郎［1984］,『日本の経済発展と金融』岩波書店。
―――［1991］,『工業化と金融システム』東洋経済新報社。
原田泰・井野靖久［1998］,『タイ経済入門（第2版）』日本評論社。
バンコク日本人商工会議所［1999］,『タイ国経済概況（1998/99年版）』JETRO BANGKOK.
Thomas Hellmann, Kevin Murdock, Joseph Stiglitz［1997］,「金融抑制——新しいパラダイムに向けて」, 青木昌彦・金瀅基・奥野正寛編［1997］。
法政大学比較経済研究所・鷲見誠良編［2000］,『アジアの金融危機とシステム改革』法政大学出版局。
三重野文晴［2000］,「タイにおける金融システムと金融危機」, 法政大学比較経済研究所・鷲見誠良編［2000］。
Yoon Je Cho［1997］,「韓国の政府介入, レント配分と経済発展」, 青木昌彦・金瀅基・奥野正寛編［1997］。
米田敬智［1998］,『タイ・フルブランチへの道』中公新書。
Masahiko Aoki and Hugh Patrick (eds.)［1994］, *The Japanese Main Bank System*, Oxford University Press.

Masahiko Aoki, Hugh Patrick and Paul Sheard [1994], "The Japanese Main Bank System: An Introductory Overview," Aoki and Patrick (eds.) [1994].
Bank of Thailand [1992], *50 Years of The Bank of Thailand 1942–1992*, Bank of Thailand.
Dominic Casserley and Greg Gibb [1999], *Banking in Asia: The End of Entitlement*, John Wiley and Sons.
Naris Chaiyasoot [1993], "Commercial Banking", in P.G. Warr (ed.), *The Thai Economy in Transition*, Cambridge University Press.
Sang-Woo Nam and Dong-Won Kim [1994], "The Principal Transactions Bank System in Korea," Aoki and Patrick (eds.) [1994].
Kavaljit Singh [1998], *The Globalisation of Finance*, Zed Books.
Yos Vajragupta and Pakorn Vichyanond [1999], "Thailand's Financial Evolution and the 1997 Crisis," in Seiichi Masuyama, Donn Vandenbrink and Chia Siow Yue (eds.), *East Asia's Financial Systems*, ISAS & NRI.
Pakorn Vichyanond [1994], *Thailand's Financial System: Structure and Liberalization*, TDRI.
Pakorn Vichyanond [2000], *Financial Reforms in Thailand*, TDRI.

著者略歴

伊藤 修(いとう・おさむ)
1956年生まれ。東京大学経済学部卒業，同大学院博士課程修了，経済学博士（東京大学）。大蔵省財政金融研究所研究員，神奈川大学教授をへて，現在，埼玉大学経済学部教授。主な業績に，『日本型金融の歴史的構造』東京大学出版会，1995年（エコノミスト賞受賞），「金融行政」，財務省財務総合政策研究所財政史室編『昭和財政史——昭和49〜63年度 6 金融』東洋経済新報社，2003年，など。

奥山忠信(おくやま・ただのぶ)
1950年生まれ。東北大学経済学部卒業，同大学院博士課程修了，経済学博士（東北大学）。現在，埼玉大学経済学部教授。主な業績に，『貨幣理論の形成と展開』社会評論社，1990年，『富としての貨幣』各著出版，1999年，『ジェームズ・ステュアートの貨幣論草稿』社会評論社，2004年，など。

箕輪徳二(みのわ・とくじ)
1948年生まれ。明治大学大学院経済学研究科博士課程修了，経済学博士（明治大学）。川口短期大学教授をへて，現在，埼玉大学経済学部教授。主な業績に，『戦後日本の株式会社財務論』泉文堂，1997年，『新しい商法・会計と会社財務（改訂増補）』（編著）泉文堂，2004年，など。

中井浩之(なかい・ひろゆき)
1967年生まれ。京都大学法学部卒業。生命保険会社勤務をへて，野村総合研究所入社，野村證券金融経済研究所に転籍，現在，経済調査部アジア経済調査課長。経済学修士（埼玉大学）。現在，埼玉大学大学院博士後期課程在学中。主な業績に，「不良債権問題の解決アプローチ——韓国・タイの比較分析——」，『社会科学論集』（埼玉大学）第111号，2004年（修士優秀論文），"Institutional Dollarization of Asian Currencies," *Tokyo Club Working Paper*, Vol. 17, The Tokyo Club Foundation for Global Studies, 2004. など。

金日植(キム・イルシク)
1962年生まれ。京畿大学（韓国）経済学部卒業，神奈川大学（日本）大学院博士課程修了，経済学博士（神奈川大学）。現在，光云大学国際通商学科（韓国）助教授。主な業績に，「企業の規模別投資行動と経済効果に関する研究」（博士論文），1999年，など。

通貨・金融危機と東アジア経済

2005年5月31日　初版第1刷発行

編　者——伊藤修・奥山忠信・箕輪徳二
装　幀——桑谷速人
発行人——松田健二
発行所——株式会社社会評論社
　　　　　東京都文京区本郷2-3-10
　　　　　☎03(3814)3861　FAX.03(3818)2808
　　　　　http://www.shahyo.com

印　刷——ミツワ
製　本——東和製本

ISBN4-7845-0865-1

降旗節雄著作集 ◎ 全5巻

■ 第1巻　科学とイデオロギー
[解題] 土台・イデオロギー・科学の関連について

■ 第2巻　宇野経済学の論理体系
[解題] 宇野理論体系の構造と意義

■ 第3巻　帝国主義論の系譜と論理構造
[解題] マルクス主義における帝国主義論の位置
——段階論の混乱を中心として

■ 第4巻　左翼イデオロギー批判
[解題] 「科学的社会主義」は成立しうるか？

■ 第5巻　現代資本主義論の展開
[解題] 現代世界分析への方法的接近
——宇野理論の成果と限界

全五巻完結
各巻定価=4200円+税
A5判上製／平均ページ数320頁

原理論研究から現代資本主義分析まで。
宇野理論の継承と新展開をめざす
著者の思考の軌跡の集成。